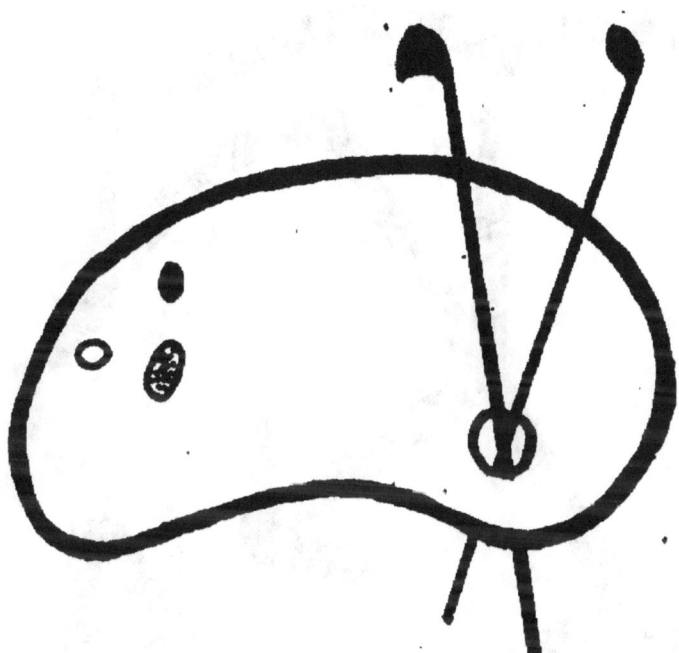

ORIGINAL EN COULEUR
NF Z 03-130-8

Couverture inférieure manquante

52

Conserver cette
couverture

8736

NOUVELLE SÉRIE

THÉATRE

CONTEMPORAIN

L'auteur et les éditeurs déclarent réserver leurs droits de traduction et de reproduction.

Ce volume a été déposé au Ministère de l'Intérieur (section de la librairie) en mars 1892.

Il a été tiré de cet ouvrage dix exemplaires sur papier de Hollande numérotés à la presse.

J. BARBEY D'AUREVILLY

NOUVELLE SÉRIE.

THÉATRE
CONTEMPORAIN
1870-1883

PARIS

TRESSE & STOCK, ÉDITEURS

8, 9, 10, 11, GALERIE DU THÉATRE-FRANÇAIS.

PALAIS-ROYAL

1892

Tous droits réservés.

THÉATRE CONTEMPORAIN

MICHEL PAUPER

Dimanche, 26 Juin 1870.

I

Eh bien, la noble et forte confiance en soi, le talent, méconnu et repoussé pour une raison ou pour une autre, la ténacité et l'audace, car il en fallait pour ne pas être démoralisé par le refus des directeurs qui démoralisent toujours, même les plus fats, toutes ces choses ont vaincu ! M. Henri Becque, le *joueur*, c'est le cas de le dire, fait *jouer* sa pièce, depuis huit jours, à ses frais, risques et périls, et *qui qu'en grogne ?* Et la pièce va ! Et le monde y vient, y est attentif, et s'y passionne, et en sort frappé avec le coup de ceste, et se disant : « Ma foi ! c'est quelqu'un ou ce *sera* quelqu'un que ce jeune homme ! » Et moi-même aussi, qui demandais, il y a huit jours, à cette place, si la chose serait viable et si je pourrais en parler, je la trouve viable et je vais en parler aujourd'hui... Je vais vous en dire ce que j'en pense. Dans les œuvres de l'esprit de l'homme, c'est aussi mystérieux, le secret de la vie, que dans les œuvres de la nature. On voit tel être irrégulièrement conformé, à défauts nombreux et déconcertants dans l'organisme, vivre pourtant et quelquefois d'une vie forte ; et tel autre, harmonieux à l'œil, ne pas pouvoir durer et se tenir... et périr. L'œuvre de M. Becque est un de ces êtres mal conformés, mais qui ont la vie, ce don de la vie, qui n'est pas tout, mais qui vaut mieux que tout, et dont nous ne savons rien, sinon — qu'elle est!

Et de fait, son *Michel Pauper* a, théâtralement, beaucoup de défauts, et c'est peut-être à cause de cela que les vieux routiers de l'anatomie théâtrale, qui s'occupent comme du grand Œuvre de la conformation des pièces, ont pensé que celle-ci ne se meuvrait pas, que ses organes n'auraient pas leur jeu, que mise debout et droit sur elle-même, elle tomberait... Ils avaient raison comme des docteurs, et ils se sont trompés comme des docteurs ; car la vie nasarde la science ! La vie fait des pieds de nez, longs comme des trombones, à la science !! Et c'est ce qui est arrivé au *Michel Pauper* de M. Becque. Pas si *Pauper*, messieurs !

La seule chose dont il semblait riche, ce pauvre *Pauper*, c'était de passion, de force interne, de vie enfin ! Seulement, cette vie était si brutale et si dure, et parfois si grossière, qu'elle épouvantait encore, pour son compte, les vieux routiers, aux queues perdues dans les batailles, des Directions ordinaires, les vieux chicaneurs d'anatomie, qui sont aussi des peureux devant la vie, quand elle est violente, osée, inflammatoire, et qu'elle ne leur demande pas la permission de circuler sans congestion et d'après le petit train-train des lois connues.

Les bégueules littéraires, qui si souvent se coulent jusque dans la peau des directeurs de théâtre, ont dû trouver presque indécente de brutalité cette pièce de M. Becque, un Caquet bon-bec, pardieu ! un Bec-croisé redoutable, qui se moque bien de fendre ces délicats de haut en bas dans leur décence ! car sa pièce est de la réalité la plus crue, de la réalité à dégoûter, si vous voulez... Vous voyez que je ne ménage pas le jeune homme qu'ils ont mis à la porte et qui vient de rentrer par la fenêtre, après l'avoir ouverte en en cassant un peu les vitres, au risque de se couper les doigts !

Pour mon compte, je ne le connais pas... Mais pour ce qu'il a fait, je l'aime, ce jeune homme, et j'en augure bien, et je trouve qu'il vaut bien la peine de lui dire — à travers son succès — la vérité.

II

Or, la vérité, la voici. Pièce mal faite; c'est incontestable. L'inexpérience s'y trahit à toute place. La règle qui veut qu'à la scène les choses s'engendrent les unes par les autres, — que rien ne s'arrête et ne s'interrompe dans la *coulée*, — qu'il n'y ait pas plus là de solution de continuité que dans la nature, laquelle a *horreur du vide*, disaient nos aïeux, qui n'étaient pas si bêtes, pour dire la manière dont elle procède par dégradations et par nuances, — cette règle suprême, qui n'est pas un préjugé, celle-là, y est souvent et manifestement oubliée. Il y a des scènes tout entières plaquées sur l'œuvre du dehors au dedans, et comme après coup... Par exemple, la scène des ouvriers qui viennent là pour faire un triomphe à Michel Pauper, et, dans l'intention de l'auteur, *monter* la tête à la jeune fille qui doit l'épouser et qui en aime un autre. Cette scène a eu son succès, et à quel prix? Grâce aux exécrables et communes tirades sur la liberté et les autres imbécillités politiques modernes, qu'un homme qui a de la fierté dans le talent devait s'interdire comme l'achoppement le plus honteux des mendiants à plat ventre de popularité, qui tombent toujours sur leur plat ventre à cette même place ! Mais cette scène est évidemment un hors d'œuvre. D'ailleurs, ce n'est pas elle qui fait plus grand Michel Pauper.

Et l'inexpérience du jeune auteur ne se montre pas uniquement par des scènes appliquées violemment *sur le scenario*, au lieu d'être amenées *dans le scenario* par la force douce, latente et logique de l'engendrement des faits, comme par exemple encore la scène de Michel ivre et tombant dans la rue, qui n'est, en vérité, qu'un tableau, — une exhibition entre un rideau qui se lève et un rideau qui se baisse. Elle se trahit ailleurs et dans des choses bien autrement graves... Elle est surtout dans *tout* le rôle, non pas positivement faux, mais *faussé*, de la jeune fille (Hélène), que Michel Pauper finit par épouser et qui est bien la plus insupportable péronnelle tout le long de son rôle, très bavard et très long, et qui parle, parle, parle, non comme une jeune fille, même comme elle, mais comme M. Becque qui veut la faire odieuse et, par cela seul, ne l'a point faite *ressemblant*...

Cette jeune fille est si peu une jeune fille, qu'elle parle de *sa* virginité. Or, dans quel pays et dans quel monde les jeunes filles parlent-elles de leur virginité à la première personne venue et disent-elles : « ma virginité »?... Même les conférencières de ce temps qui se permet tout, en auraient-elles une, ne le diraient pas ! Tout ce personnage de la jeune fille à phrases impitoyables, dans toutes les positions : avant sa chute, pendant sa chute, après sa chute, et qui pourrait bien être *impossible* avec la perfection de mère que M. Becque lui a donnée, — car les filles sont plus solidaires de la vertu des mères que M. Becque n'a l'air de le penser, — cette jeune fille qui, le jour de son mariage, dit sa faute à l'homme qui l'épouse au lieu de la lui dire la *veille,* puisqu'elle tient à la lui dire,—ce qui empêcherait alors et la belle scène où la chose est dite, et le dénouement de la pièce et de toute pièce, — oui ! ce personnage de la jeune fille, la plus grosse des fautes de M. Becque, pourrait être recommencé... Mais Michel Pauper lui-même n'est pas sans reproche.

C'est un homme de génie, et c'est le génie aux prises avec la passion qui finit par le déshonorer et le tuer que M. Becque a voulu peindre. Je ne crois point d'abord le point de vue qu'il nous ouvre parfaitement juste. Je ne crois pas que jamais la passion tue le génie, qui est d'assez forte étoffe pour résister à toutes les passions... Ce sont les êtres secondaires, les talents relatifs, en enfance, qui se laissent manger vifs par ces ogresses de passions et qui allument des réchauds et boivent des absinthes... mais des génies en plein développement, et des génies de raison et de raisonnement autant que d'intuition, puisque Michel Pauper est un génie scientifique, ne retournent pas à leur vomissement d'ivrognes parce qu'une petite fille qu'ils ont aimée décampe avec un officier ! J'ai l'Histoire pour moi. Où est le génie qu'une femme ait brûlé dans sa jupe, imbibée d'eau-de-vie ?... M. Henri Becque a obéi à une vieille idée fausse de ce temps, qui ne connaît pas plus la moralité du génie que les autres moralités. Cela m'étonne de lui ; car, à l'haleine de sa pièce, il a peu d'entrailles pour ce temps. Mais avec cette idée commune, M. Becque s'est encore trompé. Il a fait, par amour de la crudité, de son homme de génie, un voyou, et le génie n'est jamais un voyou. Il a beau naître dans la fange et vivre dans la fange, il n'y pourrit pas : il est le diamant dans la fange. Et Taillade, malgré son talent de ce soir, a versé aussi de côté... L'acteur intelligent devrait redresser son auteur quand il penche, en pesant de toute sa force sur le côté contraire Taillade l'a oublié. Et comme les ouvriers sont à la mode et deviennent de plus en plus les rois des rois, le génie n'a pas un moment, même dans la scène d'amour, fait oublier l'ouvrier !

III

Vous le voyez, je plonge au fond. C'est l'essence même des rôles, bien plus importante à mes yeux que des combinaisons de scène, que j'attaque. Les deux principaux rôles manqués dans Michel Pauper, des situations navrantes, pathétiques et terribles, enlevées avec un cabestan, peuvent-elles faire oublier ce manquement capital ?... Voilà la question. Toujours est-il que, pour le public, elles l'ont voilé. On a été étreint. La main puissante, mais dure, de M. Becque, nous a serré la gorge comme avec un tourniquet. Le seul rôle de la pièce qui m'ait paru bien fait, — absolument bien fait, — c'est l'officier, le comte de Rivailles, joué par Angelo, je ne dirai pas comme un ange, mais comme un diable, et un diable froid. Il a exprimé avec un laconisme effrayant et des gestes de rasoir, la dureté américaine de ce temps américain jointe à la corruption française actuelle, et cette affreuse combinaison a été de la plus féroce vérité. Que M. Becque nous donne souvent des types aussi cruellement réussis, et je lui promets une fière place parmi les plus dévisageants observateurs de notre jolie société.

L'observateur, c'est le soubassement du poète dramatique. C'est la moitié de ce que M. Henri Becque veut être et peut-être de ce qu'il sera.

Et comme d'être un instant dans le vrai vous donne de force ! Ce rôle du comte de Rivailles est le seul rôle *écrit* de la pièce. Il est, du moins, beaucoup plus pur de déclamation que les autres rôles, qui en sont maculés et bouffis. On a comparé M. Becque à M. Touroude, et l'un fait penser à l'autre. Ils sont énergiques tous les deux et réalistes, comme on dit maintenant, mais en énergie réaliste, puisque réaliste il y a. M. Becque est à M. Touroude ce que le *comparatif* est au *positif* (jugez de ce que sera le superlatif quand nous l'aurons!), et comme écrivain il lui est infiniment supérieur. Au milieu de choses qui rappellent trop M. Touroude, il en est d'autres que M. Touroude n'aurait jamais écrites. Il y a dans *Michel Pauper* quelques tirades qui jaillissent bien ; mais que M. Becque prenne garde à la déclamation ! C'est là son écueil... Je le lui signale. Il n'a pas le génie du monosyllabe : le mot qui mord mieux que la phrase ! Le dialogue ne se brise pas assez dans sa pièce. On y procède trop par discours, et puisque c'est un réaliste que M. Becque, qui aime l'énergie, fût-elle basse, je vais le payer en sa monnaie : « On y tient trop longtemps « le crachoir. »

1.

IV

Parmi les acteurs, on a remarqué Clément Just dans le rôle *moraliste* de la pièce, mais sa voix ne sort pas et c'est dommage ; Angelo *fait équation* avec son rôle : c'est le meilleur miroir à mettre sous les yeux de l'utilitarisme corrompu de ce temps maudit, pour qu'il en meure d'horreur, s'il a la force d'en mourir ; Mlle Raucourt, froide jusqu'à faire craindre le contact de ses beaux bras ; Taillade, superbe dans la scène où il piétine sa femme, après l'avoir adorée ! bien moins beau, quoi qu'on ait dit, dans les scènes d'ivrognerie et de folie où le souvenir éclatant de Frédérick (dans le père Gachette) plane trop sur son front et y envoie de l'ombre.

Les autres n'existent même pas:

PÈRE ET MARI

Dimanche, 3 Juillet 1870.

I

Ils se sont déjà nommés « l'École Brutale ». Et, réellement, ils sont brutaux, et pour école... je ne sais pas s'ils feront école, mais je sais qu'ils peuvent encore y aller ! Ils sont très jeunes. Ils ne sont pas très nombreux : trois ou quatre, au plus. M. Touroude, le premier dans l'ordre des représentations, a-t-il trente ans ? M. Henri Becque, vingt-cinq ? Et M. Bergerat ?... On m'a dit que M. Bergerat n'en avait que dix-huit. Dix-huit ans ! C'est la beauté du diable pour les filles. C'est le talent du diable pour les garçons. M. Bergerat — le nom même est jeune et pastoral — serait donc le Chérubin de l'École Brutale, et moins un brutal qu'un brutalin ; car il est doux et fleuri dans son langage, s'il est rude en ses situations. Vous rappelez-vous, dans *le Médecin malgré lui*, l'enfant qui tombe du haut d'un clocher, et qui, frotté du baume de Sganarelle, se relève et s'en va jouer à la fossette?... M. Bergerat n'est pas tombé du haut de sa pièce : au contraire ! On ne l'a frotté d'aucune façon... Et s'il est allé, après son succès, jouer à la fossette, il en reviendra bientôt, qui sait? avec une bonne pièce, et pour n'y pas retourner; car il sera devenu un homme tout à fait.

Et que cela soit, j'en serai très heureux et je n'en serai pas très étonné. Il y a peut-être dans M. Bergerat, comme dans M. Touroude, comme dans M. Becque, l'étincelle divine ou diabolique du théâtre, et, certes ! ce n'est pas moi qui voudrais l'étouffer. Qu'elle devienne une flamme de torche, un jour, et qu'elle nous embrase! Seulement, tout à l'heure, ce n'est encore que l'étincelle d'une allumette.

N'importe ! l'allumette a pris.

II

Je n'étais point à la première représentation de *Père et Mari;* mais j'ai lu sur ce drame des feuilletons extrêmement favorables, et j'ai voulu juger par moi-même le brutal nouveau qui venait de naître. J'avais, la semaine dernière, été brutalisé suffisamment par M. Becque, qui n'y va pas de mainmorte, comme vous l'avez vu... Je crois bien, sauf erreur, que c'est encore lui le plus brutal de tous, et j'étais curieux de M. Bergerat, de ce *petit dernier* dans la brutalité, qui mêle au réalisme des autres brutaux un filet de langage alambico-poétique qu'ils ne connaissent pas, et, pour M. Bergerat probablement, la dernière fleur de rhétorique restée dans ses cheveux !

J'ai donc vu ces trois actes de *Père et Mari*. C'est le sujet de *la Mère et la Fille*, mais le Théâtre est une Maison d'indigents, où il n'y a jamais que deux ou trois sentiments, deux ou trois situations, deux ou trois caractères, toujours les mêmes, qu'il faut cuisiner comme on peut pour en changer le goût, chose difficile! M. Bergerat a donc fait ce qu'il a pu de *la Mère et la Fille*, et il en a fait *Père et Mari*. Une mascarade! La mère est bien encore ici la rivale de la fille, mais c'est pour mettre en lumière les mérites et les vertus extraordinaires du mari. Le *plus heureux des trois*, cette bonne *charge*, est ici le plus malheureux, mais le plus intéressant des trois, et certainement le plus sublime de la pièce; car il est sublime... et la tendance en faveur des maris trompés, qui se précise si drôlement depuis quelque temps dans cette époque sans foi et sans moralité, continue. Le cocuage battu, meurtri, par terre et humilié, fait ses relevailles, des relevailles superbes! et M. Bergerat, avec son allumette de pièce, a allumé pour ces relevailles un cierge de plus. On a vu, dans le *Jacques* de Mme Sand, un cocu, amoureux *à la philosophe,* se tuer pour faire place dans son lit à l'amoureux de sa femme (et ils n'ont pas encore osé, les petits-fils de cette mère Gigogne du roman, mettre à la scène ce cocu-là), mais en voici un aujourd'hui qui, par amour non de sa femme, mais de sa fille, la donne, sa fille, à l'amant de sa femme qui l'a cocufié. Sujet digne de l'École brutale, puisqu'elle se nomme ainsi ! Coup de poing solidement appliqué, et à faire crier celui qui le reçoit, comme cela, en pleine poitrine, mais qui n'a pas fait trop de dégât sur cette tête de Turc qui est la caboche du public. La tête de Turc a même été très voluptueusement flattée de le recevoir...

C'est que l'École brutale n'est pas l'École morale. C'est qu'elle n'est pas plus morale que le public. L'École brutale ne se soucie que des faits de la passion et des actes de la sensibilité. Or, la sensibilité n'a point de devoirs ; elle n'a que des émotions. Si l'homme n'est que sensible et s'il est plus sensible comme père que comme mari, il a raison de préférer sa fille à sa femme et à son honneur de mari, comme le M. Mauvillain de la pièce de M. Bergerat ; mais si, par hasard, et hasard très possible, il était plus sensible comme amant que comme père, il préférerait sa maîtresse à sa progéniture, précisément comme le fait naturellement la très naturelle Mme Mauvillain, qui préfère son amant à sa fille pendant toute la pièce, excepté au dénouement, parce que; misère ! il faut un dénouement. — Tel est le sens profond et vrai qu'il faut dégager de ce drame de *Père et Mari :* si tout est dans le sentiment, ils ont *tous* raison dans cette pièce. Taupin y vaut Maraud, Maraud y vaut Taupin, et Mauvillaine, qui est fort vilaine, y vaut Mauvillain. On ne sait plus qui condamner et qui absoudre. On est ému, et cela suffit à ce public qui n'a pas plus de moralité dans la tête que les amuseurs qui lui font des pièces, et qui jouent, pour le plaisir de jouer et pour ce que cela leur rapporte, sur les cordes à violon de sa pitoyable sensibilité !

III

Donc, premier point : absence de portée morale et sociale, pièce purement ou plutôt impurement physique ; — aussi peu morale et sociale qu'un coup de bonnet chinois ou de grosse caisse ! Cela fait tressaillir, puis cela finit par agacer... Les jeunes gens de dix-huit ans appartenant à ce moment du XIXe

siècle ne peuvent pas, du reste, savoir qu'il doit y avoir autre chose dans des pièces de théâtre, pour qu'elles soient des chefs-d'œuvre, que de la sensibilité à faire jouir ou à faire saigner. Mais, second point qui touchera peut-être plus M. Bergerat: absence tout aussi complète d'habileté et de vraisemblance pendant toute la pièce, qui se casse à chaque instant et qui continue d'aller comme si elle ne s'était pas cassée ! Ainsi, quand Mauvillain demande au jeune homme qui se trouve être le double amant de sa femme et de sa fille, la raison qui l'empêche de revenir chez sa fiancée, d'où il s'est sauvé comme un pleutre épouvanté qui n'a ni sang-froid ni tenue (est-ce qu'il a aussi dix-huit ans ?...), et que le double amant lui répond : *C'est l'honneur !* l'imbécille de notaire, — Mauvillain est notaire, — et, selon M. Bergerat, le plus intelligent, le plus sensible, et même, *bone Deus !* le plus poétique des notaires, — Mauvillain devrait comprendre et il ne comprend pas ! ! Tout le monde dans la salle, et quand Mme Mauvillain ne serait pas dans le cabinet à côté, comprendrait ce que le double amant veut dire, mais Mauvillain, Mauvillain à la tête aussi dure qu'ornée, ne comprend pas, et la scène, qui pour le public est finie à ce mot, va son train comme si de rien n'était ! Ainsi, encore, lorsque le double amant a reçu vertueusement ce soufflet pour lequel il ne veut pas se battre

Mauvillain finit par s'en retourner seul vers sa fille mourante, seulement, avant de partir, il dit à l'amant : « Je reviens dans une heure et je vous *défends de sortir* », on se demande quel droit et quelle puissance se croit Mauvillain, pour dire à un homme qui n'a pas peur de lui quoiqu'il ne veuille pas se battre : « *Je vous défends de sortir* » et pour qu'il en soit obéi ; et on se répond qu'il faut bien que Mauvillain retrouve sa femme chez son amant et comprenne enfin, en l'y voyant, ce qu'il n'a pas compris déjà, quoique ce fût plus clair que le jour.

Et tout, tout, est de cette force de combinaison et de cohésion dans ce drame de pièces et de morceaux ! Je ne multiplierai pas des exemples que je pourrais multiplier. J'ai reproché à M. Becque, l'aîné de M. Bergerat, des solutions de continuité dans *Michel Pauper*, des gaucheries de main, des inexpériences, et j'en trouve dans *Père et Mari* d'aussi grandes et d'aussi nombreuses.

Supprimez les brutalités de situation, obtenues en marchant perpétuellement sur la vraisemblance, et vous n'avez plus, en effet, dans cette pièce, que deux ou trois jolis détails, comme la scène d'amour, par exemple, entre la jeune fille et son fiancé, après qu'elle est guérie de l'émotion dont elle a bien failli mourir. Et encore ces jolis détails, à l'exception de cette scène qui file dans une simplicité charmante, sont le plus souvent gâtés par un langage d'une préciosité à faire pâmer toutes les Bélises de la terre.

On a déjà cité *cette larme de Dieu* (Dieu pleurant est une idée assez cocasse !) dont ce grand garçon en habit noir et ce gros paquet de femme de quarante ans sont faits, et ce n'est là peut-être qu'une réminiscence malheureuse de la larme d'Éloa, dans le poème d'Alfred de Vigny, mais il est d'autres ridiculités du même genre en cette pièce brutale et mièvre tout à la fois, dont la langue, incorrecte et quintessenciée, relève également de la grammaire de Martine et de la métaphysique de Cathos.

IV

Je ne dis donc pas tout, mais je ne veux pas insister. Je n'éteindrai pas l'allumette... J'ai cru un instant, puisque nous étions de l'École brutale, que nous allions avoir un drame qui eût fait tout hurler autour de nous. J'ai vu l'heure où la Passion foulerait aux pieds la Maternité, ce qui eût été nouveau au théâtre et eût arraché le cœur au public, maniaque de maternité ! J'ai vu l'heure où la femme du drame de M. Bergerat, violente, éperdue, et logique dans sa passion comme un boulet de canon est logique, sauterait par dessus le lit de sa fille expirante pour s'en aller avec son amant ! Mais cette femme s'est brisée aussi. Elle s'est brisée comme les scènes dont j'ai parlé plus haut. Et elle a fini par donner le plus choquant des démentis à ce qu'elle est dans tout le cours de la pièce, en redevenant mère larmoyante et dévouée, d'amante furieuse qu'elle était. Physiologiquement, moralement, de toute façon, la chose est impossible. C'est là une bévue en nature humaine... Mais la nature humaine ne se sait pas à dix-huit ans !

Dix-huit ans, voilà donc l'excuse et le mérite de cette pièce. C'est un début de dix-huit ans. Quel âge avait M. Émile Augier quand il nous donna la *Ciguë*, cette pièce qui semblait avoir été faite pour une distribution de prix d'un collège de jésuites, par un rhétoricien de seconde année ? Eh bien, avec ses ruptures, ses maladresses, son mauvais français, son manque de moralité, j'aime encore mieux que la *Ciguë* la brutalité que voici ! J'y sens plus dix-huit ans... La pièce, d'ailleurs, est bien jouée. Talien y est excellent. Mais je ne l'aime point quand il se met à genoux devant sa fille. Je sais bien que c'est là une inspiration d'un temps où tout, dans les sentiments et dans les mœurs, est défoncé et coule dans la fosse commune de l'égalité. Mais les vrais pères, selon moi, ne s'agenouillent pas devant leurs enfants.

Ils n'ont point de ces positions idolâtres. Ils ne mettent pas dans leurs tendresses les airs incestueux que ces façons, reçues au théâtre maintenant, semblent y jeter.

Un sifflet, — un seul, — qui ne m'a pas fait l'effet d'un sifflet *littéraire*, a distillé tenacement son venin de son dans un coin, on ne savait où... Cela a duré longtemps; puis la bouche d'envieux (probablement) qui sifflait s'est lassée, et le reptile s'est tu...

Il y avait longtemps que je n'avais entendu quelque chose d'une aussi vilaine expression que ce sifflet.

THÉATRE-FRANÇAIS
QUELQUES ACTEURS D'HIER SOIR

10 Juillet, 1870.

I

Excepté *l'Ombre*, pas *ombre* de première représentation cette semaine ! Or, *l'Ombre* n'est pas de mon département, à moi... Les Opéras-comiques — ou non comiques — ne *me* regardent pas, et de spectacle simplement *littéraire*, aucun ne s'est produit en ces derniers huit jours. Tout ce qu'on joue, pour l'heure, dans les quelques théâtres restés ouverts — *rari nantes* — au fait, en ce moment de chaleur, on y nage ! — a été jugé suffisamment ici, et il n'y a pas à y revenir. C'est bien assez d'y être allé... Sans le Théâtre-Français, on n'aurait point de feuilleton aujourd'hui.

Mais le Théâtre-Français n'a pas besoin de première représentation pour être intéressant. Le Théâtre-Français a cela de bon et de supérieur que son répertoire est plus varié que celui des autres théâtres, et que, même dans les vieilles pièces qu'on a vues déjà, il a, par ses acteurs et leur manière de jouer, l'art de *faire revenir*, — cet art difficile de *faire revenir*, aussi difficile pour les théâtres que pour les femmes !

Hier soir, justement, j'y suis revenu. On y jouait trois pièces qui ne sont pas des nouveautés, mais qui ont fait l'effet d'être neuves par le talent des interprètes. C'étaient : *Faute de s'entendre,* — *Il ne faut jurer de rien,* — et le *Dernier quartier*. Trois petites choses, dont une perle, une vraie perle, celle-là : *Il ne faut jurer de rien !* (si, pardieu ! j'en jurerais !), et les deux autres, deux perles de verre, mais qu'ils ont, ces acteurs, ces bijoutiers de la diction, enchâssées dans l'or fin d'un jeu si léger que les femmes qui étaient là, ce soir, les ont prises pour vraies et les ont mises, avec plaisir, à leurs oreilles.

II

La perle vraie, ils l'avaient, du reste, campée adroitement entre les deux autres pour les faire passer. Si ç'avait été un diamant, elle aurait tout brûlé, tout ébloui, tout consumé de sa flamme. Les deux verroteries n'auraient été, à côté, que deux morceaux de verre, bons seulement pour tromper des sauvages... Mais la perle n'a pas l'*absolu* sans pitié de l'éclat du diamant, ce cruel despote de feu! La perle n'est pas si méchante. C'est, au contraire, une bonne fille, qui se laisse regarder et n'écrase personne... Elle est douce, et plus elle est fine et plus elle est douce, et probablement elle rend doux; car après *Il ne faut jurer de rien,* j'aurais presque juré que ce n'était ni faux, ni commun, ni bourgeois, ni Marivaux manqué, *le Dernier quartier* de M. Pailleron, et c'eût été un faux serment!!

Cette pièce, ils l'ont jouée la dernière des trois, comme s'ils avaient voulu qu'une dernière lueur d'Alfred de Musset, qu'on venait de voir, restât sur elle. Ils l'ont jouée avec toutes leurs rubriques de bijoutiers. Ils l'ont tournée et retournée sur toutes ses facettes de bouchon de carafe mal taillé, avec leurs habiles mains de gens qui sauraient faire jouer toutes les girandoles de la lumière dans de simples cailloux. Rien de plus prestigieux et de plus magique que cela !... Got, qui faisait le mari dégoûté du miel de sa lune, en son dernier quartier, et qui a assez de son pot de miel; Got, que nous venions de voir en cuistre d'abbé accompli dans *Il ne faut jurer de rien,* avait revêtu, pour mieux jouer le mari de Vaudeville, mauvais ton et mauvais sujet, l'air des vers de M. Pailleron eux-mêmes. On les connaît, ces vers ! Got s'adaptait à eux par la tenue vulgaire, par les indignes favoris du bourgeois, le pantalon béant sur la botte, toute la *Revue des Deux Mondes* sur le dos, coupée en redingote (ce qui vous donne une idée de ce commun réussi !), mais il en différait par le mordant, le brio, la gaîté, l'emportement de cette gaîté qui emportait jusqu'à la lourdeur de ces vers sans ailes, de ces vers patauds et pingouins, qui n'ont qu'une membrane et qui font les légers.

Got a jonglé, comme avec des oranges, avec ces melons creux qui devraient éternellement rester sur la borne. Il les a jetés en l'air avec une sûreté de main et aussi à la tête de Mlle Royer, qui les lui a renvoyés, ma foi ! avec la même sûreté, le même entrain, et une vivacité inspirée par la verve de Got : les acteurs, quand ils sont bons, s'allument les uns par les autres, étant, les uns pour les autres, des piles de Volta, des électricités ! Got a été le feu ; Mlle Marie Royer, la poudre... Je ne l'avais jamais vue, Mlle Marie Royer, que la Correction, l'irréprochable Correction. Je n'avais jamais eu à lui faire que ce seul reproche, — mais il est très grand, — d'être irréprochable. Eh bien, ce soir, la Correction est devenue la Grâce, et la Grâce vive qui sait jouer au volant avec des raquettes brillantes comme des miroirs ardents, et qui l'enlèvent, ce volant, cette grosse boule de liège et de plomb de M. Pailleron, et finissent par la mettre à feu comme si c'était une grenade ! Mlle Marie Royer — je peux le lui dire maintenant, puisque c'est passé, — ne me plaisait pas ; mais elle me plaît, à dater de ce soir... Et même elle m'a semblé jolie par la grâce de la Grâce ! Les rayons de ses yeux, qu'elle a toujours très beaux, ont eu plusieurs éclairs charmants. Ah ! qu'elle reste toujours ainsi, je l'en supplie ! Qu'elle ne rentre pas dans l'étui de cette perfection, d'où elle ne se tirait pas assez... Qu'elle fasse toujours, comme ce soir, craquer ce corset trop juste de la Correction, dans lequel je la trouvais trop droite, et, que diable ! qu'elle le déchire un peu ! Cela n'en vaudrait que mieux.

Got, lui, n'a pas besoin de conseils. Il va tout seul. Et comme il va ! comme il va ! Depuis quelque temps, je le suis, et Dieu sait quel plaisir il me donne, cet écureuil, qui monte toujours ! *Quo non ascendet?...* Le rôle du mari, englué dans son pot de miel et qui y barbotte, et qui cherche à s'en débarbouiller, est un rôle très en dehors, et il le joue avec un relief incroyable ; mais le rôle de l'abbé, dans *Il ne faut jurer de rien,* est un rôle qui porte en dedans, un rôle tout en physionomie, en attitudes, en gestes, en monosyllabes, et il le joue avec la même supériorité. Je l'ai dit plus haut : c'est le cuistre le plus superbe et le plus travaillé (travaillé pour arriver au naturel) qu'on ait jamais vu au théâtre. C'est la *rose bleue* de la cuistrerie, obtenue par un genre de culture et d'écussonnage entièrement inconnu avant Got. Tout y est ; le visage, le port de tête, la voix, la manière de mettre son chapeau,—et quel chapeau ! le berceau de Moïse !— de se moucher comme après vêpres sous la lampe du chœur ou dans la sacristie, de donner ses cartes au piquet, de porter sa lanterne. C'est tonitruant de vérité dans un vent coulis ; car c'est un humble vent coulis que ce plat soutanier qui n'est qu'un domestique qu'on fait asseoir dans le salon, par respect pour l'Église, et qui s'y assied, dans ses ingénues culottes noires, sur des tapisseries avec leurs aiguilles, par respect pour la noblesse.

En voyant Got, hier, en ce tout petit rôle, grand comme la main, dans lequel il a pu tasser et faire tenir un cuistre cubique, je me demandais, moi qui, en fait de théâtre, reviens toujours un peu de Pontoise, si Got a joué quelquefois le *Tartuffe,* et je me répondais que s'il ne l'a pas joué, il est arrivé à cette minute de sa maturité où il peut aborder ce maître rôle *raté* jusqu'ici presque par tous ceux qui l'osèrent, avec la plus désespérante unanimité... Tartuffe, en effet, a cet air, cette pleutrerie, ce nez, cette *oreille rouge,* cette gaucherie ineffable. Le cuistre, ici, est à la peau, comme chez Tartuffe. Mais, dans Tartuffe, l'hypocrite est dans le sang, et l'obscène, à chaque instant, crève le mystique. Got, j'en suis sûr, est capable d'exprimer cette affreuse et grotesque combinaison. Il n'est que drôle dans l'innocente caricature d'Alfred de Musset, mais il pourrait devenir d'un comique sinistre et profond dans la coupable de Molière...

Quel talent d'expression physique ! Hier soir, il n'avait presque rien à dire avec la bouche, mais comme il a dit, avec son corps tout entier ! Pendant que la vieille baronne parlait à Van Buck, lorsque la partie de piquet a été interrompue, il a eu une manière d'essuyer ses lunettes, dans son piètre abandon à la table de jeu, qui faisait éclater de rire toute la salle. Et pourtant la baronne est un rôle adorable, caressé par de Musset dans le temps qu'il pouvait l'étudier chez Mme de Castries, et joué par Mlle Nathalie aussi adorablement qu'il est adorable... Après Got, Mlle Nathalie est la plus grande actrice de cette miniaturesque comédie. Elle a joué tout son second acte avec un air, un ton, et une si jolie impertinence, que c'était presque à tomber à ses pieds, pour les amateurs, s'il en est encore, de ces enchanteresses de vieilles femmes-là !

A-t-elle été assez spirituelle et tout à la fois assez absurde? Assez méprisante et assez aimable et assez frivole, assez délicieusement vaine et assez incorrigiblement romanesque, et, par dessus tout cela, assez femme *comme il faut* qui ne se gêne avec personne, parce qu'elle se sent la conscience qu'elle est parfaitement au-dessus de tous ?... A-t-elle eu assez de hauteurs, de questions, de distractions, d'interrogations, d'interruptions ?... A-t-elle assez traité la conversation comme une grosse moutte traite le fil qu'elle casse du peloton qu'elle roule ?... A-t-elle assez divinement *jaboté* ?... Mlle Nathalie a fait à l'incomparable cuistrerie de Got le repoussoir le plus gai et le plus élégant, dans sa beauté étoffée qui s'étale en ses vastes jupes de douairière... et, comme lui, a-t-elle fait assez comprendre à nous tous qui étions là cette vérité que nient les charpentiers dramatiques du temps : c'est que rien ne vaut ce bout de dentelle d'une conversation dans une pièce, que l'action la plus intéressante est encore l'*action* de la Répartie, et que le Dialogue soufflette, haut la main, toutes les Situations !

III

Chose qui semble étonnante, tout d'abord, mais qui n'est pas inexplicable ! ce sont ceux-là qui *faisaient les vieux,* dans cette pièce d'une gaîté si jeune qu'elle n'a pas vieilli avec les années qui sont venues, qui m'ont paru, de beaucoup, les meilleurs... Thiron, dans l'oncle Van Buck, a été non pas rondement, mais carrément comique. Or, les oncles carrés valent bien les oncles ronds. C'est une variété de comique. Thiron, avec sa figure écrasée mais expressive, a été une espèce de Hollandais enrichi qui admoneste son neveu avec des solennités dans le ton, que le neveu fait fondre dans une plaisanterie et un verre de vin, quand il le faut. Ils se taquinent tous deux, et ils s'aiment. La taquinerie, quand on s'aime, n'est-elle pas la plus charmante expression de la tendresse?... Thiron a été excellent et neuf avec ses phrases suspendues comme celles d'un orateur embarrassé. Quand, dans le bois où son neveu attend la jeune fille qui a accepté le rendez-vous, il se grise, il passe admirablement par toutes les nuances de l'ivresse, en les marquant avec beaucoup de tact...

Seuls donc, les jeunes, les amoureux, ont semblé en disproportion avec les autres interprètes de la pièce. C'était Mme Lafontaine, que je trouve un peu madame et un peu brune, et qui ne le fait pas oublier, pour jouer cette souvenance de Marguerite allemande, cette jeune fille ingénue qui vient au rendez-vous dès qu'on fait *pstt !* et dont les mains roses offrent à son amant une tasse de bouillon comme, s'il était sylphe, elle lui offrirait une tasse de rosée dans le calice d'un lys ! Delaunay faisait l'amant, l'amant présomptueux, qui jure de n'être pas pris à la souricière de l'amour et qui s'y trouve pris comme un souriceau. Delaunay a joué cet amoureux-là comme un amoureux ordinaire avec son talent ordinaire, mais il fallait bien plus. L'amoureux, dans de Musset, est toujours idéal. Que Delaunay joue les amoureux de M. Augier, très bien, mais ceux de de Musset !... Dans tous les autres rôles du *Spectacle dans un fauteuil,* l'auteur d'*Il ne faut jurer de rien* avait, certes ! assez d'invention et d'impersonnalité pour créer des natures différentes de la sienne ; mais pour les amoureux, il ne pouvait se dédoubler de lui... Le poète tenait bon dans l'amour et chantait toujours un peu, même en cette prose de comédie, mélodieuse encore comme une mandore dont les cordes ont été coupées...

Partout, dans tous ses amoureux, et c'est pour cela qu'ils sont si difficiles à jouer, Alfred de Musset reparaît, et non pas le de Musset des derniers temps, mais l'Alfred de Musset des premières heures fortunées, l'Alfred de Musset, Brummell et Byron tout ensemble, qui portait l'habit vert aux boutons d'argent de ce temps-là avec une désinvolture si nonchalante, et à la boutonnière l'œillet blanc, pâle de volupté. Jamais Delaunay, avec sa veste de photographe en velours et son air de chef de rayon à la *Belle Jardinière,* tel qu'il était hier aux Français, jamais Delaunay, avec cette voix qui nasille aux premiers mots de la phrase et qui détonne à la fin, ne pourra être cet amoureux idéal d'*Il ne faut jurer de rien,* qui commence par Lovelace et qui finit par Roméo.

A la scène, c'est une chose triste à dire, mais on dépend de son physique plus qu'on ne croit. Les acteurs, ces amours-propres de femme, ne veulent pas le comprendre ; et hier soir j'en ai eu une autre preuve encore. Coquelin, qui certainement est une intelligence d'artiste, Coquelin ne s'était-il pas permis de jouer le rôle d'un amant jaloux et discret dans *Faute de s'entendre?*... Au point de vue du solfège, il a bien joué : il a bien dit ce qu'il avait à dire, avec l'inflexion qui convenait ; mais cette tête pétrie pour le comique, cette tête de marmouset énergique, aux narines ouvertes, faites pour le rire large et la grimace mouvementée des Scapins, a manqué presque tous ses effets, ce soir-là, par le souvenir de tous ceux qu'il ne manqua jamais. Là où il était touchant, la salle riait.

Je ne suis guères arrivé que vers la fin de cette première pièce : *Faute de s'entendre*, mais je suis encore arrivé à temps pour voir cela !

MADEMOISELLE BOZZACHI

23 Juillet 1870.

I

C'est un canonicat, pour l'heure, qu'un feuilleton dramatique. Le théâtre nous fait trop de loisirs. Les ardentes préoccupations de guerre qui mettent à feu tous les cerveaux encore plus que le soleil, vont prolonger et faire plus morte encore cette *morte saison* des théâtres. Le spectacle, le vrai spectacle, sera à la frontière. Dans quelques jours, on ne verra plus, on ne regardera plus que de ce côté... On y regardait déjà hier, en voyant danser la petite Bozzachi, pour laquelle le public se montre infiniment bon et aimable, comme le bon Dieu dans les prières du soir.

J'y étais donc, — à la voir, hier, cette petite fille qui deviendra peut-être une grande danseuse, cette espérance en fleur, cette étoile qui sort à mi-rayon de l'eau... J'y étais en ma qualité de chanoine du moment, en feuilletoniste de loisir qui n'a plus rien à faire en littérature, en besogne intellectuelle, que de juger des jambes, des bras et des airs de danseuse, et vous dire ce qu'il pense de cela.

Mais cela, c'est de l'esprit encore ! Je ne suis pas de ceux qui font peu d'état de la danse. Je ne suis pas de ceux qui disent : bête comme un danseur ou comme une danseuse ; car le mot est fait pour tous les deux, puisqu'ils pratiquent le même art et font les mêmes choses avec des organes différents. Si on ne l'applique pas aussi cruellement à la danseuse qu'au danseur, c'est que les hommes ont un sexe ; mais un sexe n'est pas une opinion. Bête comme un danseur !... Oui ! comme un danseur bête. Mais s'il ne l'est pas ? S'il a de l'expression, de la physionomie, du geste, de la passion, il peut avoir de l'esprit, de l'âme, et même du génie ! Un grand danseur n'est pas *nécessairement* plus bête qu'un grand chanteur ou qu'un grand comédien. Ils ont tous les trois des *talents d'expression,* dans des ordres différents, mais qui peuvent être d'une force égale. Le proverbe est donc injuste et bête lui-même ; car l'Injustice n'est pas qu'une vilaine, c'est une sotte aussi ! Le mot de *bête comme un danseur* est un mot de cul-de-jatte. C'est évidemment quelque malheureux cul-de-jatte vexé, crevant de dépit dans sa jatte, qui a fait ce mot absurde et insolent, lequel, par exemple, il faut en convenir, pour un mot de cul-de-jatte, a fait du chemin.

Il est vrai qu'on l'a parfois arrêté net au passage ! Partout où s'est élevée une supériorité dans cet art difficile de la danse, — le plus difficile certainement des arts d'expression, — le mot impertinent n'a plus passé. On lui a barré le chemin... Et cette petite fille qui débute et qui poind en danseuse de l'avenir va probablement le lui barrer encore, et de son charmant pied tendu, — comme elle sait le tendre, — lui casser le nez !

II

Car, elle, plus qu'une autre, est le contraire de bête, et d'elle plus que de personne on peut dire que sa danse a de l'esprit... Quand la vie l'aura prise, cette enfant de seize ans, comme l'air la prend quand elle s'élance, elle mettra dans son jeu bien des choses qui n'y sont pas ; elle mettra dans son art l'âme et la flamme par lesquelles tous les grands talents se couronnent. Mais il n'en est pas moins certain que, présentement, le caractère le plus en saillie de son talent c'est l'esprit, la finesse, la grâce vive, la moquerie légère ; quelque chose de svelte, et de précis, et de clair, et de piquant, et de rapide comme l'esprit français. Quelle que soit sa naissance et malgré son nom italien, c'est bien une française, que cette petite Bozzachi !... que j'appelle petite, non pour la diminuer, — elle a le temps de se faire appeler la grande Bozzachi, si elle peut ! — mais parce qu'elle est vraiment, pour l'heure, la petite Bozzachi, non pas seulement par l'âge, non pas seulement par l'extérieur de sa personne, peu formée encore, mais par les grâces tour à tour ingénues et fûtées, gentilles et *enfant* (mais enfant comme les petites filles le sont en France), de sa physionomie, de ses mouvements et de son jeu !

III

Je voudrais vous en donner l'idée. Je voudrais ébaucher la statuette de cette ébauche de danseuse qui nous fait rêver au chef-d'œuvre ! Et d'abord, disons-le bien vite pour que ce soit fini, elle n'est pas ce qu'on appelle jolie. Mais qu'a-t-elle besoin d'être jolie, elle qui va tout à l'heure vibrer comme l corde de harpe qu'on ne voit plus quand elle nou enchante, elle qui va scintiller comme une étoil mobile, dansant de loin à l'horizon !... Taglion n'était pas jolie ; Essler non plus. Mlle Bozzachi reste dans la tradition des plus grandes danseuses en ne l'étant pas... Elle troublera moins comme femme. On la jugera mieux comme danseuse !...

C'est une figure un peu longuette, au nez busqué d'oiseau, mais pas de proie ! aux yeux doux et gais. Allez ! l'oiselet n'est pas méchant, malgré la courbure de son bec. Figurez-vous une mésange qui va s'envoler d'un roseau qui plie ! Ses bras (j'ai failli dire ses ailes), ses bras mignons, souples, inachevés, de vrais bras de fillette, attendent encore, comme le corsage, comme les épaules, le contour qui va venir... Aurore de bras délicieux, qui commencent comme ceux de Rachel ont fini ; car les matins ressemblent aux soirs ! Seules, les jambes sont femmes, dans cette petite fille pour le reste, dans cette adolescente indécise... Seules, elles sont entièrement sculptées, les jambes : l'instrument, le signe de vocation, la beauté indispensable de la danseuse ! Ici, l'art et l'exercice de l'art ont avancé la nature. Les jambes de Mlle Bozzachi ont cette pureté qui, pour les jambes, comme pour la vertu, est la force.

Elles ont cependant, vers la cheville, une imperceptible arcure que verront bien ceux qui savent voir, et à laquelle se prendront les imaginations voluptueuses. En statuaire, c'est là peut-être un défaut. Mais c'est un défaut qui vaut une beauté ; car il éveille le caprice, — ce que ne fait pas toujours la beauté, la souveraine beauté, cette Écrasante ! Pour opposer à ces jambes-là et les mettre mieux en lumière, l'Opéra a choisi celles de Mlle Fiocre, ces jambes d'amazone qui tournent aux jambes de héros, tant elles deviennent mâles. Et c'est ainsi qu'en faisant contraste, on a fait honneur !

Mlle Fiocre jouait, en effet, le jeune garçon amoureux de la poupée dans le ballet de *Coppélia*, et la Bozzachi, la jeune fille qui se substitue à la poupée. Mlle Fiocre ne danse pas... ou plutôt personne ne danse dans ce ballet que la Bozzachi, quoique beaucoup de danseuses y fassent le *geste* de danser. Les danseuses de métier, les *forts sujets*, comme ils disent, y tourbillonnent, y *pointent*, y *battent des jetés*, y font compas ouvert avec leurs jambes et girouette tournante avec leurs bras. Mais tout cela n'est pas plus la danse que la grammaire de Lhomond n'est le style de Racine, que les paraphes de Brard-Saint-Omer ne sont les arabesques de Raphaël.

Les danseurs techniques peuvent avoir leur mérite et leur nombre à l'Opéra. Mais rares y sont, comme partout, les danseuses inspirées... et c'est là justement ce qu'est cette petite Bozzachi, que je suis presque tenté d'appeler parfois la Bozzachinette ! Rien qu'à la voir faire, on sent tout de suite la différence de l'inspiration au métier. Elle aussi, elle sait sa grammaire. Elle aussi, elle fait ses paraphes. Mais elle met dans ce qu'elle sait ce qu'elle n'a pas appris et peut-être ce qu'elle ne se doute pas d'avoir, du moins autant qu'elle l'a... Malheureusement, le succès le lui apprendra. Et déjà peut-être les ait-elle mieux que la première fois qu'elle a dansé devant ce public encharmé si soudainement par elle parce qu'elle ne dansait pas pour lui, mais pour elle-même, parce qu'elle dansait devant lui comme elle eût dansé seule, dans sa chambre et devant sa glace, — pour la volupté de danser !

IV

Oui ! elle danse pour se faire heureuse, et voilà pourquoi elle nous fait heureux, en la voyant danser ! Taglioni, cette nuée blanche qui s'est évaporée, Taglioni semblait aussi en dansant obéir à sa destinée, comme le lys qui parfume l'air dans lequel il se balance obéit à la sienne. C'est la seule ressemblance, du reste, que puisse avoir cette petite Bozzachi, qui vient de naître et que nous n'avons vue encore que dans son berceau de *Coppélia*, avec cette Sylphide, cette Naïade, cet Albâtre idéal, cette Immatérielle de la Danse qui fut Taglioni, la Taglioni moëlleuse et fluide, comme son nom, l'incomparable et *irremplaçable* Taglioni, comme Mlle Mars et Mme Malibran sont aussi des *irremplaçables !* la Taglioni qui nous a laissé dans la mémoire une lueur à laquelle nous jugeons les autres, un rayon charmant, mais un redoutable flambeau ! Les coquetteries au public, à la rampe enflammée pour l'enflammer plus encore, aux vieillards qui lorgnent Hélène sans se lever, étaient inconnues à Mlle Taglioni. Elles le sont à Mlle Bozzachi, — le seront-elles toujours ? — à cette mince enfant qui va s'arrondir et grandir pour peut-être, comme disait Lord Byron d'une petite fille de son temps, devenir un fléau !

Tout lutin d'esprit français qu'elle soit, la Bozzachinette (qu'elle me passe ce mot caressant qui lui va !) danse avec innocence. C'est l'innocence d'un enfant terrible; mais si ce n'était pas cela, si l'innocence n'était pas hardie, si elle n'avait pas ses yeux purs bien ouverts, elle ne serait plus l'innocence. Mlle Taglioni, elle, dansait avec pudeur. La pudeur, avant cette danseuse divine, n'avait jamais dansé. Elle n'est pas pour cela sur la terre. Mais Mlle Taglioni la mit au théâtre, Mlle Taglioni fit le miracle de mettre au théâtre, ce qu'on n'y avait jamais vu : — une danseuse chaste, aux yeux baissés, à la rose, pâle d'émotion, au front ; car il était des moments où, littéralement, la danse de Mlle Taglioni rougissait... Jusqu'à Mlle Taglioni, on avait dansé pour le Public, pour les Connaisseurs, pour le triomphe, pour les bouquets qui grisent, pour les battements de mains qui achèvent l'ivresse, pour les soupers qui la continuent, et pour le dessert des soupers qui la doublent et où les danseuses campent leurs ailes à côté de leurs verres et ne s'en servent plus pour s'en aller... Mais avec Mlle Taglioni on vit danser pour la danse elle-même, — pour la Rêverie, — pour la Poésie, — pour la Pensée, — et pour le Souvenir. On vit positivement, avec le moins de corps possible, sous la forme la plus transparente qu'ait jamais revêtue la Matière, danser... je ne dirai pas avec âme, — mais danser une Ame !

Et ceci, jamais, ne se reverra plus !

Que Mlle Bozzachi en fasse son deuil et les autres danseuses de l'avenir ! Le Génie, en tout, n'a point de dynastie... Ce diadème ne se laisse sur la tête de personne, et on l'emporte, cloué à la sienne, dans son cercueil ! Mlle Taglioni, qui, dit-on, fait des élèves quelque part ; Mlle Taglioni — comme Mlle Mars, qui eut aussi cette rage des âmes qui ne veulent pas mourir tout entières, — sait à présent à quoi s'en tenir sur la force des Enseignements. Elle sait si on peut mettre son talent dans une élève, comme en rentrant chez soi, après une soirée, on jette ses bijoux dans une coupe, l'élève fût-elle une coupe humaine taillée pour y boire toutes les sensations de la vie et digne des bijoux qu'on voudrait y jeter! Seulement, si Mlle Bozzachi s'afflige de cela, qu'elle s'en console! Si elle prouve plus tard qu'elle aussi, elle a du génie, elle ne laissera non plus son empreinte sur personne, et ceux qui l'auront vue ne pourront que s'en souvenir et en rêver...

V

Mais, voilà la question, aura-t-elle un jour le génie de la danseuse? Le promet-elle? Le bouton fait-il croire à la fleur?... Nous avons l'enfant, aurons-nous la femme? L'enfant est délicieuse de spontanéité. Dans ce ballet de *Coppélia,* dont la musique, que je n'ai point à juger, m'a paru une poésie, Mlle Bozzachi a été aussi poétique que la musique. Lorsqu'elle a pris la place de la poupée, elle s'est faite poupée à ravir toutes les femmes qui étaient là et qui pensaient à la leur; car, mari, amant ou enfant, il n'y a jamais pour les femmes qu'une poupée ou une succession de poupées !

Elle a donc eu des gestes de poupée, des gestes en bois, que des mécaniciens quelconques ne seraient pas assez spirituels pour trouver... Oui! elle a eu la grâce de la petite fille, infusée miraculeusement dans du bois... Ce n'est là, il est vrai, que de la pantomime; mais la pantomime est de la danse terre à terre et à pied, comme la danse est de la pantomime qui s'envole ! Or, elle s'est envolée, Mlle Bozzachi, et sur quelles ailes ! Au deuxième acte (l'acte qui est tout le ballet et toute la pièce), de poupée elle est devenue peu à peu femme.

Galathée nouvelle, mais pas engourdie et pesante et bête comme l'autre Galathée, la femme marbre, qui reste marbre et bloc et qui dit : *Moi ! moi encore !* pour toute tendresse, à l'homme qui l'anime, Mlle Bozzachi s'est révélée tout à coup danseuse dans le sens complet de ce mot. Danseuse et *femme*, comme ses jambes ! Elle a pris une misère de voile noir, un chiffon de dentelle grand comme un mouchoir de poche, et avec ce bout de voile noir elle s'est faite Espagnole, mais une Espagnole grandiose, digne de danser dans la cour du Cid Campéador, et elle a improvisé une cachucha qui l'a fait monter jusqu'aux frises, cette petite !... Ç'a été soudain comme un coup de soleil ou un coup de tonnerre, ou un coup au cœur ! J'ai vu danser à Fanny Essler la même danse, avec son robuste et beau corps d'Allemande qui se moulait à nous rendre fous dans sa jupe plissée, mais Fanny Essler, qui dansait comme la Force provoquant le Plaisir, et qui tenait à la terre, — heureuse qu'elle tint à elle !

— Essler, qui n'était jamais mieux et plus elle-même que quand, fille de sa race, elle dansait (comme dans *la Gypsie*) quelque *hongroise* ou quelque *cracovienne* avec ses bottines écarlates, aux talons d'or qu'elle faisait si résolument retentir, eh bien, non! Fanny Essler n'avait pas cet élancement, ce grandissement, cette poussée de géante d'une fillette qui joue à l'Espagnole comme il n'y a qu'un instant elle jouait à la poupée, et qui n'a pas même de castagnettes. Non! ni Essler, la cariatide germaine, ni personne, ni Dolorès Serral, la Sensualité du Midi, avec ses yeux à moitié fermés et flamboyants à travers ses cils épais, Dolorès Serral, l'incendiaire des Toréadors! ni la sorcière Camara, tragique et sauvage, ni aucune des danseuses que j'ai vues et qui dansent encore en moi, n'auraient eu plus de fougue et d'élan que cette enfant inachevée, qui n'a pas encore le corps *avec lequel on parle au corps*, comme disait Buffon. Après sa cachucha, elle a continué ses métamorphoses. Elle a pris un plaid et dansé une gigue écossaise avec un brio et des mouvements d'épaules... à faire danser un monde dessus! Moins étonnante pourtant que dans sa cachucha, mais délicieuse; car la gigue est naturellement plus près que la danse passionnée de son genre de talent à elle, pour qui la passion est la seule passion de son art.

Certes! on ne l'aime pas avec ce désintéressement

de tout ce qui n'est pas lui, on ne le pratique pas si jeune avec cette aisance, cette précision, cet aplomb déjà, sans avoir en soi quelque chose avec quoi l'avenir devra compter. Je ne dirai pas quoi. Je ne veux pas une fois de plus compromettre l'Espérance, cette fille si souvent compromise ! La cachucha et la gigue écossaise que Mlle Bozzachi danse dans *Coppélia*, sont des échappées de danseuse passionnée et devinée. Mais, je l'ai dit et j'y veux revenir pour bien la faire comprendre, le caractère de son talent n'est pas la passion, la passion violente ou languissante... Non ! c'est l'esprit, c'est l'esprit français, avec sa distinction et son piquant et ses nuances moqueuses. Ce n'est encore, Mlle Bozzachi, que la petite fille qui fait la poupée; mais laissez-la devenir femme tout à fait et préférer aux poupées en bois les autres poupées, et vous verrez une danseuse inconnue ! Nous aurons le triangle complet. Taglioni dansait comme une âme. Essler comme un corps, et quel corps pour les Gassendistes et les Sensualistes de la danse ! Mlle Bozzachi sera la danseuse de l'esprit, dans le pays de La Fontaine, de Voltaire et de Rivarol.

Quand la coquetterie lui viendra, et qu'elle n'a même pas dans la joie, dans le *bonheur montré* de ses révérences lorsqu'elle a dansé et qu'on l'applaudit ; quand la coquetterie, ce parachèvement de la femme, lui poussera comme une dernière aigrette sur le front et l'oreille, elle continuera de danser, et ce sera la danse de Célimène!

Alors, que les gens qui aiment l'esprit tiennent bien leurs cœurs!...

UNE FETE SOUS NÉRON

7 Août 1870.

I

Ce n'en a pas été une pour nous.

Vieux baldaquin de pièce, faite de trente-six morceaux et jouée *par ordre,* dit-on, ce qui doit innocenter la Comédie-Française. La seule utilité de ce déterrement et de cette exhibition de tragédies défuntes, c'est de nous faire aimer de plus belle les tragédies de Racine. Quand cet amour, comme bien d'autres, hélas! commence à s'engourdir et à s'endormir dans nos âmes, on peut reprendre quelque chose comme cette *Fête sous Néron,* et voilà que l'amour de la tragédie racinienne revient et reflambe! Jamais je ne l'ai trouvé, ce Jean Racine tant insulté, plus pur, plus harmonieux, plus équilibré, plus distingué surtout (distingué, la grande qualité de Racine!), qu'en voyant, mercredi soir, les gros effets et en entendant les gros vers de MM. Soumet et Belmontet, qui sont comme l'écho décomposé de la voix de Racine résonnant dans une cruche, si ce n'est pas dans deux ! M. Alexandre Soumet, surmonté ou *sous* monté de M. Belmontet, car on n'est pas bien sûr de la place qu'occupaient ces messieurs dans le travail en commun de leur tragédie, M. Soumet donc et M. Belmontet ont, en effet, très évidemment cru, en écrivant leur *Fête sous Néron*, faire du Racine, cachet *Britannicus*, et même du Racine panaché.

Voyez ! Sénèque et Thraséas y font deux Burrhus, au lieu d'un ! Agrippine n'y est plus cette médaille romaine se profilant, comme un bec d'aigle, au-dessus de la tête adolescente du jeune monstre qui tremble encore devant ce terrible bec aquilin. Non ! c'est Agrippine tout entière, vue de face et en pied, toute l'Agrippine de Tacite, transportée, à dos de mulet, comme l'armée d'Annibal, dans la pièce de MM. Soumet et Belmontet !... C'est Locuste, que Racine, ce beau Timide, n'avait pas voulu montrer à la scène, et que ces messieurs y font venir dans la plus affreuse des casaques, pour n'y pas même *placer* son poison ! C'est enfin, et c'est ici qu'est le panache ! l'imitation des scènes d'Hamlet dans lesquelles Hamlet joue la tragédie pour pénétrer sa mère empoisonneuse, et à ce panache, arraché à la royale queue de paon de Shakespeare, ils ont ajouté, ne le trouvant pas assez long comme cela, les plumes de serin de M. de Jouy, dans *Sylla !*

Du fameux songe de Sylla, ils ont fait le songe d'Agrippine. Seulement, après cette belle rallonge, le panache s'est arrêté court, et n'a plus monté dans les airs.

Panacher Racine ! C'était bien, du reste, une idée du temps. Soumet n'est pas de la grande légion romantique, — de celle-là qui se battit à *Hernani* et qui fit de Racine le célèbre « polisson » qu'on sait. Lui, Soumet, le couronné des Jeux Floraux, qui, dès 1820, avait risqué une *Clytemnestre*, tenait à l'ancienne tragédie par trop de tragédies (*Cléopâtre, Jeanne d'Arc, Élisabeth de France,*) pour renier insolemment Racine en 1830, l'époque de la *Fête sous Néron ;* mais il se dit que pour le préserver, ce Racine, alors menacé dans sa gloire, il fallait le *shakespeariser* avec adresse, et il fit alors pour le sauver quand on voulait l'abattre, ce qu'on fit, en 1830, pour la statue de Henri IV, qu'on voulait renverser aussi, et à laquelle on lia un drapeau tricolore. Shakespeare fut le drapeau tricolore de Soumet. Mais il n'y eut pas là qu'une précaution dans un temps de guerre; Soumet trouvait réellement que le drapeau allait très bien à la statue, et il ne l'eût jamais ôté !

II

Et, de fait, il a toute sa vie chevillé et hissé le romantique sur le classique, croyant bonnement que pareille chose pourrait tenir et que c'était même là toute la question pour les hommes de génie du temps, et, maugrebleu ! il s'en croyait un. Il ne faut pas voir Soumet maintenant à travers M. Belmontet, qui nous le boucherait comme un écran. Alexandre Soumet fut, en son temps, presque un personnage. Il eut un salon littéraire bien avant M. Hugo, et comme M. Hugo. Il a eu ses fanatiques comme M. Hugo. Il a écrit un poème épique (*la Divine Épopée*), ce que n'a jamais osé M. Hugo. Il s'opposa longtemps au romantisme de M. Hugo. Le romantisme de M. Hugo était le romantisme qui se croyait « échevelé ». Le romantisme de M. Soumet fut le romantisme à papillotes.

Les deux hommes qu'ils étaient donnent bien l'idée de leurs poétiques. M. Hugo, qui n'avait pas de figure et qui n'avait qu'un front, se le faisait raser aux tempes pour l'avoir plus grand. Soumet, très beau pour les femmes... entretenues, beau de la beauté d'un Grévedon, mettait en tire-bouchon ses cheveux et ressemblait à un Robert Southey amolli, et ramolli peut-être... Comme Casimir Delavigne, Soumet avait deviné et pratiqué poétiquement l'éclectisme bien avant que M. Cousin en exposât philosophiquement la théorie. Ils ont cru, l'un et l'autre, qu'on pouvait unir des genres divers, — ce qui ne fait plus que des genres neutres. Ils ont cru aux *mariages de raison* en littérature, et ils ne se doutaient pas que ceux qu'ils ont faits resteraient sans postérité.

Mais dans ce temps-là, ils pouvaient rêver... Dans ce temps-là, Alexandre Soumet, comme Casimir Delavigne, réussit, par la raison qu'il plaisait également aux poétiques et aux raisonnables. Or, quand on plaît à tout le monde, on est perdu. La postérité se moque bien, elle, de cette bourde de suffrage universel ! Qui, je vous le demande, à cette heure du siècle, se souvient de Soumet, excepté les archéologues littéraires, les ramasseurs de chiffons au coin des bornes du passé ?... M. Belmontet, qui a survécu, englobe le Soumet, parce que, lui, n'est pas mort, et qu'il était mercredi à sa pièce, en radieuse cravate blanche. Quelle chose terrible pour Soumet, lequel n'avait pas prévu cela, que de n'avoir plus que M. Belmontet pour se rappeler au souvenir des hommes ! Mais, encore une raison du succès de l'un et de l'autre qui ne recommencera jamais plus, c'est que MM. Soumet et Belmontet eurent, dans le temps où les idées étaient pour eux, le bonheur d'avoir des interprètes comme Ligier et Mlle Georges, — ce qu'ils n'avaient pas, mercredi soir, au Théâtre-Français !

III

Ligier, nous l'avons tous connu... C'était un acteur qui était à Talma ce que Larive était à Lekain. Lekain, disait-on quand il mourut, car le calembour était de ce temps-là comme de ce temps-ci, a laissé, en partant, son talent sur la rive, et c'était deux fois une bêtise que cette misérable calembredaine. Je le disais l'autre jour à propos de Mlle Bozzacchi : On ne laisse son talent nulle part et sur personne. Quand on en a, on l'emporte avec soi. Ligier, petit comme un Aztèque, n'avait que de grands yeux, mais ils étaient immenses et noirs comme l'Érèbe. En scène, on ne voyait plus que ses yeux. Ceux qui ne l'ont vu que vieilli, ridé, voûté, mais tragédien toujours, dans le *Louis XI* de Casimir Delavigne, ce Soumet II, ne se doutent guères de ce qu'il était, par exemple, sous le casque d'or d'Égisthe, dans *Agamemnon,* ou sous le laurier césarien dans *Une Fête sous Néron*. Certes! Talma ne lui avait pas donné de son incommunicable génie; mais il avait vu Talma, et les hommes de génie sont l'étincelle qui met le feu à la poudre des hommes de talent. Quant à Mlle Georges, qui, dans la même pièce, faisait Agrippine, Agrippine ne l'eût pas désavouée. Que dis-je? Elle l'eût autorisée à la représenter devant toutes les générations des races futures. Il est même douteux qu'Agrippine eût la majestueuse beauté que l'imagination lui suppose autant que cette Normande de Georges, née dans un grenier, plus Agrippine plastiquement qu'Agrippine elle-même. Jamais, en effet, beauté plus impériale, jamais pied plus porphyrogénète ne marcha sur la terre du Seigneur... et souvent en elle le talent égala la beauté.

Eh bien, voilà ce qui nous a manqué absolument, mercredi soir, dans cette *Fête sous Néron!* Au lieu du Néron-Ligier, nous avons eu Néron-Gibeau, Gibeau qui a la voix robuste, mais un corps... à jouer Richard III... Rendons justice à ses intentions! il s'est donné beaucoup de peine pour être mauvais. Mis en face de Mlle Agar, qui n'est qu'une Agrippine en pâte molle, mais qui a pourtant l'espèce d'élégance qui fait croire à de la jeunesse, Gibeau, le jeune Néron, semblait le père Néron, et sa mère Agrippine, sa fillette. C'est inexplicable qu'à la répétition on n'ait pas été frappé de ce renversement.

Gibeau ventru, aux jambes de Vitellius (Néron avait les jambes très fines), coiffé en pointe d'un laurier d'or qui produit l'effet d'un bonnet d'âne impérial, est aussi ridicule que son rôle, et ce n'est pas peu dire.

Jamais Sganarelle, jamais Dandin, jamais Cassandre, n'a été, malgré toutes les scélératesses, aussi niais, aussi imbécille, aussi grotesque que ce Néron-Soumet et Belmontet, que ce gros potiron avec lequel Poppée et Agrippine jouent à la paume tout le temps de la pièce... Mlle Agar, qui n'a pas la grande beauté tragique, régulière et sombre, mais une beauté presque *jolie*, Mlle Agar, faible de voix, monotone de ton et en proie toujours au même geste : le bras allongé tout droit au-dessus de la tête, — un point d'exclamation, — n'a aucune des puissances physiologiques et dramatiques que déployait, dans le rôle qu'elle joue, la magnifique Mlle Georges. Dans la fameuse scène où Agrippine, embarquée pour mourir dans le vaisseau qui s'ouvre, se sauve à la nage et reparaît tout à coup aux yeux épouvantés du parricide Néron, Mlle Georges produisait un effet immense. Elle apparaissait ses cheveux dénoués, et *réellement* ruisselante des flots de la mer qu'elle venait de traverser ! Rien n'était plus étonnamment grandiose. Elle semblait traîner l'Océan autour d'elle, avec les mugissements de tous ses flots accusateurs. Mlle Agar a bien les cheveux dénoués ; mais ses vêtements sont secs. Elle sort de la coulisse. Elle ne sort pas du fond de la mer. Le hardi ruissellement des cheveux et des vêtements de Georges, elle ne l'a pas osé. Elle n'a été, en somme, qu'une actrice ordinaire dans une scène exceptionnelle, sur laquelle plane un des plus grands souvenirs tragiques que le théâtre ait peut-être jamais vus.

Ah ! la tragédie ! Il ne s'agit pas de lever un bras assez rond au-dessus de sa tête et de scander correctement des alexandrins, pour savoir la jouer ! Mlle Agar, dont la fortune dramatique est faite, si la fortune dramatique consiste dans une position prise au Théâtre-Français, manque pour moi précisément de l'instinct et de l'effet tragique. Elle n'est qu'élégiaque. Son jeu s'arrête à l'élégie, à la passion mélancolique, comme sa molle et sympathique beauté s'arrête dans la douceur des lignes et des contours. Elle n'a pas un muscle dans ses bras blancs et ronds. Elle n'en a pas un dans la voix, pas un dans le talent, dans ce talent qui s'efforce pour ne pas éclater ! Et ce soir-là de l'autre jour, elle ne l'a pas prouvé qu'en jouant Agrippine, elle l'a prouvé encore en chantant la *Marseillaise,* où l'effet tyrtéen, tragique et robuste, était de rigueur. Elle y a été plus faible encore s'il est possible que dans son rôle d'Agrippine, et pour moi elle est restée, comme tragédienne, sous ces deux accablements.

IV

Je n'ai point entendu Rachel dans la *Marseillaise*, mais je n'ai pas besoin de l'avoir entendue pour être sûr que ceux qui, l'autre soir, parlaient d'elle autour de moi, ne mentaient pas. Tout, jusqu'aux défauts de Rachel, car elle avait des défauts aussi, cette fameuse Rachel, tout, jusqu'à la raucité de sa voix, allait bien à la *Marseillaise !* Mlle Agar n'a point cette cruelle raucité, qui devait déchirer le vers et les entrailles comme un âpre éclat de trompette. Non ! sa voix, à elle, est douce et même voilée. Trop douce, hélas ! On dirait de la pâte de guimauve qui chante... C'est bien là l'élégie dont je parlais il n'y a qu'un moment. Ce n'est pas là l'impétueuse poésie lyrique de la bataille et de l'amour de la patrie ! Mlle Agar n'entend rien à ces strophes haletantes. Elle les scande et elle les détaille avec une lenteur qui ne nous fait pas bouillir contre l'ennemi, mais contre elle ! Elle aurait l'air de chanter les prières des agonisants, si ces prières-là se chantaient... Et quand elle prend le drapeau, on sent bien que ce n'est pas un drapeau que cette main-là est faite pour prendre ! Et quand elle se met à genoux, elle s'y met... au lieu d'y tomber !

Je sais bien qu'elle a été applaudie, mais ces applaudissements sont le malheur de la *Marseillaise* pour les actrices qui la chantent... Elles s'enivrent d'un vin qui n'est pas versé pour elles. Rappelez-vous la fable :

> Un baudet chargé de reliques
> S'imagina qu'on l'adorait...

V

Pour revenir à cette *Fête sous Neron* dont les interprètes m'ont paru, en général, de la plus triste médiocrité, je me permettrai de faire une exception en faveur de l'actrice qui faisait Poppée. C'était Mlle Tordeus. L'âme de la Tragédie est-elle en cette jeune fille ?... Y dort-elle repliée sur ses ailes fermées, qu'un jour elle doit — toutes grandes — ouvrir ? En attendant l'éveil de cette âme de la Tragédie, Mlle Tordeus en a l'attitude. Elle a la noblesse, la stature, le profil, la *poésie des poses successives* de la tragédienne future. A côté de Mlle Agar, à la beauté fatiguée et déjà macérée, quelle pureté virginale et forte ! En cette pièce dite *Fête sous Néron*, il y a un moment où Mlle Tordeus est assise sur les degrés du trône d'Agrippine, et, par sa pose, elle s'en fait un trône à elle-même. Elle est aux pieds de Mlle Agar, mais avec quelle noblesse elle se lève de ces pieds-là ! Et que ceci soit un symbole et un augure. Quand on se lève ainsi des marches d'un trône, on est faite pour y monter !

L'INVALIDE — LE COUSIN JACQUES — LE GRAND-HOTEL

Samedi, 22 Juin 1872.

I

Le Gymnase, hier soir, a retrouvé son genre d'esprit, de ton et de pièces, que lui avaient fait perdre un instant ces messieurs des *Cloches du soir*, — ces grands comiques étonnants, *là*, qui l'avaient transformé, le Gymnase, et qui avaient emporté M. Montigny au quatrième ciel de l'enthousiasme et du bonheur !!... Le voici, M. Montigny, redescendu sur les planchettes de son théâtre. Le Gymnase est redevenu le Gymnase, et M. Amédée Achard avec son *Invalide*, et M. Louis Leroy avec son *Cousin Jacques*, nous ont redonné, l'un avec sa petite comédie et l'autre avec son petit drame, le genre de joujoux dramatiques qu'on est accoutumé de voir sortir de cette jolie boîte de jouets dramatiques qui fut dans un temps tout couleur de rose, et qui est quadrillée maintenant de rose et de noir.

L'Invalide, de M. Amédée Achard, en effet, est bien de *la maison*... C'est gentil, c'est propret, c'est petiot, monté sur un ressort assez usé pour sembler doux et pour ne pas crier dans les jointures ; et cela va ses vingt-cinq minutes.

M. Amédée Achard est à cet âge climatérique du romancier où, du roman (n'en pouvant plus !), il passe au vaudeville. Age symptomatique et alarmant ! M. Achard nous a troussé sa petite... *gymnasiette* comme un homme qui entend cette petite *trousserie*, et qui, sans doute, nous en troussera bien d'autres, dans le même genre, au besoin...

En deux mots, — car il n'en faut pas quatre, pour rendre compte de ces deux mots de pièce, — un homme qui est allé faire la guerre en Cochinchine s'est mis à douter de l'amour de la femme qu'il aime, — il n'est pas besoin d'aller en Cochinchine pour cela ! — et pour *l'éprouver* (les hommes sont-ils bêtes de vouloir toujours éprouver les femmes !) il a l'idée de se grimer en invalide et d'arriver chez cette femme (presque sa *promise*) avec un œil de moins et un bras de moins.

L'épreuve réussit... comme toujours... Le bras et l'œil de moins *engendrent*... l'amour de moins, et c'était là un thème d'un comique amer pour une plume ferme qui aurait su appuyer. Mais il est défendu d'appuyer au Gymnase, et l'amertume n'est pas une sensation qu'on y puisse supporter.

M. Achard, a tué, d'un seul coup, l'idée de sa pièce, en faisant aimer *tout à coup* les débris de son *Invalide* par une autre femme que celle qui s'est prise d'horreur pour cet homme en morceaux. Il ne prouve donc rien de ce qu'il veut prouver, mais qu'importe ! au Gymnase. Le Comique, toujours cruel sous sa gaîté terrible, n'a plus été, ici, que la figure de l'acteur, qui s'est *fait des effets* de blessures grotesques.

Sans le bonnet noir, le bandeau sur l'œil qui pouvait ne point tomber si bas, la manière maladroite et ridicule dont le bras, paralysé par ses blessures, est suspendu, personne dans la salle n'aurait ri... et M. Achard aurait eu beau tourner autour de ce pivot dramatique (le physique d'un acteur), le fil se serait rompu de l'intriguette qui amène le duel entre le faux Invalide et un monsieur tout entier, que le faux Invalide blesse, par dévouement pour une femme charmante, mais pas si légère qu'on pourrait le croire puisqu'elle a le courage d'aimer cet homme en miettes, qui, du reste, se porte bien, et le rire ne serait pas venu, — le rire, d'ailleurs, très peu connu au Gymnase, où l'on rit à bouche fermée, — il ne serait pas venu, — pas plus que, dans la pièce, l'originalité !

Pujol a fait l'Invalide. Mes compliments à son

bonnet, à son bandeau et à la manière dont il a suspendu son bras. Voilà les vrais acteurs de la pièce ! Mme Fromentin (maigrie, hélas !) est devenue affectée, — ce qui *m'affecte,* dans un autre sens, — et Mlle Angelo, qui fut pour moi (du temps du *Nain jaune*) un Archange et une Domination, n'est plus à présent qu'une femme — jolie pour tout le monde, moins moi, — et une actrice qui n'est plus la princesse russe de *Comme elles sont toutes,* — la pièce de Narey, que connaît, je crois, M. Amédée Achard... Quelle belle vibration d'impertinence et de voix et d'air de tête, elle avait alors ! Dans le rôle de M. Achard, elle n'avait besoin ni d'impertinence, ni d'air de tête; — mais pourquoi la vibration de la voix, qui me faisait tressaillir, n'y est-elle plus ?

II

M. Louis Leroy est un rédacteur du *Charivari,* et en bien des endroits de sa pièce (*le Cousin Jacques*) il *charivarise.* L'homme de la plaisanterie y est, et cela ne me déplaît pas; au contraire. Il y a quatre à cinq mots dans *le Cousin Jacques,* coups de fouet bien cinglés au nez de l'humanité telle que l'a faite la société moderne, qui me plaisent plus que la pièce entière. C'est observé, mordant et drôle. Ça tombe juste. Toutes les qualités ! Et j'ai cru, par-dessus tout cela, que la pièce l'emporterait sur ces quatre à cinq mots ; mais c'était une fausse espérance. La pièce, j'ai cru un moment que ce serait — malgré le théâtre rapetissant où elle avait été reçue — ce qu'on appelait autrefois, quand on parlait mieux qu'à présent, une *comédie de caractère ;* mais M. Leroy n'a pas creusé dans le bloc : il l'a effleuré. Le *Cousin Jacques*, ce mauvais sujet qui vaut mieux que les bons sujets, ce tempérament primesautier et généreux, qui l'emporte sur les sagesses tranquilles et vulgaires, — et qui les sauve toujours quand elles sont en péril, ces bêtes et ces lâches de sagesses ! — le *Cousin Jacques* était un beau sujet de comédie virile, à la Molière.

Au lieu d'en faire une comédie, M. Louis Leroy a mieux aimé en faire un drame. Cela m'étonne de lui. Mais le monde est plus fort que les hommes, et l'exemple de M. Dumas fils est dangereux. Le monde, qui ne sait plus *s'éclaffer* du rire sonore de nos pères, veut du drame, et M. Alexandre Dumas fils en fait, ce grand corrupteur par le succès ! Voilà certainement ce qui a déterminé M. Leroy à faire aussi un drame d'un sujet grandiosement comique, — frôlé quelquefois au théâtre, mais vierge encore, — et il a *travaillé* toutes les situations de sa pièce dans le sens *pathétique,* au lieu du sens *divertissant,* mais profond ; car, ne vous y trompez pas ! le rire a peut-être plus de profondeur que les larmes.

Voilà aussi certainement toute la critique de la pièce pour les artistes et pour les penseurs. Pour les parterres, pour les esprits terre-à-terre et les admirateurs ventre-à-terre, il y en a une autre, et c'est la critique de la pièce telle qu'elle est, conçue et réalisée par l'auteur qui s'est mis les pièces et les succès de M. Alexandre Dumas fils, comme on dit, *dans l'œil;* ce qui l'a empêché de voir.

Eh bien, regardé par ce côté-là, je trouve qu'il y a beaucoup à dire et à regretter dans le drame de M. Leroy ! Il y a des parties très faibles, et, dans le tout, il est mal ajusté et mal cloué. Je me moque, Dieu sait avec quel mépris ! de l'échiquier théâtral dans lequel les directions et les publics, ces maîtres imbéciles que ces catins de directions *flattent pour leur argent,* exigent que les pions d'une pièce soient posés et marchent de la même façon, pour *gagner la partie;* je n'examine donc point les règles d'une routine qui, pour moi, n'a jamais été de l'Art : mais enfin, dans tout organisme, il faut que les choses se tiennent et aient leur développement naturel, et ici elles ne se tiennent point et elles ne l'ont pas.

Ainsi, pour n'en donner qu'un seul exemple, le cousin Jacques, revenu chez ses bons parents, qui le croient mort avec délices, ce mauvais sujet embarrassant, finit par être aimé d'une jeune fille de la famille ; et cet amour, imprévu pour le spectateur tout le temps de la pièce où il n'en a pas été dit un mot, lui saute positivement entre les jambes au dernier acte, quand ce cousin Jacques — ce faiseur de toutes les besognes de la pièce — se bat en duel pour le compte de son cousin.

D'autre part aussi, le premier acte de ce drame, qui est l'exposition, et qui devrait saisir l'imagination avec force, est très faible, pour ne pas dire mauvais. L'auteur y a plaqué une émeute, — et je dis plaqué, parce que cette émeute n'est nullement dans les nécessités de la pièce, et qu'une fois dissipée dans le drame, on n'en parle plus. Or, cette émeute d'idiots, qui ne sont que des idiots et qui, comme dans les émeutes *vraies*, doivent être des brutes ; cette émeute d'idiots, qui étonne dans un rédacteur du *Charivari*, lequel ne doit pas être si *ennemi que ça* des émeutes et doit en avoir dans la tête un autre idéal, n'est qu'un sacrifice aux cravates blanches et aux camélias de la salle, et rien de plus. Le cousin Jacques, qui la dissipe avec des souvenirs d'enfance et des poignées de main à la Louis-Philippe, a perdu à mes yeux, de ce moment-là, la considération que sa réputation de robuste mauvais sujet m'avait inspirée ; et ces hauts faits d'initiative et de sauveteur pendant toute la pièce ne m'ont pas ramené !

4.

Les poignées de main aux mains sales ou aux mains sanglantes me gâtent tous les pouvoirs, et je dis au cousin Jacques, qui est un pouvoir dans la pièce, comme à d'autres, qui ne sont pas mes cousins, par exemple ! « Puisque tu donnes de pareilles poignées de main, quand tu devrais la lever et la faire retomber, ta main, tu n'es pas si fort qu'on te croit !... »

La pièce a deux acteurs et pas plus : Francès et Landrol. Francès y fait le rôle d'un notaire, pendu en Amérique et dépendu par le cousin Jacques, ce factotum universel, et il joue avec un cynisme du plus grand effet. C'est affreux, sinistre et beau, comme un type d'Hogarth. Landrol est excellent de franchise, de bonne humeur, de malice charmante, et même, par moments, de dignité intrépide, par exemple sous le pistolet de son cousin, dont il vient de sauver la femme. D'actrice, il n'y en a qu'une seule, Mme Lesueur, jolie encore, ma foi ! malgré l'âge, et éternellement naturelle, qui fait une vieille fille insupportable et dont, à force de talent, elle fait adorer l'insupportabilité. Elle hait le cousin Jacques avec tant de grâce, qu'on voudrait être haï comme cela pour avoir, à la fin, comme le cousin Jacques, la bonne sensation de l'embrasser !

III

Maintenant, pour mémoire, deux catastrophes !

Le Grand-Hôtel n'est pas un théâtre, mais il s'en donne parfois les airs. Il nous a exhibé, l'autre jour, pompeusement et chèrement, deux raretés : — Mme Ristori, retour on ne sait d'où, et Mlle Delaporte, retour de Russie. Je ne connaissais pas Mme Ristori. J'avais vu ses statuettes et j'avais entendu parler d'elle à ceux qui avaient coulé ou taillé ces menteries. J'ai voulu voir et entendre ce bronze et ce marbre tragiques, sur lequel le Temps va tout à l'heure allonger sa main. Ah ! que Rachel, que notre Rachel, à qui on a osé comparer cette Italienne, tressaille de joie dans sa tombe ! Je n'ai rien vu de celle qu'on se permit d'appeler « la grande « Ristori ». Non ! rien, rien, rien ! pas même la pommette tragique qu'elle a dans ses bronzes ou ses marbres menteurs ! La malheureuse, sans doute trop heureuse, s'est prosaïquement capitonnée du plus commun des embonpoints. Seulement, ne croyez pas que ce soient de simples et navrants changements que je constate en elle. Non ! Écoutez-moi ! C'est pire ou mieux que cela : *C'est l'impossibilité absolue qu'elle ait été jamais ce qu'on a dit.*

Épouvantable mystification! Qui en furent les grands coupables? Est-ce Alexandre Dumas père? Est-ce Jules Janin? Croyez donc aux illusions de ceux-là qui devraient n'en avoir aucune! Mme Ristori (j'ai cherché) n'a ni voix, ni geste, ni chaleur vraie. Elle a déclamaillé l'autre jour, en italien et en français, et je vous donne ma parole d'honneur et sur ma responsabilité personnelle, qu'il n'y a pas de confidente de tragédie au Théâtre-Français qui n'eût mieux joué qu'elle ce qu'elle a joué. Je sais bien que je ne serai pas cru, tant je me fais à moi-même l'effet d'être incroyable! Mais, n'importe! je le dirai; car les fausses grandes réputations, loin de faire baisser les yeux à personne, doivent les faire lever à tout le monde, pour les voir et pour les juger.

Mme Ristori n'est pas plus une grande tragédienne que Garibaldi n'est un héros.

Quant à Mlle Delaporte, qui a joué dans une bluette, c'est donc ainsi que la Russie nous les renvoie et nous les rend, nos plus charmantes! J'ai dit un jour que Mlle Delaporte avait ramassé l'éventail de Mlle Mars. Elle l'a donc laissé à Saint-Pétersbourg? Partie Mars (un instant! entendons-nous! la *Mars du Gymnase*), elle n'est pas même revenue Mme Allan.

P. S. — *La Part du Roi* vient d'être jouée. Doux succès littéraire du Théâtre-Français. Nous vous en parlerons demain.

LA PART DU ROI

Dimanche, 23 Juin 1872.

I

Ce n'est pas tout à fait « une part de Roi » que M. Catulle Mendès a prise hier soir dans la littérature dramatique du Théâtre-Français ; mais, ma foi ! cela semblait presque celle d'un petit Dauphin... qui grandira et qui sera peut-être aussi un jour, qui sait? aimé comme un Roi ! Toujours est-il qu'hier soir il y avait comme des Hildegarde dans la salle du Théâtre-Français. Dans la pièce, Hildegarde est la jeune femme à qui le Roi et son titre de Roi font perdre la tête. Dans la salle (de mon côté), il y avait plusieurs jeunes femmes qui, d'honneur ! la perdaient un peu...

Et si je le dis, ce n'est ni pour m'en plaindre, ni pour m'en moquer. Non ! la pièce de M. Mendès est jolie, si pourtant cela peut s'appeler une pièce que ce gracieux fabliau, découpé dans un vélin du Moyen Age et collé entre deux paravents pour les jours où le Théâtre-Français veut se délasser de ses grandes coulisses. On n'analyse guères une babiole dramatique de cette légèreté, et cependant j'essaierai d'en donner l'idée...

Une jeune veuve est éprise du Roi de France. Dans ce temps-là, il y avait de quoi être éprise des Rois de France, et toutes les femmes l'étaient, eussent-elles eu quatre-vingt dix ans ! Il y a plus : elle s'en croyait aimée, et sa rêverie d'amour pour le Roi était si forte... qu'elle prend pour le Roi le premier venu qui tombe, à la brune, dans son château, et le premier venu c'est un grand diable de reître qui arrive crotté, mouillé, *démantelé*, un pied chaussé et *l'autre nu*, comme dans la chanson ; car on lui a volé sa botte :

Le bon, c'est qu'en courant j'avais perdu ma botte !

Et ce grand diable de vaurien, grâce à la douce préoccupation d'Hildegarde, pris pour le Roi, est traité comme le Roi, emmitouflé et pantouflé de velours comme le Roi, et soupe comme le Roi ! et fait l'amour, sans se gêner, au débotté, comme le faisait le Roi ! Seulement, à un détail dans la tenue du Roi, — un bracelet qu'il devait avoir et qu'il n'a point :

Avez-vous lu l'Arbate ?
Surtout l'anneau royal me semble bien trouvé,

le Roi disparaît aux yeux d'Hildegarde, — et aux siens, à lui, et aux nôtres, le souper, la robe de velours et les pantoufles ! On le dépouille prestement de tout cela, et le voici reître comme devant, reître séché, c'est vrai, mais reître entièrement déchaussé ; car à présent ils ne lui rendent pas sa pauvre unique botte ! Or, le gaillard (très souple, ce gaillard), n'a pas pris goût qu'à son métier de Roi, meilleur qu'à présent, dans ce temps-là, comme vous voyez, et ce n'est ni le souper, ni la robe de velours, ni même sa botte qu'il regrette : il regrette Hildegarde, la jolie veuve énamourée ! quand il faut partir comme il est venu.

Et lui, lui qui ne craint ni la nuit, ni le carrefour, ni les mauvais chemins, ni Dieu, ni diable, voilà que le cœur lui crève, à ce diable à quatre, à ce vert galant, devenu tendre ! qui ne croyait qu'à une bonne aventure et qui va s'en aller en laissant là son cœur crevé, — avec sa botte !

Ici, tenez ! la Comédie essuie une petite larme, qui coulait sur son masque rose... et le tour est fait ! — et le Roi aussi ! car lorsqu'on annonce le Roi vrai à Hildegarde, éprise enfin de son Roi apocryphe, elle dit : Qu'il sonne tant qu'il voudra de la trompe à la porte de mon château ! Cette trompe se trompe :

Notre maître ! Je crois qu'il est déjà venu !

Eh bien, le succès l'a été, lui, et bien venu ! appuyé sur des vers charmants, qui, vrai Dieu ! ne sont pas des béquilles. Seulement, trop d'espagnolades à la Victor Hugo, trop de reflets de *la Légende des Siècles !* Ah ! que M. Catulle Mendès, qui doit être de bonne humeur ce matin, me permette un conseil. Qu'il se défie de l'influence d'un poète qu'il aime trop et qu'il a trop lu, et qui, aujourd'hui, trouve « sa Part du Roi » dans sa pièce... Les poètes que nous aimons sont comme les femmes que nous aimons... Ils nous tuent parfois. N'est-ce pas nous tuer que de nous prendre notre originalité littéraire ?

Sans M. Hugo, M. Catulle Mendès serait peut-être original. Son succès d'hier a été plus délicat que bruyant, — un velours de succès, comme la robe du Roi ; des battements d'éventail qui saluaient. J'avais même, derrière moi, de belles mains qui laissaient tomber l'éventail pour applaudir des paumes nues. Deux surtout, appartenant à une ravissante blonde qui ressemble aux plus blonds vers de M. Catulle Mendès et m'ont fait penser au mot de

Shakespeare, dans *Hamlet* : « *Fleurs sur fleurs...* ».

Seulement, ici, c'était plus gai que l'enterrement d'Ophélie.

II

Bressant était très bien dans sa barbe mal peignée. Mlle Croisette... Ah ! croix pour moi ! Elle avait un costume... à la battre pour n'être pas *divine* là-dedans ! Elle n'était qu'humaine, avec assez de grâce pourtant dans les avant-bras. Mais la Part du Roi ! Je suis si royaliste, moi, que je l'aurais voulue plus belle !

LE TREMBLEMENT DE TERRE DE MENDOCE

Dimanche, 30 Juin 1872.

I

On dit que c'est une traduction de l'anglais. Si elle est fidèle, je plains l'Angleterre. Si elle ne l'est pas, je plains la France, qui produit des mulets dramatiques se vautrant et pâturant ainsi et faisant de telles choses dans un pré anglais.

Dans tous les cas, et en toute langue, ça doit être une bien pauvre pièce que ce *Tremblement de terre* qui ne fait rien trembler; mais dans le patois mélodramatique d'hier soir, c'est quelque chose de particulièrement stupide, même au théâtre de M. Billion, le Billion des chutes et le *Roi des Écoles*, en fait de stupidités !

Cependant, je vais essayer de vous dire un mot de tout cela, puisque c'est une besogne qu'avec sa prison l'heureux Vitu a su *éviter !*

II

Des blancs qui donnent le fouet à des nègres, des nègres à qui on donne le fouet, qui maudissent le fouet, et qui se vengent du fouet, voilà tout le fond de cette pièce, bonne elle-même à fouetter ! Si, au moins, on y avait un peu fouetté, en scène, comme j'avais la faiblesse de l'espérer en regardant les bras en apparence très fermes de Mlle Laurianne, qui n'est pas trop négresse avec sa peau de casserole de cuivre rouge aux tomates, c'aurait été une émotion, et qui sait ? peut-être un agrément. Mais, hélas ! non ! On n'a pas fouetté sur le vif. On ne parle que de fouets dans cette pièce, et on n'entend ni on ne voit de fouets sur la peau de ces gens fouettés, qui en parlent toujours, la main sur la place :

Je suis porteur, monsieur, d'une large écorchure...

et qui ne la montrent jamais ! Tous ces coups de fouet *en récit*, ont laissé, en récit, *leurs sillons brûlants* dans ces...cœurs de nègres, qui se vengent à la nègre, en se révoltant contre le blanc qui les a fouaillés et en brûlant son habitation à la nègre, et on dirait: « *à la blanche* », maintenant, depuis la Commune de Paris ! Car les Nègres, avant les Communards et au-dessus d'eux dans l'espace et dans le temps, ont eu l'esprit de l'incendie. Si tout cela est anglais, c'est très nègre du moins ; ce n'est pas émancipation, Wilberforce, Beecher-Stowe et autres pleurailleries. C'est raidement nègre et voilà tout ! et cela seul ferait croire que la pièce n'est pas des petits crocodiles anglais.

Une autre raison pour la croire française, c'est le rôle d'une femme française qui est un compliment pour la France : la femme du terrible fouetteur, qui protège les nègres de toute couleur, depuis le noir pur jusqu'aux différents noirs impurs ; car nous en avons de toute nuance dans la pièce ; l'Esther, enfin, de cet Assuérus du bambou, qu'elle finit par faire devenir une canne à sucre !

Elle le retourne, en effet, comme un gant. Cette femme philanthropique est toute la providence de la pièce. Elle est aimée d'un de ses esclaves, — aimée à la nègre, — *brutal sur l'article,* comme dit Figaro du comte Almaviva ; de même que lui, le fouailleur terrible, est aimé *nègrement* de la Thisbé, au teint de cuivre rouge tomatisé.

Délicieux contraste parmi ces nègres révoltés, que

ces deux domestiques qui adorent l'un son maître et l'autre sa maîtresse, et qui tous deux ont une passion malheureuse ! Pour la femme d'Assuérus, l'Esther de la case, cela ne m'étonne pas ; mais j'avoue que cela m'a un peu étonné de la part du jaguar fouetteur, lequel oppose, Joseph blanc, aux déclarations à brûle-pourpoint de la Thisbé, la question des races. Franchement, j'ai été aussi surpris de cela que le serait une femme de chambre de Paris. Quant à la comtesse (j'avais oublié qu'elle est comtesse de par le chef de son mari, la femme du fouetteur), elle reste inébranlablement vertueuse aussi avec l'esclave qui l'adore et qui, ma foi ! lui aurait fait passer le mauvais quart d'heure qu'on appelle *l'heure du berger* quand il est agréable, sans ce bienheureux tremblement de terre qui sauve sa vertu et l'engloutit, elle, juste au moment...

Je crois qu'une sottise est au bout de ma plume !

Bienheureux tremblement de terre ! Moyen grandiose de sauver les femmes menacées ! Comme cela vient à point dans la pièce ! Mais, je me permets de le leur dire, aux femmes : il ne faut pas trop compter là-dessus !

III

Ce tremblement de terre — moral — a été pour moi encore une surprise dans une pièce qui a su concilier pour la première fois la surprise et l'ennui, que l'on disait inconciliables. Ce tremblement de terre ne m'a pas seulement surpris parce qu'il est moral, ce tremblement, mais encore parce qu'il n'est presque pas un tremblement. Il avait été annoncé sur l'affiche, et j'y croyais. Il avait été annoncé, pompeusement annoncé, dans la pièce, par une vieille matrone négresse, une espèce de prophétesse qui, durant tout le drame, enrégimente les nègres pour la vengeance parce qu'elle a eu son amant fouetté jusqu'à la mort, autrefois, par le père du comte, le fouetteur actuel ; car il paraît que ces gens-là sont des fouetteurs de père en fils !

Dès le quatrième acte, cette vieille diseuse de mauvaise aventure dit qu'elle sent les frissons du tremblement de terre sous ses larges pieds. — « Ah ! « bon ! ce sera terrible ! » me disais-je. Et je m'y attendais surtout parce qu'à l'Ambigu-Comique (très comique maintenant), où rien n'est une question d'esprit et de talent, mais où tout est une question de spectacle ou de *truc*, c'était une belle occasion de donner un magnifique et attrayant spectacle aux gros yeux bêtes qui se régalent de ces cuisines...

Eh bien, non ! L'Ambigu a dédaigné cela. Était-ce trop cher, monsieur Billion ?... L'Ambigu a fait comme s'il avait de l'esprit... et il s'est privé de spectacle. Pour tout tremblement de terre, il a ouvert modestement une petite trappe... et nous avons été *attrapés !*

On aurait joué identiquement de la même manière *le Tremblement de Mendoce* entre quatre chandelles, au théâtre de Quimper-Corentin.

IV

Vous comprenez que je mets mon honneur et le vôtre à ne pas vous faire l'analyse de cette pièce où les nègres deviennent blancs, les blancs nègres, les féroces doux, les doux féroces, sans transition et à vue d'œil. J'ai dit le mot : c'est trop stupide... même pour l'endroit. On a ri aux scènes et aux situations qui voulaient le plus être pathétiques, avec la plus touchante unanimité. On a ri aux nez de l'Amour et de la Vengeance, deux nez très respectés à l'Ambigu, où l'on ne badine pas avec les passions !

On a ri surtout d'un fou rire quand l'engloutie par le tremblement, qui n'était que moral et qui est devenu bienfaisant, a reparu tout à coup en scène, sans qu'on ait su jamais comment ni pourquoi elle reparaissait, fraîche comme si elle fût sortie d'une boîte et dans laquelle même elle eût été soigneusement emballée ! On a ri enfin aux *couacs* de l'orchestre, qui, mis en veine de *couacs*, s'est plu à imiter les *couacs* de l'auteur... Si bien que celui-ci, quand il a fallu se nommer, a gardé l'incognito comme un prince et a fait dire le nom d'une femme : *Madame Louise Bernard.*

Cela m'aurait bien plu que ç'eût été d'une femme !... D'aucuns disaient que Mme Figuier était là-dedans, — comme l'Angleterre, — comme M. Frantz Beauvallet. Mais quels qu'ils fussent, l'auteur ou les auteurs, qui, à ce moment-là, devaient avoir un fier tremblement, se sont mis, pour se garer de la grêle des sifflets qui menaçaient, sous la cloche des jupons d'une femme...

Heureuse idée ! Je sais bien ce qu'on met sous les cloches... Et vous ?...

LES MIRABEAU

---

4 Novembre 1879.

I

Il y a quelques années, un bâtard de Mirabeau qui ne portait pas son nom, mais qui portait sur sa figure l'empreinte du cyclope qui l'avait forgé dans une de ses nuits, publia tout à coup sur son célèbre générateur quatre gros volumes qu'il n'avait pas écrits et qui n'étaient rien moins qu'un livre du renseignement le plus inattendu et de la plus piquante beauté... Mirabeau était, dans ce livre, raconté par des historiens comme il n'en aura jamais plus, et c'était par son père le marquis, dit moqueusement l'*Ami des Hommes* dans un siècle moqueur, qui avait raté piteusement la gloire dans la philanthropie et l'économie politique, deux ridicules du temps, et par le frère cadet du marquis, le bailli, jusqu'alors inconnu, si ce n'est peut-être sur les galères de Malte. Le livre en question avait la forme d'une correspondance, et cette correspondance était le chef-d'œuvre le plus étonnant et le plus éclatant par la passion, l'élévation, la verve mordante, le style vivant et pittoresque, et, disons-le, — car c'était là son trait principal, — un comique grandiose, un comique comme en aurait fait le grand Corneille, s'il eût déridé son génie. Et, en effet, le père et l'oncle de Mirabeau étaient véritablement *Cornéliens* en parlant intimement de leur fils et de leur neveu, et lui, malgré l'emphase de sa gloire, qui ressemble à celle de son génie, diminuait au lieu de grandir sous leurs terribles plumes, et tout colosse qu'il fût, il devenait moins statue et plus homme entre ces deux cariatides de son sang au milieu desquelles on le verra toujours désormais, et qui donnent de la race dont il était sorti une idée plus haute et meilleure que sa gloire.

Certes ! ses ancêtres — et surtout ces deux-là — valaient mieux que lui, et ils l'eussent méritée davantage. Intellectuellement, moralement, à le prendre par le cerveau ou par le caractère, il était assurément très au-dessous de ces deux hommes qui le jugeaient, et ce n'est pas lui, s'il avait été à leur place, qui les aurait jugés comme il a été jugé par eux. A travers les colères despotiques de son père et la généreuse bonté de son oncle, Mirabeau a été jugé et mesuré de pied en cap bien avant d'être entré dans la vie politique, cette prostituée qui ne fut pas la dernière à laquelle il se donna ; et lorsque la Révolution, avec ses affreux engoûments, aura reculé dans le passé, l'Histoire dira comme le père et l'oncle de Mirabeau ont dit dans les dialogues immortels de leur correspondance. Mais l'Impassible ne dira pas avec la même passion, le même relief, la même âme ; elle sera moins artiste qu'eux ! Mirabeau, Mirabeau l'orateur, le *claque-dent*, l'*ouragan*, comme disait son père, la pléthore qui avait besoin d'une Impératrice comme Catherine II pour se dégonfler seulement les veines, n'était que de cette façon-là une forte réalité... Turgescent d'esprit comme de corps, il restera, en définitive, plus gros que grand dans l'Histoire. Son espèce de grandeur n'y sera qu'une attitude. Il y fait entendre un *creux* magnifique, mais c'est un *creux* ! C'est la basse-taille de la Révolution. Mais ce n'est pas lui qui l'a déchaînée. Ce n'est pas lui qui l'a enchaînée non plus, quand on a eu assez de cette furieuse ! Un jour, on l'acheta pour cette besogne, mais la mort le sauva de la honte de son impuissance. Ses idées de salut pour la monarchie, on les cherche en vain dans Lamarck. Il n'en faut qu'une pourtant à un homme politique ! Pitt n'en eut qu'une ; Mirabeau, lui, n'en avait pas. Son père et son oncle, ces esprits fiers et sensés, avaient vu cela dans l'aurore de sa vie. Ils l'avaient pesé et soupesé, quand ils se le renvoyaient de l'un à l'autre comme une balle qui va devenir un ballon, cet enflé monstrueux dont, tour à tour, ils s'étonnent, rient et s'épouvantent, dans une Correspondance de génie.

Et c'est de cette comédie sublime que M. Claretie a osé faire un drame qui ne l'est pas et qui s'appelle : *Les Mirabeau !*

II

Qu'il eût fait *Mirabeau* tout court, c'était bien ! Je n'avais pas grand'chose à dire. Mirabeau est fait pour le drame comme on le conçoit à cette heure, pour le drame équarri, dégrossi et trompe-l'œil, l'œil qu'on ne caresse tant que pour mieux le tromper. Mirabeau, le *poncif* du tribun révolutionnaire, à cette époque où la République n'est elle-même qu'un *poncif* de république et où le public est l'amoureux niais et né de tous les *poncifs !* Mirabeau à la scène, avec la redondance de son nom écrit sur l'enseigne du marchand de drap de Marseille avec les mots textuels, pour ne pas en inventer d'autres: « Nous sommes ici par la volonté du peuple et nous

« n'en sortirons que par la puissance des baïonnet-
« tes ! » n'est plus une affaire d'art, une combinaison
dramatique. C'est la visée au succès facile, pour ne
pas dire un autre nom que je veux épargner à l'auteur ; c'est la quête à l'applaudissement dans le
bonnet rouge de la Liberté, tendu au public comme
les pauvres tendent leur chapeau, pour que tout le
monde y mette quelque chose ! Mais *les Mirabeau*
au lieu de *Mirabeau ;* mais ramasser au demi-cercle, autour de Mirabeau, toute sa famille, pour la
sacrifier à lui, l'apostat de sa race; n'avoir pas craint
de faire parler les dialogueurs de la Correspondance,
ces admirables *Pères nobles* d'une comédie aussi
passionnée que profonde, plus difficiles à faire parler que le déclamateur Mirabeau, car toute déclamation se ressemble, qu'elle vienne d'un homme
d'esprit ou d'un sot ; mais vouloir peindre et faire
agir ces deux grands esprits originaux : le marquis
de Mirabeau, ce Montaigne féodal, et le bailli de
Mirabeau, ce vieux Romain bonhomme qui a de la
grâce et de la bonté, les vouloir faire parler en termes vulgaires quand ils ont une langue à eux qu'on
ne peut oublier, quand on entend vibrer leur voix
dans leur correspondance, quand on peut lire, en ces
pages inouïes, des paroles qui vont faire rentrer et
noyer dans leur insignifiante salive celles qu'on leur
prête ; c'est là une audace qui n'étonne pas infiniment dans M. Jules Claretie, lequel ne doute de

rien et aborde tout avec une égale placidité. M. Claretie est un des plus braves esprits que je connaisse, mais la bravoure d'esprit n'est pas servie par des organes équivalents. Polygraphe toujours prêt à écrire sur tous les sujets les plus divers avec une facilité d'eau qui coule, il s'épanche, il n'écume pas... mais aujourd'hui il a été moins pur et moins innocent qu'à l'ordinaire. Pour faire repoussoir à son Mirabeau révolutionnaire, il a calomnié les Mirabeau, qui ne le sont pas, et il les a calomniés en leur prêtant des sottises qu'ils n'ont jamais faites ou qu'ils n'ont jamais dites, en les déguisant en imbéciles et en caricatures, et comme s'il avait donné le mot à ses acteurs, ils en ont fait autant que lui.

Et ce n'est pas seulement les Mirabeau père, oncle et même fils, le Mirabeau-Tonneau, qui était un tonneau d'esprit, qu'il a déshonorés, en les abêtissant, au profit de Mirabeau, le Génie révolutionnaire, lavé, pour la première fois, de toute corruption d'argent dans les plus belles larmes et nettoyé comme un petit sou! Beaumarchais n'est pourtant pas un Mirabeau, et il le traite comme un Mirabeau. Il en fait le plus maladroit, le plus stupide, le plus impudent et le plus grossier des corrupteurs, quand il vient proposer à Mirabeau l'*incorruptible* cent mille francs pour changer de thèse sur la banque de Saint-Charles et défendre ce qu'il a attaqué. Lui,

Beaumarchais, cet homme d'esprit! qui ne devrait offrir de l'argent qu'avec une patte d'hermine qu'une tache fait mourir! Pourquoi aussi cet abêtissement de Beaumarchais? Ce n'est pas un vieux féodal comme les Mirabeau. Il a même donné son petit coup d'épaule à cette monarchie de porcelaine fêlée qui va tout à l'heure s'écrouler. Il n'est pas noble. C'est le fils d'un horloger, comme Rousseau, et, toujours pour ne rien inventer, l'auteur lui fait casser la montre du grand seigneur qui lui demande l'heure, selon l'anecdote si connue. Mais s'il n'est pas noble, il l'est devenu. Il a acheté sa noblesse, et cela a suffi pour que Beaumarchais, devenu pataud en offrant de l'argent à un homme qui en prenait toujours et de toute main, soit mis à la porte par cet homme qui foulait sous ses pieds la sienne !

Ainsi, vous le voyez, ce drame des *Mirabeau* n'est, au fond, qu'une machine révolutionnaire plus ou moins péniblement montée, avec de grands noms historiques égarés sur ceux qui les portent. Le marquis de Mirabeau n'y est qu'un Trissotin, sans style et sans caractère, quand on lui fait croire, à certain moment décisif de la pièce, que ses livres se vendent, et qui en perd la tête de bonheur! et c'est le bailli, le noble et austère bailli de la Correspondance, qui tire le fil de Polichinelle d'entre les jambes de son aîné !!! Cette famille, que la haine de l'esprit de parti a comparée à la famille des Atrides, quoiqu'on n'y voie ni Atrée, ni Thyeste, ni Clytemnestre, ni Oreste, ni Électre, cette pudeur farouche dans un deuil farouche ; cette famille qui fut parfois orageuse, mais dont le Mirabeau admiré de M. Claretie fut toujours le principal orage, n'est plus ici qu'une famille de grotesques comme les écrivains révolutionnaires ont l'habitude d'en créer quand ils veulent peindre des gentilshommes ! Si le marquis y est un Trissotin d'un ridicule impossible, le vicomte n'y est plus qu'un de ces fats qui sont des *rengaines* à la scène quand il s'agit d'y montrer les grâces et le ton de l'ancien régime, et c'est à travers des choses de cette puissante nouveauté que l'auteur des *Mirabeau* a jeté une intrigue qui n'est pas plus nouvelle que tout cela, et que voici.

III

Nous sommes, au lever du rideau, en plein café de la Comédie-Française, le jour, qui fut un évènement, de la première représentation du *Mariage de Figaro*. Il passe là tous les personnages de la pièce, mais que rien ne distingue encore, quand tout à coup voici Mirabeau qui apparaît et qui entre, avec la redingote noire à large collet du temps et les bottes à revers d'un jaune d'ocre, très reconnaissable, lui, à la manière dont il est grimé, mais ne faisant pas cependant l'effet de laideur poétique qu'après tout il avait, ce monstre de Mirabeau! M. Paul Deshayes, qui l'a joué, l'a passé à la prose. Au lieu de ces traces de petite vérole, devenues historiques, et que Châteaubriand, qui les avait vues, compare dans ses *Mémoires* à des sillons de foudre, M. Paul Deshayes les a remplacées par des verrues. Il a fait à Mirabeau un visage infiltré et bulbeux, mais il a oublié les deux choses qui rendaient Mirabeau d'un aspect saisissant et inoubliable. Il a oublié son immense chevelure de Samson, qui faisait croire à sa force, et son altier port de tête, volé à Beaumarchais un jour que Beaumarchais plaidait contre lui, et qui faisait croire à sa fierté! Mirabeau est sorti de Vincennes. Mais il garde encore l'incognito sous le nom de Pierre Buffière, qui lui allait si bien et que son père lui avait si spirituellement donné. Il traîne après lui une femme qui l'aime avec cette passion qu'ont les femmes quand elles commencent de voir qu'on va cesser de les aimer. C'est Julie de Rieux, qui n'est que la femme du libraire hollandais Valras, l'ami fanatisé d'admiration pour Mirabeau, et qui a abandonné son mari pour suivre un amant. La vieille et l'éternelle histoire! Or, pendant que Mirabeau traîne Julie à sa suite, traînerie vicieuse! Valras traîne à la sienne la jeune ingénue Henriette de Nehra, traînerie vertueuse ! qui est la fille d'un officier, compagnon de guerre du bailli de Mirabeau, sous la protection duquel Valras veut la placer. Tout le drame est entre ces deux femmes. Cette Henriette de Nehra se prend d'amour vertueux pour Mirabeau, et c'est elle qui, plus tard, le tire des agonies de cette misère dans laquelle ce grand travailleur pataugea longtemps, comme le Diable de Milton dans le chaos. C'est elle, maîtresse de sa fortune, qui secrètement envoie à Mirabeau, chassé par son père et révolté contre lui, comme il va dans un instant se révolter contre sa caste, une cassette pleine d'or, au moment où il lui en faut pour se présenter à Aix devant la noblesse de son Ordre ; — à ce moment terrible qu'on peut appeler *l'heure du berger* des circonstances, et où l'or est nécessaire à l'ambition comme le fer à la vaillance !

Grâce à elle, Mirabeau, qui croit la cassette envoyée par son frère, se présente, somptueux, devant son Ordre, et j'ai cru ici à une belle scène... Elle était indiquée par les fameuses paroles qui retentissent dans toutes les mémoires, depuis qu'elles ont été dites : « Ainsi périt le dernier des Gracches, de « la main des patriciens; mais, atteint du coup « mortel, il lança de la poussière vers le ciel en « attestant les dieux vengeurs, et de cette poussière « naquit Marius, Marius moins grand pour avoir

« exterminé les Cimbres que pour avoir abattu
« dans Rome l'aristocratie de la noblesse... » Il n'y
a eu ici ni Gracche, ni Dieux vengeurs, ni poussière
jetée contre le ciel, ni Marius, mais le misérable
spectacle d'une âme faible dans un corps robuste !
Mirabeau, interpellé par la noblesse sur les immondes publications de sa jeunesse, sur ses dettes, sur
l'origine du luxe inattendu qu'il étale, ne veut pas
répondre ; il se fâche, comme un homme qui a tort,
il se monte, il s'indigne, il rugit, comme le lion
auquel on l'a comparé tant de fois ; car le lion ici
n'est qu'une bête. Il frappe du pied, il finit même
par pleurer comme un enfant, et puis il reprend sa
colère stupide. On n'a jamais plus abaissé l'Histoire
dans un homme qui, du reste, ne l'a jamais grandie,
et qui emporte absurdement la tare sur son nom
quand d'un mot — puisqu'il croit l'argent envoyé
par son frère — il pouvait si facilement l'effacer !

Mais il faut qu'elle y reste pour qu'il y ait *drame*.
Sans cela, nous passerions trop vite aux Expositions révolutionnaires : l'élection de Marseille et les
habits du marchand de drap jetés par la fenêtre, et
au serment du Jeu de Paume, la mascarade du
tableau de David, qui ont dû donner un si grand
mal de tête à M. Claretie pour les inventer ! Je l'ai
dit : dans ce drame, ce sont les femmes qui font le
drame. Mirabeau, qui sait par Valras, le plaintif et
philosophique... trompé de la pièce, que Julie de

Rieux n'est autre que la ci-devant Mme Valras la libraire, rompt avec elle, ou plutôt veut rompre ; car elle ne rompt pas, elle (c'est le seul être énergique et vivant de la pièce). La voilà, comme vous pensez, très jalouse, et, sous l'empire de cette jalousie, elle fait des choses très intelligibles en passion, mais très incompréhensibles dans la vie comme la vie est faite ! Elle fait arrêter son mari (comment ?) pour lui voler la lettre dont il est porteur (comment le sait-elle ?) et qui, selon elle, va déshonorer du même coup Mirabeau et la femme nouvelle qu'il aime et qui est entrée à la Visitation, après lui avoir légué sa fortune. La pauvre fille, qui ne se doute pas à quelle mégère d'amour elle va avoir affaire, sort du couvent (comment encore ?) pour redemander sa lettre à sa rivale ; mais refusée, insultée, méprisée, voilà qu'elle la lui *subtilise*, quand l'autre agite cette lettre devant elle, elle la lui *subtilise* avec l'adresse d'une femme de chambre adroite, cette petite ! Quand l'autre, furieuse, la poursuit jusque sur le balcon, et rattrappe la lettre après l'avoir poussée dans la Seine, qui est de ce côté probablement sans quai : crâne comme Richard Darlington !

Cette scène, qui n'est plus de la Révolution politique, mais de cette révolution de cœur que nous portons tous dans nos poitrines, a sauvé, je crois, le drame révolutionnaire qui n'en pouvait mais... Dans la salle, des fatigues avaient pris le public, qui n'en est plus à la lune de miel de la République, et qui mollissait dans l'applaudissement quémandé. Mais cette scène, jouée par Mlle Rousseil avec l'obstination diabolique d'une femelle de dogue amoureuse qui, au lieu d'en démordre, laissera plutôt ses dents dans la morsure, a tordu dans les cœurs la fibre humaine que la politique n'y tord plus. Mirabeau et Valras, qui ont appris que Mlle de Nehra est chez Mme de Rieux, arrivent, mais trop tard, comme les gendarmes. Et ils la trouvent morte. Alors Mirabeau, toujours l'enfant robuste, veut tuer Julie, qui ne demande pas mieux, l'insensée ! que d'être tuée de la main qu'elle adore, et qui dit : « Enfonce ! » au poignard, ne pouvant plus le dire qu'au poignard... lorsque Valras la réclame pour lui, Valras, le mari, le... trompé, plaintif et vengeur, qui trouve plus majestueux, plus auguste, plus justicier, de la marquer au front du fer rouge, comme Montriveau, dans *la Duchesse de Langeais*, et il la marque, — et c'est fini. Les plus élégantes des loges, qui s'ennuyaient probablement de la Révolution, s'en étaient allées avant cette scène. Elles ont eu tort.

IV

Elles n'auront pas vu Mlle Rousseil, et il n'y a qu'elle à voir dans cette pièce. M. Claretie doit la lui dédier. Elle en sera la fortune. C'est la première fois de ma vie que j'ai vu jouer Mlle Rousseil, qui était en Égypte quand je faisais le théâtre au *Nain Jaune*. Eh bien, je ne la renverrai pas en Égypte ! Dans le cours de ce drame, quand elle y paraissait, elle ne m'avait fait d'abord que l'impression d'une actrice correcte, et voilà tout. Mais quand la situation est devenue passionnée, elle est sortie de son fourreau d'actrice correcte, comme du sien un glaive... un glaive qui brille en éclairs et qui coupe, et qui va jusqu'au cœur ! Elle a joué... comme on voudrait être aimé d'elle.

Elle a été de l'obstination aveugle d'une passion qui accepte tout de l'homme aimé, uniquement parce qu'elle aime. Elle a exprimé la fatalité dans l'amour ; elle l'a exprimée divinement, non ! mais infernalement, et c'est peut-être la même chose. Elle a été atroce, cruelle, impitoyable, avec, pour toute excuse, l'amour absolu, à qui l'on pardonne tout parce qu'il est absolu : atrocités, cruautés, impitoyabilités, et auquel on pardonnerait jusqu'à la perfidie et la bassesse... Je n'ai rien à reprocher au jeu de Mlle Rousseil de ce soir, sinon peut-être l'emploi d'un geste qui revient trop souvent : c'est l'emploi du bras et du doigt levés derrière la tête de l'homme qu'elle menace. Geste de statue très idéal, mais si beau qu'il faut le faire rare ; car l'homme se blase si vite de ce qui est beau, qu'avec lui il faut *économiser* la beauté !

Dans ce dernier acte, où la passion la transfigure, elle a un voile blanc et une robe blanche qui lui vont à merveille, mais qui sont étranges et que son rôle ne justifie pas. Le costume de vestale est-il là pour rappeler qu'elle n'en est pas une?... On le savait bien... Mais j'écris ceci à la réflexion. Dans la scène qu'elle a *enlevée,* — et nous au bout ! — je n'ai pas pensé à sa robe. La passion la brûlait sur son corps... et je n'ai vu que la femme seule. Avis aux petites actrices qui n'ont pas d'âme et qui se font faire des costumes ! Lorsque Mirabeau a apporté le corps de Mlle de Nehra, et qu'il est tombé, accablé, sur cette fleur coupée, Mlle Rousseil a eu un mouvement sublime : c'est la manière fauve dont elle a saisi Mirabeau, l'infidèle ! et dont elle l'a retourné sur le cadavre pour qu'il ne le vît plus, jalouse jusque dans la mort ! Et lorsque son mari l'a marquée au front du fer rouge, elle a effacé d'un geste le jeu de Mlle Croisette dans *le Sphinx*. Elle a poussé des cris si profonds que je ne sais d'où elle les tirait. Était-ce de la plante de ses pieds ? Toujours est-il que je les entends encore, — et je crois bien que M. Carolus Duran, qui était au balcon, et qui est, comme tout le monde le sait, le beau-frère de Mlle Croisette, ne les oubliera pas non plus.

Voilà donc le seul talent dramatique de la pièce. On avait, pour l'intérêt de ce drame, compté beaucoup sur Mirabeau, eh bien, c'est Mlle Rousseil qui est Mirabeau ! Les autres acteurs, auprès d'elle, jouent comme M. Claretie a pensé. Je ne les nommerai pas ; je ne veux pas leur faire de peine. Qu'ils restent ici ce qu'ils sont pour moi : — anonymes ! Il y a cependant un Mirabeau-Tonneau, qui n'est qu'un Mirabeau-*Baril*, car il a eu peur de se faire trop gros, et qui mériterait bien d'être nommé pour la façon de maître à danser avec laquelle il a compris son rôle de gentilhomme élégant. Mais les autres ? Laissons ! Ils ont, je crois, beaucoup travaillé leur rôle, comme M. Claretie, qui est un travailleur convaincu, a travaillé sa pièce ; mais il vaudrait mieux peut-être ne pas travailler du tout. Les *Lazzaroni* sont si heureux... et si intelligents !

LE MARIAGE DE FIGARO

21 Novembre 1879.

I

Cette *reprise* ne nous *reprendra pas!* Nous sommes maintenant si grossiers que nous nous étions comme détachés du *Mariage de Figaro*. Il y avait près de six ans qu'on ne l'avait joué. Six ans, pour une pièce, c'est comme les six pieds de terre d'une tombe. Aussi, la reprise de cette chose enterrée devait avoir la beauté inattendue d'une résurrection. M. Perrin, l'homme égaré de l'Opéra au Théâtre-Français, qui ne peut pas faire des acteurs, le pauvre homme! devait, disait-on, avoir des inventions sublimes en fait de décorations et de costumes, et il n'a rien inventé du tout. Décorations vulgaires, costumes connus, — excepté l'habit Louis XV du comte Almaviva, qui viole la tradition dramatique et détonne avec tous les autres costumes, qui sont restés espagnols jusqu'à la première occasion, où on les changera pour faire encore du neuf! Pour aujourd'hui, c'est la seule nouveauté introduite dans cette pièce, qui n'avait besoin que d'acteurs de talent pour paraître ce qu'elle est : — une chose charmante et immortelle. Seulement, le talent a manqué.

Mais la nouveauté, qui n'était pas dans la pièce, était dans la salle. C'est l'effet produit par *le Mariage de Figaro*, qui — jusqu'à hier soir — passionnait le public comme jamais pièce de théâtre ne l'avait passionné, excepté le *Tartuffe* peut-être. Je ne connais guères que *Tartuffe* qui pût lutter d'intérêt et d'*impression faite* avec la comédie de Beaumarchais. Il n'y avait que ce génie pour rivaliser avec cet esprit et faire jaillir toujours le même enthousiasme! Toutes les autres pièces, même celles de Molière, noircissent plus ou moins sous l'action du temps, qui y met cette estompe qui sied même aux statues et dont leur marbre ne les défend pas... En reculant dans le passé, le chef-d'œuvre n'en est pas moins visible, et peut-être l'est-il davantage ; peut-être sa majesté de chef-d'œuvre gagne-t-elle encore à cette vieillesse ; mais la vivacité de l'impression diminue, et, dégagée de l'impression, l'admiration monte mieux dans l'esprit et s'y fixe, mais ce n'est plus le coup de foudre, le soulèvement de nerfs du premier moment. Seuls, parmi toutes les comédies de la scène française, *Tartuffe* et *le Mariage de Figaro* le donnaient à point nommé, toujours, et même quand les passions qu'ils tisonnaient dans nos cœurs s'étaient amorties. Depuis que l'impérieuse décence du siècle de Louis XIV, qui forçait les coquins à l'hypocrisie, s'en est allée comme un vêtement déchiré ; depuis que la monarchie française, à moitié morte déjà quand Beaumarchais lui envoyait, sans danger pour lui, les flèches bardelées de ses épigrammes, n'a plus été qu'un cadavre, galvanisé sous plusieurs pauvres règnes lorsque le grand règne n'était plus, mais qui n'en était pas moins le corps d'une morte, *Tartuffe* et *le Mariage de Figaro* excitaient toujours, lorsqu'on les jouait, le même enthousiasme, et réveillaient toujours les mêmes échos dans tous les cœurs, les mêmes applaudissements dans toutes les mains ! Ceci était certain. On y comptait, et on avait raison. Il y avait tels vers de *Tartuffe* qu'à la représentation on prévoyait, on voyait venir de loin, comme la tempête ! Il y avait telles phrases du *Mariage de Figaro* qui produisaient de frénétiques explosions ! Je ne sais rien de comparable aux frémissements de plaisir qui passaient alors sur la salle. C'était le bonheur de l'esprit et sa reconnaissance. Je n'ai pas vu jouer *Tartuffe*, hier soir, et, si on l'eût joué, je ne sais pas s'il m'eût rappelé ces soirées qu'il char-

6.

geait, il n'y a pas longtemps encore, de l'électricité
de son génie. Mais je viens de voir jouer *le Mariage
de Figaro*, et j'atteste que je n'ai jamais vu rien de
moins animé que cette salle pleine, venue pour jouir
de l'esprit de Beaumarchais ; je n'ai jamais rien vu
de plus inerte, de moins prompt à l'applaudissement
que cette salle, et je ne dirai point de plus froid que
toute cette représentation, mais de plus tiède, — ce
qui est bien pis ! car Dieu vomit les tièdes, disent
les Saints Livres, et il n'y a vraiment, ici, à faire
que comme Dieu.

D'où venaient cette surprise et cette affreuse
défaite ?... Est-ce de la comédie elle-même ? ou des
acteurs ? ou du public ? ou peut-être de tous les
trois ?... La comédie du *Mariage de Figaro*, avant
d'être, dans l'action, une comédie d'*intrigue*, est,
dans sa conception et dans sa portée, une comédie
politique. Beaumarchais est un Aristophane, — un
Aristophane sans l'aristocratie qui distinguait Aristophane, lequel ne voulait pas, lui, détruire le gouvernement d'Athènes, mais le conserver... La politique a fait vivre longtemps la pièce de Beaumarchais
de sa vie intense. Mais Figaro a triomphé, et son
triomphe est trop récent encore pour qu'on puisse
le traiter comme tous les pouvoirs qui ont le vice de
trop durer, dans ce vertueux pays de l'instabilité
éternelle ! Il n'y a pas de Figaro présentement contre les Figaros qui ont réussi, dans ce pays où les

Crispins sont devenus les rivaux heureux de leurs maîtres. Il y en aura un jour, gardez-vous d'en douter! Mais l'heure n'en est pas venue encore. Aussi les Figaros triomphants et se prélassant, hier soir, dans leurs loges, n'ont pas pris grand goût aux plaisanteries de ce valet du diable! qui n'est pas grand seigneur, mais qui va le devenir. Seulement, au fond, ils ont été bons princes, à l'air ennuyé comme des princes (cela nous venge un peu!). Mais eux et le public qui jouit actuellement de la République, comme nous n'avons pas joui, nous, hier soir, de l'esprit de Beaumarchais, ont été aussi Brid'oison que Brid'oison lui-même à tous les passages et à tous les traits qui, dans un autre temps, les auraient fait vibrer et éclater en bravos unanimes. Il n'y a eu que le mot d'*amnistie générale*, rencontré par hasard dans une phrase insignifiante de la pièce, qui leur a arraché un petit rire et un petit applaudissement pudibonds. Pour le reste, ils ont partout bégayé l'applaudissement comme Brid'oison ses paroles. Ils ont été les Brid'oison de l'applaudissement !

II

Et, ma foi ! les acteurs n'en méritaient pas davantage. Sentaient-ils qu'ils jouaient devant des Figaros parvenus, qui ne font plus la barbe qu'à la France, et cela les embarrassait-il, cette assemblée, non de Rois, comme à Tilsitt, mais de républicains ?... Toujours est-il qu'ils ont joué comme le public les écoutait. Misérable soirée, qui n'avait d'égale, pour l'enthousiasme sincère, la spontanéité, l'entraînement, qu'une matinée académique ! Il y a beaucoup de rapports, du reste, entre le Théâtre-Français perrinisé et l'Académie. Ici et là, la grande affaire, ce sont les fauteuils ! M. Perrin avait fort doré et capitonné celui dans lequel M. Delaunay (le comte Almaviva) s'est assez mal assis, quand il a fait le grand justicier de village. Il s'y est mis comme Mlle Cunégonde, en croupe sur le cheval de Pangloss, dans *Candide;* mais Mlle Cunégonde avait ses raisons pour manquer d'aplomb, et j'imagine que M. Delaunay n'en a pas. Je ne trouve à M. Delaunay, qui fait ce qu'il peut pour être Bressant, ni la distinction, ni la voix (la voix surtout) nécessaires pour

jouer le comte Almaviva, dont le nom ravissant dit
tout ce qu'il doit être et tout ce que l'acteur n'est
pas ! Je l'ai vu jouer, un soir, l'élégant marquis de
Villemer en *complet* du *Bon Marché* et une chaîne
de montre en or sur le ventre, comme le neveu de
Prudhomme, et vous sentez bien que ce n'est pas ce
marquis-là qui peut entrer dans la peau du comte
Almaviva, quand elle serait recouverte de tous les
costumes Louis XV, rouge et violet, de la collection de M. Perrin. La voix, des fosses du nez, de
M. Delaunay, est une forte objection contre la séduction et contre l'amour. Je lui ai vu autrefois aussi
d'assez jolies jambes d'amoureux, quand il jouait
Philippe V dans je ne sais plus quelle pièce de Dumas ; mais elles ont perdu de leur sveltesse et l'empâtement se glisse alentour, avec de petits nœuds
musculaires perceptibles à travers le bas de soie,
et qui ressemblent presque aux bulbes du visage de
M. Deshayes quand il joue Mirabeau. M. Delaunay
a échoué dans les grandes scènes de son rôle, surtout dans celle où, jaloux, furieux, et dupé par sa
femme et la camériste de sa femme, il dit à la comtesse ce mot qu'Armand — racontaient nos pères —
disait de manière à enlever toute la salle et à la
mettre tout entière aux pieds de l'actrice qui jouait
la comtesse : *Madame, vous jouez très bien la comédie !* Hier soir, la salle, à ce mot, est restée muette
et n'a pas bougé.

Il est vrai que ce n'était ni Mlle Mars, ni Mlle Leverre, ni Mlle Rose Dupuis qui était en scène ; ce n'était que Mlle Broizat. Broizat n'est pas Brohan! Mlle Broizat n'est pas même une comédienne comme M. Delaunay est un comédien. Elle n'a point la langueur rêveuse et troublée de cette moitié de coupable, — la comtesse Almaviva, — la Corruption à son aurore! Mlle Broizat n'a non plus aucune des grasses plénitudes qui font partie du rôle de la comtesse et des insomnies de Chérubin. C'est un sourire précieux dans un visage anguleux, et son corps ressemble à son visage. Elle est prétentieusement *correcte*, comme ils le sont tous, du reste, au Théâtre-Français, également brisés et assouplis au jeu de la scène, très sûrs d'eux-mêmes et adéquats les uns aux autres (M. Got excepté, qui ne joue pas dans *le Mariage de Figaro*). En effet, le caractère du Théâtre-Français, — très républicain par ce côté, — c'est d'être le théâtre de l'égalité... entre tous les talents. Ils y atteignent, tous, un niveau d'éducation grammatical, didactique et conventionnel, que très peu d'entre eux dépassent; mais aucune supériorité tranchée, incontestable, ne sort de ce niveau pour le surmonter... Et on en a pu juger mieux que jamais dans la féerie d'esprit et d'imagination qu'ils ont jouée hier soir, et qui exigerait pour tous les rôles une si nette supériorité.

III

Cherchez-la donc, après Mlle Broizat, dans Mlle Croizette qui fait Suzanne, dans Mlle Reichemberg qui fait Chérubin, et même dans M. Coquelin qui fait Figaro ! Mlle Croizette, mise à l'envers de son rôle, avec sa robe lamée d'argent, Mlle Croizette, peinte, repeinte à neuf couches comme une voiture, émaillée, vernissée comme une idole japonaise, et qui avait dans les loges, derrière moi, des idolâtres qui n'étaient malheureusement pas japonaises ; car elles auraient parlé japonais et je ne les aurais pas entendues... Mlle Croizette a été, dans le rôle pimpant de Suzanne, ce qu'elle est toujours, — ce que je l'ai vue, par exemple, dans le rôle immense de Célimène lorsqu'elle débuta par cette haute impertinence, dans ce rôle si terrible pour qui ose y toucher et qui est resté comme une robe vide depuis la mort de Mlle Mars ! Malgré le petit scandale qu'elle fit dans *le Sphinx*, où au dénouement elle nous *précursa* Coupeau, Mlle Croizette n'a pas progressé à partir de ses débuts. Elle y fut mince de talent comme de taille. La taille a épaissi, les bras sont venus, la gorge est venue, et l'embonpoint partout; le talent, non! Mais elle s'en passe très bien; elle sourit même comme si elle en avait, et pourquoi pas?... Elle n'aurait pas plus de succès quand elle en aurait, tant nous sommes devenus japonais!

Quant à Mlle Reichemberg, franchement, on aurait pu lui épargner cette humiliation d'étaler une jeunesse qui n'est plus en la chargeant du rôle le plus près d'être impossible à la scène. En ce rôle de Chérubin, de cet Ariel sensuel de Chérubin que j'ai vu manquer à tant de femmes et qui les tente toutes, elle est si mélancoliquement le contraire de ce que son rôle voudrait qu'elle fût, et par le visage, et par le corps, et par le mouvement, et par le geste, et par la voix, qu'elle en devient touchante... à la fin !!! Assurément, elle n'est pas plus mauvaise que toutes les autres, que toutes ces Perfections épinglées du Conservatoire, elle qui a pris ses épingles chez les Brohan ! mais elle n'est pas de force à porter ce rôle inouï de Chérubin qu'on aura dû lui imposer, et sous lequel elle meurt écrasée, comme une faible canéphore l'est par sa corbeille. Elle a chanté sa *Romance à Madame*, non pas comme le *Bel oiseau bleu*, mais avec le filet cristallin d'une rainette au bord de son étang, et quelques femmes affectées ont, au fond des baignoires, poussé de petits : ah! pâmés, comme si elles avaient entendu le plus cruellement doux des harmonicas. Mais cela a été tout son succès de la soirée. Pour le reste de ce damnant rôle de Chérubin qui vaudrait son nom si Satan était Dieu, pour exprimer dans sa désespérante nuance ce Jour et Nuit de la Vie qui n'est plus un enfant et qui n'est pas un homme encore, quel don de jeunesse en sa fleur d'amandier il faudrait, quelle grâce caressante d'aspic autour du bras de Cléopâtre! En regardant Mlle Reichemberg, blonde qui fut jolie mais qui paraît *passée* sous son frais manteau myosotis, en voyant, à genoux aux pieds de la comtesse, ces jambes de femme qui ont leur sexe, je pensais aux jambes sans sexe qu'il faudrait (je ne note que des indigences!) à cette charmante et incertaine créature d'*entre* les deux sexes qui s'appelle Chérubin; je songeais à ces jambes si voluptueusement hermaphrodites que Raphaël donne à ses archanges et que montre, en ce moment, à tout Paris, cette merveille d'Emma Juteau, l'acrobate du Cirque, une comédienne qui joue avec son corps mieux que toutes les comédiennes du Théâtre-Français avec leur esprit et leur âme! Et je me disais que le délicieux petit monstre n'était pas encore trouvé, et que ce n'était pas dans le *collant* de Mlle Reichemberg qu'il apparaissait, hier soir!

IV

Je l'ai dit : c'est M. Coquelin, l'*aîné*, qui jouait Figaro ; car depuis qu'il veut devenir, dit-on, un homme politique, on dit M. Coquelin l'*aîné*, comme on disait Mirabeau l'*aîné*, dans le temps... Je crois l'avoir vu jouer déjà, il y a environ un an, dans *le Barbier de Séville*, et moi qui ai les yeux, les oreilles et l'esprit pleins du superbe jeu du grand Monrose, je le trouvai grossier, bruyant, bouffi, bucculent, mal costumé d'un habit grenat à passementerie rosâtre, avec d'odieux souliers gris de goutteux qui lui couvraient trop le cou-de-pied, et d'horribles bas bleus comme ceux de Dominus Sampson dans Walter Scott. Sa voix, qu'on s'obstine à trouver belle, me fit l'effet d'être rude, criarde, étranglée, dans les notes de tête, sans velouté et sans opulence. Nette pourtant, ne prononçant pas mal. M. Coquelin n'a point le physique de Figaro ; car Figaro doit être un joli garçon. Il doit être aimé plus tard de Suzanne. Il doit être aussi frétillant que sa future fiancée, souple comme Arlequin, délié comme Scaramouche, avec le *meneo* un peu déhanché des femmes de son pays. Or, M. Coquelin est laid ; le *coq* du Théâtre-Français a sa crête dans son nez, qu'il porte au vent, ouvert des narines, comme une conque de trompette. Il eut, ce soir-là, de la pétulance et de l'entrain avec l'aplomb d'un marcheur de planches ; mais, certes ! pour employer le mot consacré au théâtre, il ne les brûle pas dans *le Mariage de Figaro*. Dans *le Barbier de Séville,* qu'il galopa avec assez de feu, il fut sans tact, inconvenant et presque indécent de familiarité avec Rosine, la pupille de Bartholo, qu'il doit respecter, puisqu'après tout cette femme, à l'enlèvement de qui il travaille, est la femme future de son maître ! Mais hier soir, il ne galopait plus, — il allait l'amble comme les autres, qui jouaient lentement, pesamment, mettant partout des points et des virgules qui ne sont plus des particules, ce qui est ridicule !... Hier soir, il était aussi mal costumé que dans *le Barbier de Séville,* avec une culotte qui fait de gros plis et une abominable ceinture verte, trop haute d'une main, qui retient, soutient et maintient un ventre qui commence à pousser. Il paraît qu'il n'a pas le génie du costume, M. Coquelin, et l'instinct du costume est pourtant la moitié du génie de l'acteur ! D'un autre côté, il se méprend sur son talent. Il prend à l'envers ses facultés, comme Mlle Croizette porte des robes à l'envers de ses rôles. Il est né comique de prestance et de jactance, de bouche ouverte, de nez ouvert, il a l'air joyeux et impudent, et malgré tous ses avantages, dont il pourrait tirer parti, il s'obstine à ne pas se voir... et il veut être, au contraire de sa figure, sentimental, pathétique, touchant et allant aux entrailles, introduisant un pleurard dans ce Figaro qui n'est que le portrait de Beaumarchais, lequel disait : « La gaî-« té ! la gaîté ! voilà la force de ma vie !! » Monrose, quand il faisait Figaro, ne s'accroupissait pas dans le chagrin et dans les larmes quand il croit Suzon infidèle. Non ! il jetait un cri, et c'était tout. Il ne sanglotait pas comme un jouvenceau ! Reproche grave. En voici un plus grave : M. Coquelin a été absolument faux dans la scène de la déclaration à la comtesse, sous les grands marronniers. Il y affecte un ton de papelardise moqueuse qui prouve trop qu'il se moque du comte, de la comtesse et de lui-même. Encore une fois, ceci est faux, et faux même jusqu'à la bêtise. Il doit faire croire au comte qu'il y a un amant aux pieds de la comtesse, et non pas un farceur ! Or, si le comte l'entend et s'il s'y trompe, il n'est qu'un sot, et Beaumarchais n'a pas fait un sot de son Almaviva, ni de son Figaro non plus !

Voilà comme sont tenus tous les grands rôles de cette reprise. Dans les petits, — relativement petits, qui sont encore des rôles où le talent pourrait se montrer avec des caractères différents, — il n'en a brillé d'aucune espèce. M. Thiron, si comique parfois, a bien l'enflure de *ce gros enflé de conseiller*, mais il a manqué tous ses effets de bégaiement... Brid'oison est bègue, mais il n'est pas paralysé. Les mots retenus, répétés *syllabiquement* par les bègues, finissent par sortir avec l'éruption de l'impatience. Mais chez M. Thiron, ils ne sortent pas : il les avale, et le public rit de sa grimace ; car il en fait une pour les avaler, et le rôle est *ravalé*, du coup !... Bazile, que le Coquelin, l'autre Coquelin, QUI N'EST LE CADET DE PERSONNE, jouait, dans *le Barbier de Séville*, avec une profondeur si diabolique, a été remplacé par le nommé Vilain, qui produit l'impression d'un grand diable d'aveugle, piaulant en grattant de la guitare, au bout d'un pont. Il est lamentable. Mais voilà à quoi sert le talent et comme on le remplace dans la boutique de M. Perrin !

Mais M. Perrin est moins le directeur d'un théâtre littéraire, qui fut le premier théâtre du monde, qu'un grand décorateur, un grand costumier, un grand tapissier. Je pense toujours à ce beau fauteuil d'Almaviva, qui a été, hier soir, le plus bel ornement de la pièce. Un grand tapissier ! Il y a dans Balzac un grand tapissier aussi, et que j'aime mieux... C'est celui qui tapisse la voûte des Invalides avec les drapeaux enlevés à l'ennemi !

Il s'appelle Montcornet, et il a, je crois, des cornets qui sonnent, dans ses armes. Eh bien, nous en avons un, de ces cornets-là, au service de M. Perrin, et désormais nous en sonnerons pour sa gloire !

LES LIONNES PAUVRES

---

27 Novembre 1879.

I

C'est encore une reprise, puisque les théâtres nous mettent à ce dur régime des reprises et que la tête dramatique se dessèche ; mais c'est une reprise, celle-là, qui ne sera pas une *reprise perdue !* Le Vaudeville vient de nous venger du Théâtre-Français de l'autre soir. Il a joué triomphalement *les Lionnes pauvres*, et il les a jouées comme le Théâtre-Français lui-même ; mais comme le Théâtre-Français dans des pièces à sa taille, et non pas quand il tombe, entraînant armes et bagages, sous *le Mariage de Figaro.*

Il faut bien le dire, et je suis heureux de le dire, ils ont joué supérieurement samedi soir, ces acteurs du Vaudeville, que le Théâtre-Français se donne peut-être les airs de mépriser du haut de son ancienne renommée et des piles d'écus de ses sociétaires ! Ils ont ressuscité le succès, qui fut très grand et très retentissant quand elles parurent, ces *Lionnes pauvres,* qui furent saluées comme un drame-lion il y a maintenant vingt années, et quoique la Critique ne l'ait pas assez dit, le succès de cette reprise doit être surtout imputé au jeu des acteurs.

En effet, la pièce, — la pièce, on la connaissait. Ceux qui ne l'avaient pas vue à sa première interprétation, l'avaient lue, épreuve terrible pour une pièce de théâtre ! Elle était dans le théâtre imprimé de l'auteur. On pouvait l'y trouver. Elle ne pouvait donc plus produire la surprise, cette savoureuse surprise qui précède d'une minute et produit l'applaudissement. Mais les acteurs de ce succès ressuscité n'étaient pas connus, eux ! dans les rôles qu'ils ont abordés et qu'ils ont joués avec des moyens différents de ceux de leurs prédécesseurs. On ignorait ce qu'ils allaient faire.

La pièce, pourquoi donc n'en conviendrais-je pas? était classée comme un chef-d'œuvre dans l'opinion. Le chef-d'œuvre de M. Augier, qui, malheureusement pour lui, n'était plus ici tout seul ; or la gloire est comme le pouvoir, dont on dit que divisé, il périra ! M. Émile Augier s'était fortifié de quelqu'un... pour faire ces *Lionnes pauvres;* il s'était doublé d'un homme littérairement obscur et dont je ne sais rien encore, mais que je ne crois pas une doublure dans le sens humiliant que le théâtre donne à ce mot-là. Je me demande même lequel de ces deux messieurs double l'autre, quand je rencontre, en ces *Lionnes pauvres*, un style serré, concis, presque métallique, avec des coups sur coups de réparties, qui n'est pas là du tout le style ordinaire de M. Augier, — vulgaire dans sa prose, et, dans ses vers, lamentablement incomparable ! D'un autre côté, cette pièce des *Lionnes pauvres* n'était pas d'hier, mais, comme étude d'une vérité âpre et profonde, elle était encore d'aujourd'hui. Elle était encore aussi vivante, aussi mordante dans la réalité du *moment*, que quand elle avait été jouée pour la première fois... Depuis ce temps déjà lointain, la société dont M. Augier avait tiré le type odieux de sa lionne pauvre,—car il n'y en a qu'une, dans cette pièce des *Lionnes pauvres*, probablement parce qu'elle y représente toutes les autres qui n'y sont pas : une représentation nationale ! —cette délicieuse société, qui peut bien changer ses gouvernements mais qui n'a pas la force de changer ses mœurs, ne s'était pas modifiée. Elle n'avait pas bougé, — même après le terrible coup de fouet que le Juvénal dramatique de cette pièce, fait de deux morceaux, lui avait allongé sur la figure. Preuve évidente, du reste, pour le dire en passant, que le théâtre s'abuse dans d'imbéciles prétentions quand il croit corriger les

7.

hommes de quelque chose avec du rire ou des larmes; car ni les larmes ni le rire ne manquaient dans *les Lionnes pauvres*, qui ne sont ni un drame ni une comédie, comme toutes les pièces modernes, et dont le visage a une moitié de *Jean qui pleure* et une moitié de *Jean qui rit*. La société qui avait ri et pleuré aux *Lionnes pauvres*, il y a vingt ans, a ri et pleuré, samedi soir, aux mêmes places et pour les mêmes raisons, ce qui ne doit étonner personne puisque c'est la même société, n'ayant pas un vice de moins ni une vertu de plus, la vieille même cul-de-jatte de ses propres vices, immobilisée dans une corruption qui paraît caduque et qui pourrait bien être éternelle.

Telles, pour la pièce, étaient les raisons, tirées d'elle, qui militaient en faveur de sa nouvelle réussite; mais il n'est pas de pièces sans acteurs. L'Art dramatique, pour qui veut réfléchir, est plus dans les acteurs que dans les pièces. Les acteurs sont les cariatides du chef-d'œuvre, de cette chose qui pèse et qu'il faut porter sur des épaules d'airain. Ce sont les acteurs qui parachèvent l'auteur dramatique. Ils sont les rallonges du génie. Frédérick Lemaître était la rallonge de M. Victor Hugo. Sans les acteurs du Vaudeville, qui ont été charmants, samedi soir, la pièce de MM. Augier et Foussier, mise par terre dans vingt ans d'oubli, — une fière dune de sable roulée sur elle! — ne se serait pas enlevée comme elle l'a fait pour remonter sur le théâtre et pour s'y maintenir avec une rampe de feu, allumée par le talent, autour d'elle !

II

C'est donc aux acteurs du Vaudeville que les auteurs des *Lionnes pauvres* doivent leur nouveau succès ! Ils ont joué avec une intelligence et une exécution d'ensemble et de détail, qui a ranimé ce drame oublié, d'une force si concentrée et d'une observation si cruelle qu'elle est digne presque de Balzac.

Il le rappelle, en effet. Il le rappelle surtout par le type dominateur de la pièce, qui fait penser à l'effroyable Mme Marneffe, de la *Comédie humaine*. La lionne pauvre du drame de M. Augier n'a pas assurément l'ampleur que le génie de Balzac a donnée à Mme Marneffe et la grâce perverse de cette épouvantable créature, qui ruine trois amants auxquels elle se prostitue en même temps. Séraphine n'est encore qu'au premier ! Séraphine n'est encore qu'un jeune monstre maigre, une adolescence de monstre en bouton, si vous la comparez à ce monstre parfait, adorablement rond, épanoui et mûr, de Mme Marneffe, et il semble que le directeur du Vaudeville, en donnant le rôle de Séraphine à Mlle Réjane, ait eu le sentiment de la différence des deux personnages. La Séraphine des *Lionnes pauvres* n'est pas encore venue. C'est une Mme Marneffe qui poind, — qui s'arrondira à pleine chair de beauté et d'infamie, et s'accomplira un jour qu'on prévoit et qui n'est pas très loin, mais qui est au-delà du temps de la pièce... Avec son corps délié et serpentin, avec cette poitrine dans laquelle il semble qu'il n'y ait pas de place pour le cœur, avec cet air de couleuvre qui marche sur sa queue debout, mais qui deviendra une guivre un jour, Mlle Réjane avait admirablement le physique de son rôle ; mais elle y en a ajouté l'intelligence. Cette jeune fille, qui rappelle Rachel par le délié des formes et par la gracilité de toute sa personne, pourrait bien avoir quelque jour, comme Rachel, une grande destinée dramatique. J'en augure beaucoup après l'avoir vue l'autre soir. La Critique m'a semblé très injuste pour elle en disant qu'elle se cherchait... qu'elle n'avait pas pris assez possession de son rôle. Elle me fait, à moi, au contraire, l'effet de si bien le tenir ! Dans ce rôle d'un être vil qui débute si tôt dans l'adultère et dans l'ingratitude, pire que l'adultère, qui se donne froidement à l'homme qu'elle n'aime pas pour un paquet de dentelles, elle a eu, à certains moments, une naïveté d'absence de cœur, des ingénuités d'amour bas et bête, et frissonnant et frétillant pour tout ce qui brille ; et quand son mari qui l'adore a connu la honte de son adultère et l'a interrogée sur son ignominie, elle s'est mise dedans à deux pieds. Elle a eu des silences révoltés, des entêtements de négation, des duretés de front ténébreux qui s'avance, et puis enfin l'arrachement des mots horribles : « Quand on est pauvre, on ne se marie pas ! », cinglés à la face de son mari, et le : « Je veux être riche ! », qui est toute l'abominable innocence de cette femme prédestinée à l'abîme sans fond des turpitudes dans lesquelles elle va s'enfoncer. Ceci a été véritablement tragique et beau ! Mlle Réjane a tiré du fond d'entrailles dont on sentait le creux son mot : « Je veux être riche ! », auquel elle a donné l'intonation d'une damnée qui sera le Diable demain, et elle l'a fait entrer dans toutes les entrailles de la salle... Ah ! les auteurs de la pièce ont très bien fait de la faire disparaître. Il ne fallait pas qu'elle revînt du spectacle où elle est allée ! Si elle en était revenue, si elle avait reparu en scène, le public, outré par son jeu, aurait sauté peut-être sur le théâtre et l'aurait déchirée en morceaux.

Et n'est-ce rien que de donner cette idée-là ?

Quant aux détails *pensés* de son rôle, ils ont été comme les détails *sentis*. Cette femme, folle de luxe, devait avoir des robes à faire tourner toutes les têtes de femmes de la salle, et ç'a été un véritable défilé de splendeurs. Dans un pareil rôle, les robes sont presque des *actrices*, et les siennes aussi, sur Elle, comme Elle, dans elles, ont parfaitement joué !

On l'a rappelée deux fois. La seconde fois, elle était tuée d'émotion, brisée, toute en larmes : on craignait de la voir se casser en deux, en saluant. Ah ! l'émotion des vrais artistes !! Avant d'entrer en scène, Mlle Mars pâlissait sous son rouge, et Mme Malibran aussi, quand on l'applaudissait, pleurait...

III

Le second rôle des *Lionnes pauvres* était tenu par Mlle Pierson. C'est le rôle en contraste de la femme honnête. Mlle Pierson a toujours été pour moi une délicieuse comédienne. Je l'aurais voulue depuis longtemps aux Français, mais le talent n'a jamais sa place nulle part, et la phalange des jalousies de femme qu'elle inspire a dû l'empêcher d'y prendre la sienne. Qu'il y avait longtemps que je ne l'avais vue ! Mais elle est toujours immuablement Mlle Blanche Pierson. Elle peut toujours signer *Blanche*. Je ne connais rien de plus suave que toute cette Blancheur. Elle avait naguère encore la suavité fraîche de la beauté ; elle en a maintenant la suavité pâle. Cette *Belle et Bonne*, comme l'aurait dit Voltaire, a aussi la suavité de la bonté sur son charmant visage ; et ce soir-là, elle y avait ajouté la suavité de la vertu. Elle a joué son rôle de Thérèse Lecarnier chastement, noblement et pathétiquement, en robes très simples et très *vertueuses*, devant les robes magnifiquement coquines de la Lionne Pauvre ; et, d'honneur ! tout aussi charmante que si elle, célèbre par ses robes, elle en eût porté une pointée de diamants dans la corolle des dentelles ! Elle a eu un mouvement superbe. Quand, au bal, parlant à demi-voix indignée à Séraphine qui repousse ses conseils avec l'aveuglement de l'insolence, elle finit par lui dire les mots suprêmes : « Votre cha« peau est payé par moi. Ne remettez plus les pieds « chez moi, vous m'entendez !... Levez donc la tête, « on vous regarde ! », elle donne un involontaire coup de mépris à la guirlande de fleurs que la flamboyante Séraphine porte comme un baudrier d'une épaule à la hanche, et la guirlande effeuillée tombe à ses pieds, — et c'est si beau, cela, encore, qu'on y tomberait comme ces fleurs !

Quant à Dupuis, qui fait le mari de l'atroce Séraphine, il a su faire de ce misérable niais, de ce Georges Dandin, un type de mari trompé dont personne n'oserait se moquer. C'est là un triomphe, dans le pays où l'on se rit le plus du cocuage, si ridicule qu'on n'ose pas même en prononcer le nom!... Dupuis a été tendre et *bonhomme* dans une moitié de la pièce, et terrible et jeune d'indignation vers la fin. Lui que j'ai vu si brillant, si fringant et si mordant autrefois, a passé la Bérésina. Il revient de Russie, et s'il est vieilli (c'est une hypothèse, car je n'en sais rien encore), le rôle qu'il faisait allait à sa vieillesse; et s'il ne l'est pas, il faut le féliciter de s'être vieilli et d'avoir su paraître vieux parce que son rôle l'exigeait... « Quelles belles rides j'ai là « pour jouer Tibère! », disait Talma mourant en se regardant dans sa glace; et Rachel, jeune, en mettait pour faire la vieille Athalie, et se couronnait de cheveux blancs...

IV

Enfin, c'est Dieudonné qui est Bordognon, — le moraliste obligé de toute comédie, et d'autant plus moraliste qu'il est plus immoral... Il porte bien son nom de Bordognon et ses vilains pantalons gris, très Bordognon de coupe et de couleur. Qu'il faut se sentir de talent pour entrer là-dedans! Il est commun ; mais il doit l'être ; mais quelle verve nette et quel coupant il met dans les mots, qui ne sont pas sur le papier ! Je l'ai dit, mais je le répète et je ne laisserai passer jamais une occasion de le prouver : toute la vie d'un drame est dans les acteurs. Les acteurs font ce qu'ils veulent des pièces, — impossibles à juger si ce n'est loin d'eux et au coin du feu. La première condition est de s'éloigner de ces magiciens de la scène. Les auteurs des *Lionnes pauvres,* quelle que soit leur modestie... ou leur orgueil, doivent plus qu'ils ne croient aux magiciens et aux fées du Vaudeville. En seront-ils reconnaissants ? Peu m'importe, du reste ! Mais ce que, moi, j'ai appris en les écoutant, c'est que si je faisais jamais une pièce de théâtre, c'est au Vaudeville que je la porterais !

ANNE DE KERVILER

1ᵉʳ Décembre 1879.

I

Comment doit s'appeler la chose qu'ils ont jouée hier soir au Théâtre-Français ? — en se donnant une peine du diable, je le reconnais... Seulement, de quelque nom qu'on appelle cette pièce, qui n'est ni chair ni poisson, et qui se nomme comédie sur l'affiche, et qui est un mélodrame en réalité sur la scène, elle n'en est pas moins la plus étonnante bouffonnerie qu'on ait vue de longtemps sur aucun théâtre. M. Ernest Legouvé, qui jusqu'ici ne passait pas pour un cerveau dramatique de très grande ressource, vient de montrer une force de comique — involontaire, il est vrai, — dont je ne l'aurais pas cru capable. Dans sa pièce d'aujourd'hui, il s'est révélé, pour la première fois de sa vie, comme un inventeur, — et un inventeur amusant. De mémoire séculaire au théâtre, et surtout au Théâtre-Français, où, par parenthèse, Molière règne encore (hélas! ce ne sera peut-être pas pour longtemps!), les cocus — pour parler comme lui — étaient tous plus ou moins ridicules, plus ou moins méritant leur risible et triste destinée; car un mari trompé mérite toujours de l'être un peu, et c'est même la morale de la pièce, c'est là ce qui fait la justice du ridicule que le monde et la comédie infligent au mari, maladroit ou coupable, qui ne sait pas garder la fidélité de sa femme... A part, donc, le hasard, très rare, de quelques cocus touchants, qui ne méritent le rire ni de la satire ni de la comédie, mais qui n'ont guères droit, du reste, qu'à une honnête commisération, les autres appartiennent, corps et biens, à la comédie, et Dieu sait si nous en avons une belle variété! Comptons-les, voulez-vous? Nous avons les cocus paisibles, les cocus acceptant, les cocus engraissant et badinant de la chose, les célèbres cocus *battus et contents;* puis les cocus qui ne badinent pas, les cocus violents qui tuent leurs femmes, comme Claude (dans la pièce de M. Dumas); puis encore les cocus simplement inquiets, les cocus graves, les cocus majestueux. — Mais quelle que soit notre richesse, notre armée de Xercès en fait de cocus, nous n'avions pas, il faut l'avouer, le cocu de M. Ernest Legouvé. Le cocu... confesseur! Le cocu qui confesse l'amant de sa femme et qui n'est pas capucin, comme dans la vieille chanson :

> Père Capucin, confessez ma femme !
> Père Capucin, confessez-la bien !

Non ! ici, le cocu, dans un tour de main, s'est improvisé prêtre et a confessé pieusement son cocufiant.

Eh bien, pends-toi, Molière ! tu n'as pas inventé celui-là ; c'est M. Legouvé !

Et il faut bien le dire, à un pareil cocu, bénisseur sublime, qui, une minute, a déconcerté légèrement nos miséricordes, la salle stupéfaite a hésité, — de qui était-elle composée ? — mais enfin, mise en veine et en verve de générosité et d'attendrissement à cet impayable spectacle, elle a battu des mains devant le cocu catholique qu'on lui exhibait !...

II

Et la pièce a très bien passé, sans aucun encombre ! sans le moindre petit rire, excepté le mien, à cette énorme bouffonnerie, qui aurait fait siffler nos pères, s'ils avaient pu siffler ; car « on ne siffle pas

« quand on bâille », disait Piron à Voltaire, et quand on rit, on ne siffle pas davantage ! Mais nous, race amollie qui n'avons l'énergie de rien, nous ne savons ni rire, ni siffler ! Toute cette salle, *faite*, d'ailleurs, par M. Legouvé, polie et bienveillante comme la salle de l'Académie un jour de réception, a été parfaitement dupe du moyen dramatique tiré des connaissances historiques de l'auteur et de cette haute bêtise d'une confession qui n'en est pas une, catholiquement, et qui, alors, n'est plus guères qu'une pantalonade dramatique ! Ce pauvre et très innocent M. Legouvé n'a commis, je le veux bien, d'intention, aucun sacrilège pour se faire malicieusement un petit succès. Il a très ingénuement mis en scène ce qu'il ne savait pas, avec des acteurs qui ne savent pas non plus, et devant un public qui ne savait pas davantage. Toutes les ignorances, ce soir-là, s'y sont donné galamment le mot et les mains... les mains qui ont applaudi. Le catholicisme de cette confession catholique n'a plus été qu'un catholicisme de théâtre et pour les besoins de la situation. Elle n'a pas été plus catholique que cette autre confession d'un roman oublié de Jules Janin, qui s'appelait justement : *La Confession*, et qui se faisait à travers les cordes d'une harpe transformées en guichet de confessionnal ; joli détail particulier ! Ce bon M. Legouvé, de race sentimentale, comme on sait, et qui cherche des effets de sentiment partout, pour mouiller ses drames, comme on cherche de l'eau pour faire monter ses laitues, aura lu dans quelque livre d'histoire ecclésiastique qu'à l'heure de la mort les premiers chrétiens à qui il manquait un prêtre se confessaient les uns aux autres, et il ne lui en a pas fallu davantage. Il est tombé là-dessus comme sur le pot aux roses de sa pièce! Et il a mis la chose sur le théâtre avec la hardiesse et la sûreté de main d'un enfant qui, resté seul dans le salon, remonte la pendule et la casse! Parce que, dans son drame, il y avait une confession, — la confession du cocufiant au cocufié, — il a cru que son cocu valait prêtre, et il ne s'est pas douté un seul instant, cet académicien agréable et léger, que la virtualité divine du sacrement ne pouvait venir que du prêtre, lequel a seul reçu le pouvoir de lier et de délier sur la terre comme dans le ciel. Sa confession, à lui et à son cocufiant, n'a donc été ici qu'un pieux aveu d'humilité fait en désespoir de cause et de prêtre, mais rien davantage; et s'il n'y avait rien de plus, si le prêtre dans aucun cas ne pouvait être remplacé, le drame basé sur cette fausse donnée de confession s'écroulait, et ce que j'appelle le grand ressort de la pendule était cassé!

Un jour, Schiller, qui n'était pas un si grand poète qu'on nous l'a fait, mais qui, aux yeux du dieu des poètes, s'il y en a un, pèsera cependant un peu plus que le très léger M. Legouvé, eut la pensée, dans sa tragédie de *Marie Stuart,* de mettre la communion — notre communion à nous, catholiques romains, — sur le théâtre, et de la part de cet athée (car Schiller était un athée), faisant représenter sa pièce devant un public protestant, la chose avait, en Art, de la grandeur, et produisit un effet immense. Mais pour mettre la confession sur la scène, comme l'y a mise ou cru l'y mettre M. Legouvé, s'il ne fallait pas être un théologien bien profond, il fallait savoir, du moins, son catéchisme, et depuis longtemps, à l'Académie, s'il y en a eu qui le surent, ils l'ont oublié !

D'ailleurs, il n'était pas besoin de se donner toute la peine qu'ils se sont donnée parce que hier, au Théâtre-Français, le prêtre manquait dans la pièce. Catholiquement, théologiquement, la contrition suffit à défaut de confession, *quand elle est parfaite,* et elle me faisait bien l'effet d'être parfaite dans ce brave cocufiant, tourmenté de remords, qui demande un prêtre pendant toute la pièce comme un ivrogne demande à boire, et qui, pour expiation de son crime, veut mourir à la place de son cocufié. Mais c'est qu'ici la contrition parfaite qui se serait tue n'aurait pas suffi, ni de mourir non plus, pour que le drame pût exister; c'est qu'il fallait nécessairement qu'il y eût aveu qu'on entendît; c'est qu'il fallait enfin que la femme coupable jetât son cri qui trahit tout : « Il a parlé ! » Et voilà comme, tous, ils ont, hier soir, parlé, parlé et crié, crié à tue-tête ; et comment la pièce de M. Ernest Legouvé, qui n'était d'origine et de donnée qu'une sentimentale platitude, a pris tout à coup, grâce à la confession comme il l'a entendue, le relief de la plus absurde originalité !

III

Et, en effet, connaissez-vous rien de plus plat, de plus sentimental et d'ailleurs de plus connu et de plus usé que ces deux Messieurs qu'on prend l'un pour l'autre, qui soutiennent tous deux qu'ils sont celui qu'on cherche, et qui, Damon et Pythias de tant de mélodrames, s'obstinent tous deux à vouloir mourir l'un pour l'autre ? Faut-il analyser une telle pauvreté ?... La chose se passe en Bretagne, dans une ville assiégée, pendant cette inépuisable révolution où tout ce qui n'a pas d'idées pour un drame va présentement en chercher une... Les Bleus apprennent qu'un chef vendéen s'est introduit dans la ville et dans une maison de la ville, et il se trouve qu'au lieu d'un il y en a deux : le comte de Kerviler et André Moriac, les deux amis ; l'un, l'amant, et l'autre, le mari de la comtesse qui les cache. Pris, c'est à qui mourra l'un pour l'autre. Ancienne rubrique de générosité qui fait toujours son effet sur cet imbécille de public ! Un traître, mais un bon traître, car il y a le bon traître et le mauvais traître dans les mélodrames, les fait évader tous les deux. Éternelle évasion prévue, et vieille comme les ponts, les ponts sur lesquels le public passe toujours avec le même plaisir ! et de ces deux qui voulaient tout à l'heure mourir l'un pour l'autre et qui sont ajustés par les éternelles sentinelles, toujours là pour tirer dans ces éternelles évasions, l'un se sauve et l'autre, blessé, revient sur la scène pour mourir.

Ecco la cosa ! Tel est le *corpus mortuum* de ce drame, qui n'a d'originalité et d'existence que par la confession, cette confession qui n'est ni catholique, ni nécessaire, si ce n'est pour dévoiler un adultère qui pourrait très bien rester caché sans elle, et pour montrer, devant les fils dégénérés des Gaulois, qui autrefois aimaient à rire, un solennel cocu faisant fonction de prêtre et donnant l'absolution suprême à son copain de cocufié !

IV

Certes ! cette pièce nouvelle de M. Ernest Legouvé, par elle-même, ne nous étonne pas. Elle laisse parfaitement M. E. Legouvé à la place qu'il occupe et qu'il n'a jamais cessé d'occuper parmi les auteurs dramatiques de son temps. Mais elle a cela de nouveau et d'inattendu qu'elle renverse toutes les idées et toutes les traditions théâtrales sur ce personnage, jusqu'ici comique au théâtre, et que Molière, qui n'était pas bégueule, appelle nettement : « le cocu ». Le cocu de Molière n'est plus drôle, maintenant : il est superbe ; et Molière ne le reconnaîtrait pas. On lui a doré ses cornes comme à Moïse, et on en a fait deux rayons ! Être cocu, comment donc ? mais c'est une position sociale, quand ce n'est pas une situation héroïque !... Mme Sand, dont la statue est au Théâtre-Français, a écrit *Jacques*, — le grand cocu dévoué qui se tue pour que sa femme, qu'il aime, puisse épouser son amant, — le tour de force de l'amour conjugal ! Le comte de Kerviler de M. Legouvé est un *Jacques* religieux et catholique, tout aussi incompréhensible à ceux qui connaissent la nature humaine que le *Jacques* philosophique de

Mme Sand, laquelle, de son vivant, aurait probablement bien voulu un mari comme ça !... Ce personnage du cocu a fort gagné au progrès de nos mœurs. Il est devenu un pontife... Il dit en mourant à sa femme : « Oubliez-moi pour celui qui reste », ne voulant pas que dans le lit que sa mort va lui faire, sa pensée, à lui, se glisse dans ses draps, à elle, pour lui reprocher de les souiller. Dans ce temps de *libre pensée,* il y a des gens qui appellent cela de la magnanimité. Mais moi, j'appelle cela de l'ignominie !

Les pauvres acteurs du Théâtre-Français qui ont joué cela, et que je plains de toute mon âme, ont montré le talent qu'ils montrent presque toujours quand ils jouent une pièce de leur temps. Le génie seul d'un autre temps les dépayse... Febvre, qui jouait le comte de Kerviler, de tenue très grave, très simple et très digne, avait une perruque blonde à torrents de cheveux blancs sur les tempes, contrastant par leur blancheur avec ses épais sourcils noirs dans sa figure pâle, qui donnait à sa tête carrée, qu'il porte très bien, un grand et touchant caractère. Cette perruque léonine, qui faisait crinière et qui n'a pas été applaudie, était assurément la chose la plus réussie de la pièce. M. Legouvé, tout académicien qu'il soit, a été enfoncé par le perruquier qui a trouvé cette perruque de génie, et qui mériterait bien d'être le perruquier de l'Institut.

Ils y gagneraient tous ! Mlle Dudlay, prise dans un fourreau bleu à pèlerine, comme dans une gaîne, a sacrifié sa taille au costume du temps, qui en avait cependant d'autres plus gracieux qu'elle pouvait choisir. Elle a joué son rôle avec une résolution qui allait bien à sa figure, un peu coupante de profil et volontaire de menton. Elle a montré du talent. Mais pourquoi imite-t-elle Mlle Sarah Bernhardt, et jusqu'à la voix ? Je l'en avertis parce que je voudrais l'aimer pour elle seule, non pas pour deux. C'est Worms qui jouait l'amant de la comtesse. Il l'a joué avec beaucoup de flamme, mais avec trop de saccades et trop de mouvements heurtés dans son jeu. Qu'il se coule de l'huile dans ses articulations, et que ce que je lui dis là lui en mette !... Comme il fallait que tout fût apocryphe dans la confession catholique de M. Legouvé, Worms, ce singulier pénitent, et Febvre, ce singulier prêtre, se sont, l'un pour se confesser et l'autre pour l'entendre, assis à une table, en face l'un de l'autre, sans aucune façon, et Worms s'est confessé, ma foi ! les coudes sur la table, et ne s'est jeté sur les genoux que quand le nom, qui le secouait, de la comtesse, l'y a fait tomber. Toujours inexpert dans son catholicisme, M. Legouvé s'est imaginé qu'à confesse nous étions obligés de dire le nom des femmes avec qui nous avions péché ; mais l'Église n'est pas si indiscrète que cela ! Seulement, il fallait que le nom de la comtesse fût dit ou deviné pour que le comte, redevenu mari et furieux sous la piqûre de taon du cocuage, fût ramené à la miséricorde par cette exclamation : « Mon père! » qui lui a rappelé le confesseur...

Misérable pièce, en somme, qui n'a qu'une qualité, c'est d'être courte et de ne pas durer, — et qu'ils ont pourtant, au Théâtre-Français, l'impertinence d'appeler de ce long mot : « Une *première représentation !* »

LE PÈRE PRODIGUE

22 Novembre 1880.

I

J'aurais voulu, pour mon début au *Triboulet*, une première représentation à vous offrir, — mais les premières représentations, il faut en désespérer ! Elles sont rares maintenant, et elles vont le devenir de plus en plus... Je parle des premières représentations... littéraires, bien entendu. Les exhibitions à grand tapage, comme le *Michel Strogoff* qu'on vient de jouer, ne sont pas, pour ceux qui croient encore au théâtre dans ce temps athée à tant de choses, ce qu'on peut appeler intellectuellement des premières représentations. Cela ne *représente* que d'abominables spéculations sur la bêtise du matérialisme universel et contemporain, qui aime à se régaler de choses bêtes, pourvu qu'on les assaisonne des décors, des costumes et des nudités d'un spectacle fait uniquement pour les yeux, — il faut bien le dire, de tous nos organes le plus bête ! Mais des premières représentations dans le sens élevé de l'Art dramatique, nous sommes à la veille d'en manquer. Nous avons des amuseurs publics, — quand ils amusent, toutefois, — mais d'artistes dramatiques dignes de ce nom, cherchez cette aiguille d'or dans la botte de foin des sottises et des platitudes du théâtre actuel ! Ceux qui ont été cette aiguille d'or ont perdu leur pointe...

Ils se sont émoussés. M. Émile Augier, même pour ceux qui l'ont cru le plus fort du temps et qui l'appellent le *grand* Augier :

Lui disant tout Cyrus, dans *leurs* longs compliments,

M. Émile Augier a vieilli et ses reprises valent mieux à présent que ses premières représentations. M. Sardou ne vit plus guères que sur son passé ; il ne convulse plus les foules comme au temps de *Patrie,* ce convulsif, maintenant, à lui tout seul !

Quant à M. Alexandre Dumas, évidemment l'Octave de ce triumvirat, qui nous promet cependant une première représentation pour cet hiver, il se sent tellement au bout de son petit rouleau dramatique que, dans la préface d'une de ses dernières pièces, il nous a fait mélancoliquement ses adieux. Était-ce là de la comédie encore ?... ou, ce que je crois, l'épuisement d'un esprit qui n'eût jamais ni l'abondance, ni le bouillonnement, ni le trop plein. Voici les *Trois Mousquetaires* de la scène, mais ils en sont à *Trente ans après !*... Seul, M. Gondinet, venu après eux, le *petit Gondinet,* vit encore ; mais M. Gondinet (singulier nom pour un Hercule !) aura-t-il les reins assez fermes pour soutenir les frises de ce théâtre que des cariatides fatiguées comme MM. Dumas, Augier et Sardou, menacent de laisser tomber ? Sortirons-nous, grâce à lui, de ce maigre régime forcé des reprises pour rentrer dans le régime plantureux des premières représentations ?...

Toujours est-il que le Vaudeville n'ayant pas plus que les autres théâtres de vraie première représentation à nous donner pour l'ouverture de cet hiver, l'a remplacée par une reprise. Il a cru que cette reprise lui serait heureuse comme celle des *Lionnes pauvres,* qui fut si éclatante. Ce charmant théâtre du Vaudeville, que j'ai appelé, moi, un jour, le véritable **Théâtre-Français** (l'autre n'est le premier que par politesse, — la politesse que l'on doit à toute vieille femme par toute la terre), ce charmant et intelligent théâtre, qui a des acteurs comme Dupuis, par exemple, lequel n'est pas au Théâtre-Français et s'en venge en restant au Vaudeville, a voulu faire comme un pendant à son succès des *Lionnes pauvres*, et ce succès, il l'a obtenu... Et s'il y a des différences entre ces deux succès, ces différences ne tiennent nullement au jeu de ses excellents acteurs, mais elles tiennent à la pièce même qu'ils viennent de jouer.

Le Père prodigue est, en effet, très au-dessous des *Lionnes pauvres* par le talent. Le talent de M. Alexandre Dumas ne se discute pas. Il est hors de conteste. Il en a, certes ! Mais c'est la qualité et la quotité de ce talent sur lesquelles j'oserais discuter. Selon moi, l'opinion lui en donne trop. On se précipite de ce côté mais on en reviendra, et, d'ailleurs, peu m'importe ! Je n'y serai jamais allé... Inférieur donc à MM. Foussier et Augier dans *les Lionnes pauvres*, M. Alexandre Dumas n'a pas, comme eux, passionné le public à cette reprise que je viens de voir. Nous avons, tous, été bien tranquilles... et si, en dehors des applaudissements dus au jeu des acteurs, il y a eu des applaudissements pour la pièce, qu'on le sache bien ! c'est le préjugé favorable à M. Dumas, c'est ce tout-puissant préjugé qui applaudissait.

Et qui y allait même d'une main assez morte... Pas d'ivresse, pas d'entraînement, pas d'enthousiasme ! On faisait son devoir... On applaudissait de tradition ce qu'on avait applaudi autrefois. C'était aussi... une reprise d'applaudissements.

II

Je ne raconterai pas la pièce. A quoi bon ! Raconter une pièce, c'est bon, cela, pour une première représentation ; mais quand une pièce a plus de vingt ans de succès et de publicité sur la tête, quand tout le monde l'a lue, si tout le monde ne l'a pas vu jouer, — car M. Dumas est un classique, — du moins un classique momentané, — la raconter n'apprendrait rien à personne. Les feuilletonistes sans idées peuvent seuls s'attarder à ces besognes inutiles. Mais quand il s'agit du renouveau, d'une reprise, la Critique n'a pas autre chose à faire que de noter les impressions d'une représentation donnée à vingt ans de la première, — et ces impressions, je viens de dire ce qu'elles ont été... Quant à la pièce elle-même, qui, comme l'a caractérisée un critique avec un juste bonheur d'expression, n'est qu'un pilotage plus ou moins habile à travers beaucoup de difficultés, elle n'a pris ni secoué énergiquement personne par la force intrinsèque de l'idée qui était en elle. Il peut se rencontrer, en effet, de ces vieux mauvais sujets qui ont gardé la bonté et la grâce du cœur au milieu des excès et des désordres de la vie, et même les comédies en sont pleines. Mais il fallait donner de la vigueur à ce type-là, et ce qui manque au *Père prodigue* de M. Dumas, c'est précisément l'originalité. Le *Père prodigue* n'est que l'idée retournée, l'antithèse, de l'*Avare* de Molière. Seulement, l'*Avare* est la proie de deux passions contraires qui le tiraillent en sens inverse et lui font faire ces admirables grimaces qui sont le comique de l'animal humain dans toute sa profondeur, tandis que le *Père prodigue* de M. Dumas n'est pas, lui, une double proie, une proie partagée entre deux passions dévorantes. Il est entre l'amour paternel, qui n'est qu'un sentiment, et un amour pour une femme qu'évidemment il n'aime pas mais qu'il croit aimer, le léger bonhomme !

S'il l'aimait réellement, il y aurait drame, et il n'y en pas. Il n'y a qu'un faux drame. M. Dumas, qui se pique d'être un moraliste, ne doit pas ignorer que l'âge de son *Père prodigue*, qui a cinquante ans, est l'âge terrible pour les passions, quand elles durent encore, et qu'on ne cède pas si aisément la femme qu'on a l'horrible malheur d'aimer, à son fils, parce qu'on a entendu, en écoutant à la porte, que ce garçon a eu un goût d'enfance qui se réveille pour la jeune fille que, lui, le père, tout à l'heure encore, voulait épouser !! C'était ce sacrifice de la femme aimée par un de ces hommes dont un autre moraliste, mieux renseigné que M. Dumas, a dit que « la punition de ceux qui ont aimé les femmes, « c'est de les aimer toujours » ; c'était ce sacrifice, puisque M. Dumas, impropre aux comédies, faisait un drame, qu'il aurait pu faire déchirant et sublime, mais à la condition que le père aurait arraché la femme de son cœur et l'eût donnée toute saignante du sang de son cœur à son fils ! Mais, ici, ni arrachement, ni cœur qui saigne. Il y a seulement deux ou trois larmes de cet homme humide qui ne sait que pleuroter et baisoter son fils, en le prenant par la tête, tout le long de la pièce, et c'est tout ! Aussi, un attendrissement à si bon marché ne nous atteint ni ne nous touche de ce choc électrique qui est la force du génie, soit que l'auteur dramatique veuille nous faire rire ou nous faire pleurer. M. Dumas ne nous a donné dans sa pièce que le *Philibert*, le *mauvais sujet* de tous les opéras comiques, et il fallait faire de son père prodigue quelque chose qui l'eût relevé de son avilissement de père ; car le père est perpétuellement avili dans sa pièce, et il n'y reste que le *mauvaise tête et bon cœur* des comédies les plus vulgaires. Après cela, que M. Dumas ait mis autour du tronc creux de sa pauvre corruption des guirlandes et des entrelacements d'habileté, de difficultés vaincues et de détails heureux, sur lesquels les critiques qui ont la religion de son talent exécuteront des morceaux d'ensemble à quatre mains ou ventre à terre, sa pièce n'en sera pas moins frappée au cœur de ce seul coup de hache. Il n'est pas besoin d'en donner deux !

Avili et ridicule. Voilà son *Père prodigue !* Mais les critiques ne verront pas cela ! Ils verront à côté. Ils verront ce qu'ils voient toujours quand il s'agit de M. Alexandre Dumas. Ils verront et vanteront ce qu'ils adorent et ce que le matérialisme, auquel tous les arts sont maintenant en proie, estime plus fort que tout : la *science des planches*, — comme cela se dit, — les rubriques du métier, l'art d'escamoter la muscade de la difficulté, et les mots, ah ! surtout les mots, sur lesquels M. Dumas se retire toujours. Ce sont les mots qui, pour bien des gens, sauvent ses pièces. Les mots de M. Dumas sont comme les mots de M. de Talleyrand. Quand il fait : *oh !* ou ; *ah !* c'est un mot, comme pour Talleyrand.

A cette reprise du *Père prodigue* qui ne nous chauffait pas beaucoup le diaphragme, j'ai entendu derrière moi : « Vous avez beau dire, il y a des « mots ! » Il prenait bien son temps, celui qui disait cela ! Dans cette pièce en cinq actes, qui a duré jusqu'à une heure du matin, savez-vous combien j'ai compté de ces mots qui sont les grenades de ce formidable grenadier d'esprit qu'on appelle M. Alexandre Dumas ? Vous ne vous en douteriez jamais ! J'en ai compté *sept*. Sept pour cinq actes ! Ce n'est pas une pluie.

Et je suis capable de vous les citer. Tenez ! les voici ; comptez comme moi : 1° « Le second mouve-« ment est bon chez toi, ainsi tu devrais commencer « par celui-là. » 2° « Le cœur est encore l'étoffe qui « se déchire le plus facilement et qui se raccommode « le plus vite. » 3° « Pourquoi n'aimerait-on pas sa « femme ? on aime bien celle d'un autre ! » 4° « C'est « (en parlant d'une femme facile qui n'accueillerait « pas tout le monde), c'est comme si vous disiez que « le chemin de fer ne veut pas de voyageurs. » (Par parenthèse, celui-là semble inspiré d'un autre plus grand, de Lamennais, qui avait de l'esprit comme s'il n'avait pas eu du génie. En parlant de l'infécondité des courtisanes, il disait : « Les grandes routes sont « stériles. » 5° Ce qu'il y a de plus triste, ce n'est pas « d'être vieux, c'est de ne plus être jeune. » 6° « Qui « est-ce qui n'est pas le domestique de quelqu'un ? » Et 7°, enfin : « Il faut tuer le veau gras, autrement il « va mourir de vieillesse. » Et nous voilà au bout de ce collier à sept perles. Voilà tout ce que j'ai trouvé, en cherchant bien, dans ce vaste coffre de cinq actes ! Sept mots ! pas un de plus ! Ils peuvent chanter la ballade de Wordsworth : « Nous sommes « sept. » Sur ces sept, il y en a qui sont absurdes, d'autres cyniques. C'est égal ! on les a savourés tous avec les petits frémissements de la friandise heureuse. On leur a fait risette. Pour le public de ce soir, — tout est relatif, — ils étaient spirituels et gais. Mais si le prince de Ligne ou Rivarol avaient été là, auraient-ils ri, eux ?...

III

Les acteurs ont joué excellemment cette reprise. Dupuis, qui faisait le père prodigue, a été prodigue de talent. Il a, par le ton, l'aisance et la distinction de son jeu, fait oublier la situation abaissée de ce père, petit garçon devant son fils. Avec Dupuis, on l'aime presque. Sans Dupuis, on le mépriserait. Abominable de difficulté, le personnage de ce vieux libertin, sensuellement bon, qui gâte la paternité à force de tendresse et se fait presque mettre en curatelle par l'irrespectueuse tendresse d'un enfant qu'il a mal élevé ! Il fallait être Dupuis pour ne pas succomber sous cet affreux rôle, pour ne pas se noyer dans les larmes de ce père pleurard, — ce serait le vrai nom de la pièce, — et pour sécher par de la gaîté et de la bonne humeur ce rôle trop mouillé. Dans sa partie *sèche*,

Dupuis est à la fois rond et noble, — ce que n'est pas toujours la rondeur ! — et quoiqu'il endoctrine les petits jeunes gens actuels et leur prêche les jeunes gens d'autrefois, il n'a pas été pédant une minute dans cette pièce où les pédants et les pédantismes foisonnent. En effet, tout le monde pédantise dans *le Père prodigue*. Le fils est un insupportable pédant vis-à-vis de son père, et même vis-à-vis de la jeune fille qu'il épouse. Il professe l'amour avec elle, comme elle, avant d'être mariée, professe le mariage. Tous conférenciers, qui se jettent alternativement à la figure leurs petites conférences !

M. Alexandre Dumas, qui a fait professer la physiologie à un notaire (je crois) dans une de ses dernières pièces, est le grand conférencier théâtral... de ce temps de conférenciers ! Dupuis a tant d'élégance et de mondanité dans sa personne qu'il échappe aux influences et aux inconvénients des pièces de M. Dumas, et M. Dumas en est bien heureux !

Après le rôle du père prodigue, le plus important est celui de la courtisane qui place son argent et se *fait des rentes* (comme elle dirait), ce type particulier à notre siècle... Et c'est Mlle Pierson qui le joue, avec une telle perfection de vérité cruelle qu'on se surprend à la haïr, malgré cette beauté qui devrait inspirer le contraire. Jamais plus suave visage n'a masqué d'âme plus basse et plus atroce. C'est à terrasser Lavater.

Cette tire-lire si voluptueusement sculptée en femme, qui se tend aux écus qu'on y met avec une avidité que ne connaissent pas les autres tire-lires, est tout à la fois hideuse et charmante ! Pour Mlle Réjane, qui joue la jeune fille cédée avec tant de facilité par le père à son fils, ce n'est plus la profonde vipère des *Lionnes pauvres*, mais c'est le visage et la taille les plus faits que je sache pour le drame, quand on en fera de vivants. Dans ce fourreau si fin et si flexible, il y a de l'acier dramatique pour plus tard, et l'acier sortira !

C'est la faute de M. Alexandre Dumas s'il n'est pas sorti dans *le Père prodigue*, où il n'y a pas de rôle pour elle et où elle est condamnée à l'ingénuité d'une jeune première, elle qui, dans *les Lionnes pauvres*, valait mieux que cela !

ODÉON

M. Mounet — Début dans « Andromaque »

29 Novembre 1880.

I

Début de M. Mounet ! *Triboulet* n'a que cela, cette semaine, à se mettre sous la dent, — cette dent joyeuse qui voudrait bien un peu rire... Au lieu d'une pièce nouvelle, un homme neuf ! Au lieu d'actes, un acteur ! Mais quand l'acteur est bon, c'est déjà quelque chose. Je suis de ceux qui pensent que dans l'état d'épuisement de l'Art dramatique, l'acteur vaut la pièce, quand il ne vaut pas mieux, — à part le génie, sans nul doute, qu'il faut toujours mettre à part, et qui, d'ailleurs, s'y met bien tout seul, le brigand ! Évidemment le Mounet d'hier soir ne vaut pas Racine, mais s'il jouait tout autre que Racine, peut-être vaudrait-il mieux que l'auteur qu'il jouerait. Avec un mot (un seul !),

Talma enleva cette platitude de *Manlius*, restée sans lui une platitude, et, après lui, retombée à plat... Voilà ce qui donne à tout début d'acteur ou d'actrice un intérêt de première représentation. Leur début, c'est leur *première*, à eux. C'est la première représentation d'une terrible pièce : de tout leur avenir, de toute leur vie en une fois. Le début, enfin, c'est la promesse certaine, c'est l'augure absolu qui ne trompe pas. Il n'est pas d'exemple, que je sache, dans l'histoire du théâtre, que le début d'un grand artiste ait jamais été un coup manqué... Sans l'étincelle du début il n'y aurait jamais de flamme, et quand elle n'y est pas, on peut souffler ! l'acteur travaillerait toute sa vie comme un beau diable qu'il ne serait jamais le beau diable qu'il faut être pour être un acteur.

Il ne serait jamais — horrible chose que cette chose honorable ! — qu'un acteur *tiré par les cheveux...*

II

Le Mounet d'hier soir a déjà débuté, dans *les Horaces*, je crois, où je ne l'ai pas vu ; car j'arrive dans le feuilleton et j'y donne aussi mes premières représentations.

M. Mounet est le frère de cet autre Mounet, qui s'appelle Sully, par dessus le marché, joue à la Comédie-Française et n'en est plus à ses débuts. Le Mounet de l'Odéon rappelle beaucoup, dit-on, le Mounet du Théâtre-Français. Ils sont les Ménechmes l'un de l'autre, à ce qu'il paraît, et même ils sont Ménechmes aussi de vocation dramatique. On disait autour de moi, hier, à l'Odéon, que le Mounet sans Sully s'était allumé au feu de son frère, le Mounet-Sully, et que, docteur en médecine, ayant passé ses examens et ses thèses, comme une jeune demoiselle, car les demoiselles passent maintenant des thèses et des hommes qui ne sont pas absolument bêtes les leur font passer, il avait renoncé généreusement à être Dupuytren pour se faire ambitieusement Talma. C'est déjà, du reste, imiter par un bout Talma, ce glorieux fils de dentiste qui répudia le métier de son père pour jouer la tragédie, que de laisser là tout un petit paquet de science acquise pour se faire un talent que peut-être on n'acquerra pas... Ici l'analogie s'arrête. Talma débuta dans le Narcisse de *Britannicus,* comme, hier soir, M. Mounet n'a pas tout à fait débuté dans Oreste. D'un autre côté, l'époque de Talma ne ressemble pas plus à l'époque de M. Mounet que le talent de M. Mounet ne ressemble au talent de Talma. Au temps de Talma, on était dur aux débutants, et à présent on leur est très doux. Il est vrai qu'il y avait, au temps de Talma, de très grands acteurs à la Comédie-Française, et que, jaloux comme des artistes, ils firent phalange macédonienne contre Talma, qui les épouvantait de son génie, lequel perçait les plus modestes rôles et qu'on voyait comme on voit l'incendie intérieur par dessous une porte fermée. On comprend bien qu'alors on jetât le rôle de Narcisse à qui, plus tard, devait tout écraser en jouant Néron... Aujourd'hui, les acteurs qui ne sont que bons sont très rares. Le pauvre grand Talma n'avait pas de frère pour mettre à son service ses influences personnelles. Et probablement le premier jour qu'il joua il n'entendit pas mugir son nom, à lui qui devait être l'Empereur du Théâtre comme Napoléon l'Empereur de la France, ainsi qu'on a mugi aux premières galeries le nom de Mounet hier soir !

Mais je n'ai rien à dire à ceux qui applaudissent. J'aime l'enthousiasme comme on aime une jolie femme. Cependant, je ne les veux ni l'un ni l'autre par trop faciles... L'enthousiasme juvénile d'hier m'a semblé dépasser un peu le talent qui l'inspirait. Mais c'était peut-être l'École de médecine qui applaudissait.

III

Le frère de M. Mounet-Sully, M. Mounet tout court de l'Odéon, trouvé généralement très beau, — ce qui est, hélas! pour les profils, la même chose que de l'être, — M. Mounet est un assez beau gars, et je dis gars parce que ce mot-là dit bien son genre de beauté, qui est robuste plus qu'idéale. Il a des bras d'un galbe puissant, mais très peu patriciens, et ses mains ne sont pas *suzeraines*, comme dirait Lord Byron, et il en écarquille trop les doigts, quand il est ému. Qu'il les laisse tranquilles! Pour être laides, elles n'ont pas besoin de grimacer. De stature, il est grand, et dans sa robe de Grec il aurait de la tournure, s'il n'écarquillait pas ses jambes comme ses doigts, — attitude de vieux postillon à pied que la robe dissimule, mais que les pieds écartés trahissent. Sa voix manque d'éclat comme son geste manque de noblesse. Il se travaille pour l'avoir, cette noblesse, mais il ne l'attrape pas, et quand on joue le *fils d'Agamemnon*, il faudrait l'attraper, ou l'on reste attrapé soi-même! Le visage, d'une pâleur fatale, mais probablement *voulue*, a la ligne droite qu'on aime dans le visage des Grecs ; mais le nez trop épais n'a pas la finesse du camée. C'est un camée infortuné. Pour achever le portrait de l'acteur physique, il était mal costumé. Il avait une affreuse et banale robe blanche, qui le faisait ressembler au grand prêtre qui chante, à l'Opéra-Comique, dans *la Flûte enchantée* de Mozart ; mais ce qu'il chante, lui, n'est pas de la *Flûte enchantée*.

Son débit n'enchante pas. Il dit ses vers pompeusement et médiocrement, et ces vers sont si beaux qu'ils l'étaient hier encore, à l'Odéon, mâchonnés, hachés, traînaillés ou *volubilisés* par ce tas de bouches, qui mériteraient un autre nom. Je n'ai jamais entendu, sur aucun théâtre, un pareil barbouillage de vers. C'était à faire crier les poètes s'il y en avait eu dans la salle. Mais y en avait-il ? Dans tous les cas, ils ont silencieusement avalé cette douleur. La salle, en exceptant les mugissements du coin où j'étais, était assez morne au milieu de tous ces bredouillements tragiques. Chose singulière et frappante ! Toutes les femmes, pour saluer le triomphe *espéré* de leur beau Mounet, étaient en noir, comme pour un enterrement. Le hasard de leur robe avait plus d'esprit que leur espérance. Quelques-unes d'entre elles lisaient la pièce avec recueillement et piété. Elles avaient apporté Racine dans leur poche. Elles comprenaient mieux la lettre moulée en la lisant qu'en écoutant les acteurs, et, d'ailleurs, elles les voyaient moins, puisqu'elles lisaient. C'était naïf, mais spirituel !

IV

J'ai dit l'acteur physique, — la gaîne de l'acteur, — et maintenant en voici la lame. Je crains bien qu'il ne soit jamais qu'un de ces acteurs que j'ai appelés *tirés par les cheveux* : M. Mounet-Sully, qui a été, à ce qu'il paraît, détestable, a fini par se faire un petit talent, à la force du poignet, et dernièrement a joué assez proprement Achille. M. Mounet sans Sully sera peut-être encore par là le Ménechme de son frère. S'il n'a pas la vocation, il a la volonté. Or, il faut saluer toute bonne volonté dans un homme jeune qui sacrifie son état de médecin, péniblement acheté, au désir d'être un acteur de talent, — ce qui me paraît incertain. Dans *Andromaque*, M. Mounet a joué le rôle d'Oreste sans ce grand caractère de fatalité qui devrait planer déjà sur le front de l'homme qui tuera sa mère et qui a dans le cœur déjà la furie d'un amour qui attend les autres Furies qui vont venir, et il a manqué, comme tous les autres de ces acteurs, véritablement prodigieux dans le mauvais, les nuances d'un rôle qui en a tant sous la plume brûlante et pourtant nuancée de Racine. Dans la scène où Talma était d'une sublimité qui faisait voir des étoiles sur son front à Mme de Staël, et qui nous les fait rêver, à nous qui ne les avons pas vues, il n'a rien trouvé de nouveau, — ni même reproduit ou *essayé de reproduire* ce qu'on raconte de l'invention du génie de Talma.

Quand il a dit ces vers :

Mon innocence enfin commence à me peser,

c'était l'impossibilité de bien dire qui pesait sur lui, et dans un autre sens, c'était une innocence. Au fameux vers :

Eh bien, je suis content et mon sort est rempli !

on n'a pas entendu l'éclat de rire — cet éclat de rire à la figure du destin — que j'attendais ; et la tradition qu'un acteur qui a du génie doit fouler aux pieds, la tradition, même la tradition protectrice de la médiocrité, a été trahie. Quand je dis pourtant que M. Mounet n'a rien inventé, je me trompe... Il a inventé la pirouette du toton qui tourne sur lui-même pour éviter les ruisseaux de sang qu'il voit couler autour de lui dans son égarement. Il a pivoté comme les frères Conrad l'auraient fait au

Cirque ; mais j'aime mieux les frères Conrad. Ils sont plus en situation. Cette pirouette, qui devra s'appeler désormais la « pirouette dramatique », M. Mounet l'a exécutée avec un tel mouvement de clown, un tel *lancé* de toupie, que ses admirateurs transportés ont applaudi à outrance.

Une jeune fille que j'avais près de moi et qui s'était ennuyée jusque-là, a battu de ses deux gants noirs qu'elle a fendus, à cette pirouette, — une invitation à la valse, — et comme le chien atteint par la table tournante qui saute par la fenêtre, tourne dans la rue, elle aurait, si elle n'avait pas été assise, ma parole d'honneur ! pirouetté.

V

Telle a été l'impression des autres et la mienne. En somme, représentation triste, coupée par les mugissements de ces aimables jeunes veaux de la camaraderie obligeante. M. Mounet est sans excuse de n'avoir pas été meilleur au milieu de ces repoussoirs superbes sur lesquels il pouvait si facilement ressortir. C'était Mlle Devoyod qui jouait l'éplorée Andromaque. Elle en a fait un mouchoir de poche, trempé des larmes du rhume de son cerveau marécageux. Je ne sais pas le nom de l'acteur qui faisait Pyrrhus, et je crois que je ne l'apprendrai jamais ; c'est un gros garçon toujours furieux qui joue ce Pyrrhus indolent et charmant, comme l'a peint Girodet, le seul interprète de Racine, dans la pose nonchalante et lassée de l'homme aimé que la femme qui l'aime ennuie... Quant à Hermione, — il y a eu une femme qui a osé se mettre dans la robe qu'a portée Rachel ; mais je ne la nommerai pas, et j'étendrai, par charité, cette robe de Rachel sur son nom.

LES BRAVES GENS

6 Décembre 1880.

I

On sort de cette pièce avec un estomac un peu lourd de vertu. On en a tant avalé ! *Les Braves Gens !* Ah ! il n'y en a même pas que dans la pièce. Il y en avait, ce soir-là, partout. On pullulait de braves gens, on en débordait ! Il y en avait sur la scène, pour jouer bravement cette brave et honnête pièce. Il y en avait dans la salle, pour l'applaudir bravement et honnêtement, et il y avait aussi dans la coulisse un brave homme, qui s'attendait à des bravos, lesquels ne sont pas bravement venus, mais qui n'aurait eu rien du tout s'il n'avait pas été un si brave homme, aimé de tant de si braves gens, lesquels n'ont pas, ce soir-là, pu pour lui grand'chose, quoiqu'ils aient fait ce qu'ils ont pu... Ç'a été une bénédiction ! J'ai constaté une chose étrange et plus haute que le succès d'une pièce : c'est le succès de l'auteur, malgré sa pièce, et le goût très vif d'un public pour un homme qui, ce soir-là, positivement l'ennuyait. J'ai constaté cette chose infiniment touchante que tout le long, le long de cette pièce qui n'intéresse pas, on était triste de ne pas s'y intéresser davantage. On aurait voulu la trouver meilleure, mais on ne pouvait pas !! Tout autre que M. Gondinet, qui donnait à toute une salle un accès de regret, tout autre que ce bien-aimé du public nous nous aurait jeté au nez une pièce comme la sienne, que l'aurions appelée une mauvaise pièce, et que, pour elle, nous n'aurions été que de mauvaises gens. Eh bien, sur l'honneur ! c'est peut-être sans exemple dans l'histoire du Théâtre, que l'insuccès d'une pièce ait été un malheur plus grand pour le public que pour l'auteur ! Pendant la représentation de ces *Braves Gens,* nous prenions le deuil à chaque acte. A chaque acte, le crêpe s'épaississait. Les plongeurs des couloirs et du foyer venaient, dans l'entre-deux des actes, vous dire, consternés : « Cela ne va pas bien ; « la salle est navrée! » (*textuel*). Et pas de doute que si la pièce avait *chuté,* ce qui n'eût été, après tout, qu'une chute pour l'auteur, aurait été, pour cet aimable public de braves gens, une catastrophe !

Mais la pièce n'a pas chuté. Non ! Elle s'est soutenue. Elle a bien un peu clopiné, mais elle s'est soutenue, grâce à ce nom de Gondinet, qui n'a pas été, ce soir-là, comme Masséna, *le favori de la Victoire,* mais qui a été le favori du public, sans la Victoire... Le nom seul de M. Gondinet a été le liège qui l'a retenue sur l'eau et l'a empêchée de sombrer.

II

Après cela faudra-t-il donc recommencer la tristesse de vendredi soir, au Gymnase, et la faire passer dans l'esprit de ceux qui vont lire ce feuilleton en leur racontant cette pièce des *Braves Gens,* aux intentions vertueuses, mais avortées ? C'est là une question et c'est un embarras ! Je n'ai pas, moi, l'honneur d'être de ceux-là à qui M. Gondinet a eu la précaution d'envoyer à l'avance le manuscrit de sa pièce, pour la leur faire mieux comprendre, le galant homme ! et la leur donner à déchiffrer comme un hiéroglyphe. Moi, je suis avec les croquants. Moi, je n'ai vu *les Braves Gens* qu'à la scène et dans l'atmosphère du théâtre ; mais de là, j'ose déclarer qu'elle est *inénarrable...* C'est une confusion de choses et d'évènements tellement mêlés et embrouillés les uns dans les autres, qu'on s'y perd, corps et biens, et que l'intelligence de ceux qui l'écoutaient vendredi s'y était perdue.

Certes ! on me permettra de le dire, personne de nous ne s'attendait à une très forte comédie venant de M. Gondinet, cet agréable dessinateur de vignettes dramatiques. Personne de nous ne s'attendait, de cette plume taillée fin, à quelque type profond, fouillé et vivant, comme celui du grand honnête homme qui eût fait tout taire du vice et de la bassesse humaine devant lui, puisqu'on voulait, une fois entre autres, donner raison à la vertu ! Mais, puisqu'on n'était capable que de mettre ce fier type-là en petite monnaie pour en faire les *braves gens* que voici, il fallait, du moins, donner à ces braves gens de l'originalité, de la tournure, du caractère, et les sortir de la tourbe vulgaire des imbécilles. Or, ils le sont tous, dans la pièce de M. Gondinet. Un vil coquin de bas étage et une coquine plus vile encore, les jouent et les rou'ent avec la plus grande facilité, ces braves gens innocents, bons enfants, *grands enfants,* et c'est un troisième coquin qui les sauve, sans qu'aucun d'eux ait jamais rien fait pour cela ! Les *braves gens* de M. Gondinet, de cette comédie larmoyante, où les circonstances sont encore plus communes que les personnages, ont pour fond le testament incompréhensible d'un homme qui n'a jamais vu ni connu la femme qu'il a instituée sa légataire universelle, et refusé par cette légataire pénétrante qui a deviné que ce testament cachait un fidéicommis... Refusé donc par cette généreuse légataire, ce testament est accepté sans hésitation par la jeune fille à qui elle le repasse, et qui le prend, aussi naïve que M. Gondinet qui ne devrait pas l'être; car elle est mineure (on le dit dans la pièce) et elle n'a pas le droit de l'accepter. Ici, quelques notaires murmuraient, dans leur coin. C'est sur cette idée déjà trouble que M. Gondinet a construit sa pièce des *Braves Gens*, avec cette main qui n'a pas toujours manqué ses châteaux de cartes comme aujourd'hui, et sur ce fond *risqué* se sont ajoutés le *chantage*, le procès et toutes les rouseries des deux coquins, mâle et femelle, plus forts à eux deux que tous ces braves gens à eux tous ! et qui sont finalement sauvés par un troisième, qui, le croira-t-on ? ne paraît même pas dans la pièce et qui est la main de la Providence ; car Dieu met parfois, pour mieux attraper les autres, sa main dans la manche d'un coquin.

Et c'est tout ! Quoi, tout ? Oui ! tout, et, dans le développement que l'auteur donne à ses idées sans clarté, rien de clair, non plus, rien de péremptoire, rien de net. Indécise et confuse par elle-même, la pièce de M. Gondinet l'est par les détails. Elle a, à chaque instant, des encombrements, des longueurs, des obscurités. M. Gondinet a la fécondité dans l'inutile. Il invente jusqu'à des personnages qui n'ont aucune raison d'être... Par exemple, au lever du rideau, dans son drame, on aperçoit, dans le salon de cette famille qui représente les braves gens, une jeune personne très correcte, avec la robe d'un brun classique qui caractérise les institutrices ou les demoiselles de compagnie, et en la voyant nous avons tous cru que cette jeune personne était une pensée, un rêve d'avenir, une péripétie pour plus tard, un croissant qui ne montrait encore que ses cornes, mais qui, plus tard, s'arrondirait et deviendrait lune dans la pièce. Eh bien, M. Gondinet a fait un trou dans cette lune-là ! Elle a disparu. C'était une femme qui fuyait son mari, le coquin de la pièce, mais qui ne se rattachait nullement à l'action de la pièce et qui en était une superfétation inexplicable, qu'on pouvait sans inconvénient retrancher de la pièce comme on opère une loupe sur la tête d'un pauvre homme. Elle pouvait ne pas venir, comme le troisième coquin, qui ne vient pas et qu'on ne connaît que par une chute de cheval lointaine, racontée par la femme qui l'a ramassé et fait porter chez sa maîtresse, qui ne vient pas non plus ! invisible à son tour dans ce drame où l'invisible joue son rôle, et c'est peut-être le meilleur !

III

Les acteurs ont joué le leur, eux, avec plus d'ensemble que M. Gondinet n'en a mis dans sa pièce, et de manière à justifier cette thèse qui est la mienne et qui cherchera toujours ici des exemples pour l'appuyer : c'est qu'au théâtre le plus grand intérêt et la vie même ce sont les acteurs, les *transfuseurs* du sang de leur talent, quand ils en ont, dans les veines épuisées des vieux cadavres dramatiques. Mme Pasca doit être nommée la première. Elle fait la femme du colonel de Lorris et la mère de ses deux enfants, avec la sûreté et la maturité du talent le plus approfondi. Ses yeux, très battus, ce soir-là, lui allaient très bien. Pâle, mais blanche, d'une blancheur immaculée, comme la robe qu'elle porte aux derniers actes, avec son chaste ruban blanc autour de son cou, c'était bien l'albâtre à travers lequel on voit passer faiblement la vague lueur d'un amour secret et captif, brûlant tout au fond d'une vie pure... Mme Pasca n'a pas eu de peine à être plus grande que le rôle qu'elle jouait. Sa supériorité se débattait dans ce rôle si commun de mère qui réussit toujours à la scène, mais qu'elle a élargi à sa taille et dont elle a rompu l'étreignante médiocrité avec une émotion et une passion qui ont emporté le rôle écrit qu'elle avait à dire, comme une robuste Géorgienne fait, en se cambrant, éclater sa ceinture ! Elle et Saint-Germain ont été les seuls consolateurs de cette soirée morne et affligée de la perte de son Gondinet :

> J'ai perdu mon serviteur,
> J'ai perdu tout mon bonheur !

comme dit la chanson. Ce pauvre public ! Mme Pasca l'a fait pleurer et Saint-Germain l'a fait rire : c'étaient deux distractions ! Saint-Germain a joué l'homme d'affaires avec un museau de renard qui commence à être attaqué d'alopécie, une bassesse de cynisme et une goguenardise de vieux coquin incomparables. Il était enrhumé. Des critiques le lui ont reproché, comme si cet enrouement, qui faisait de sa voix le bruit d'*une scie dans du bois pourri*, ne convenait pas à la pourriture de son âme ! Ah ! les grands acteurs ! Les voilà ! Ils font, en eux, de tout une magie ! Saint-Germain est enroué ; Mme Pasca a les yeux battus : cela leur va bien ! Saint-Germain en est plus odieux ; Mme Pasca en est plus belle ! Les autres acteurs ne sont pas à l'unisson de ces deux-là, qui sont les colonnes torses du Gymnase. Cependant, entre eux, il y avait deux femmes qu'on remarquait encore : Mlle Léonide Leblanc et Mlle Magnier. Mlle Léonide Leblanc, quoiqu'elle ait perdu le sourire qui ouvrait le paradis autrefois et qu'elle ferme à présent, car elle cueille trop les lèvres d'une bouche qui ne demande qu'à s'épanouir (prenez garde à la grimace, mademoiselle !) ; et Mlle Magnier, ce charmant épervier, qui a joué le rôle d'une étourdie avec la volubilité et les mouvements d'un étourneau.

Il y a eu aussi pour M. Koning un triomphe dans cette défaite de M. Gondinet. Et c'était un salon, le délicieux salon, on peut dire chamarré de fleurs sur toutes les coutures ; car tous les angles en étaient brodés de guirlandes et le plafond semblait une corbeille renversée qui ne tombait pas. Faire du printemps une tapisserie, c'était à faire mourir M. Perrin de jalousie!

M. Koning a vaincu le grand tapissier du Théâtre-Français.

DIVORÇONS

Lundi, 13 Décembre 1880.

1

On comptait beaucoup sur cette pièce. C'était presque un coup d'état théâtral. M. Sardou (de l'Académie française) au Palais-Royal ! Il est vrai que c'est par le Palais-Royal que M. Labiche est entré à l'Académie française. M. Sardou, le favori du public, qui semble traîner toute la Comédie-Française à ses talons :

Rome n'est plus dans Rome ; elle est toute où je suis,

devait mettre, en s'y mettant, la Comédie-Française au Palais-Royal... C'était l'idée de tous. Les acteurs de ce soir-là tremblotant, les pauvres diables ! devant la majesté d'académicien de M. Sardou, se faisaient l'effet de débuter au Théâtre-Français. Un critique du lendemain a même comparé Daubray à Bressant. Eh bien, toutes ces illusions enchanteresses ont été très impertinemment souffletées par l'évènement ! Le Théâtre-Français n'a pas changé de place. Il n'a pas bougé. M. Sardou n'a pas eu la puissance de l'emporter avec lui comme une tente que l'on ploie et qu'on pique en terre où l'on veut. M. Sardou est entré au Palais-Royal comme tout le monde, sans en ébranler les fondements. Il ne l'a pas grandi pour y faire tenir sa personne. C'est lui, au contraire, qui s'est rapetissé, comme le Génie des Contes Arabes, pour mieux entrer dans cette bouteille. Au lieu de faire du Palais-Royal le Théâtre-Français, il s'est fait lui-même du Palais-Royal. Sa pièce d'aujourd'hui n'est qu'une pièce du Palais-Royal, et son succès même, son succès n'est que cette espèce de succès qu'on peut avoir au Palais-Royal.

II

Le sujet de la pièce valait mieux que cela. Certes ! le divorce valait la peine de faire une grande comédie, et puisque le théâtre a toujours la sempiternelle prétention de corriger les mœurs en riant, quelle plus belle occasion de rire des mœurs que d'imbécilles opinions veulent nous faire en introduisant le divorce dans nos vieilles mœurs, qui n'en veulent pas ! M. Sardou, dont la souplesse de singe est bien connue, et qui sait grimper, dans l'intérêt du succès de ses pièces, sur l'évènement ou l'idée qui passe, devait naturellement être tenté par ce sujet actuel du divorce, qui tapage dans l'imagination publique. Malheureusement, ce sujet du divorce demandait une tête à la Molière, une fécondité et une profondeur dans le comique que n'a jamais eues M. Sardou, aux *pattes de mouches*, et qui ne sait que pincer les hommes et les choses à la peau. Pour embrasser et tenir sous soi le sujet du divorce, cette forte monture, il fallait des jambes plus longues et plus solides que les siennes. Aussi est-ce en vue de ces jambes gringalettes qu'il l'a réduit à cette maigreur que nous avons eu le bonheur de contempler l'autre soir.

Et, en effet, il ne s'agit pas de flâner autour de cette pièce pour montrer qu'elle n'est qu'une piécette en trois actes du Palais-Royal, où il y en a de plus fortes sur des sujets moins forts ; — il suffira seulement de dire que de toutes les combinaisons que peut produire cette absurdité du divorce, dans une société qui a vécu des siècles sur l'idée de la famille et qui n'est pas encore désorganisée, quoi qu'on ait bien le projet de la désorganiser tout à fait, de toutes les combinaisons M. Sardou a pris la plus vulgaire, la plus facile à tout le monde, la plus sous sa main. Sa pièce entière ne repose que sur l'esprit de contradiction qui fait que l'homme préfère à ce qu'on lui donne, ce qu'on lui refuse.

C'est, par exemple, l'histoire de l'homme sédentaire qui ne veut pas garder les arrêts auxquels on l'a mis, mais qui, sa liberté rendue, les garde très bien sans qu'on l'y mette. Les époux du *Divorçons* de M. Sardou sont de ceux-là qui en ont assez du mariage tout le temps qu'il est indissoluble, — tout le temps qu'il implique cette grande idée d'éternité que les législateurs de génie ont mise dans leurs législations, sans souci de l'homme et de sa misérable sensibilité qui se plaint toujours, mais en vue de l'honneur des familles et de la olidité des races, — et, de cette rencontre facile d'époux comme il y en a tant, qui certainement n'est pas une découverte, M. Sardou a tiré tous les éléments d'une pièce sans caractère et où les situations peuvent seules être quelque chose. C'est exploiter la pauvreté ! Le premier acte de cette maigre comédie est consacré au spectacle commun et assez nauséabond d'un mari et d'une femme qui s'ennuient, qui se taquinent, qui ont assez l'un de l'autre et demandent le divorce à grands cris. Le second, c'est le divorce, qui, une fois promulgué, refait, non pas une virginité au mariage, comme l'amour à Marion Delorme, mais une espèce de nouveauté, — un regain d'agrément, — et le fait regretter à ces deux girouettes de la contradiction humaine quand ils ont obtenu le divorce, objet de leurs vœux ! *Toute* la pièce est dans cet acte *seul*. A rigoureusement parler, il n'y a pas de troisième acte. Il n'y a qu'un dénouement, et ce dénouement touche là a farce ! Voilà, en quelques mots, toute la pièce étreinte de M. Sardou. La voilà dans son fond, dans son invention, dans l'effort de l'auteur pour trouver... ce qu'il ne trouve pas ! Qu'on me permette le mot : franchement, c'est aussi bête que cela !

La seule hardiesse peut-être de cette comédie, qui paraît être une condamnation du divorce, — si on peut voir quelque chose dans l'opinion ou la conscience d'un auteur dramatique, toujours plus ou moins, mais toujours, la courtisane du public, — c'est d'avoir défendu une thèse morale avec des immoralités. C'est d'avoir bombardé le divorce avec des indécences grosses comme des obus. Seulement, cette hardiesse ne vient pas de M. Sardou. C'est le Palais-Royal qui l'a faite ! M. Sardou voulait être de la maison, et il en a été. Flexibilité des plus charmantes, M. Sardou n'a jamais été d'aucune manière un génie inquiétant d'audace. Comme moraliste, c'est un homme à l'unisson de cette morale publique qui fait l'entre-deux entre la femme facile et la bégueule. Mais, aujourd'hui, il s'est montré peut-être un peu trop du Palais-Royal... Il y entrait. Il a bien fait les choses : il s'est mis en frais de plaisanteries et de situations dignes de l'endroit, et ses frais ont été énormes. Il a abusé du galon qu'il a pris ; mais qu'importe ! le public le payera, ce galon, et sa pièce, toute médiocre qu'elle soit, fera de l'or, à force d'indécences. A cette première représentation, tous étaient ravis, et les calvities, les vieillards de Suzanne, tous ceux qui ont un pied dans la tombe, se réchauffaient aux plaisanteries de Mme Chaumont et au feu avec lequel elle les disait... A défaut d'intérêt noble, élevé, tel que l'Art ou le théâtre doivent en créer dans nos âmes, il y avait ce qu'on appelle de l'amusant. Je me tuais à démontrer à un homme d'esprit les vices de cette pièce : — « C'est vrai », me disait-il, « mais, que voulez-« vous ? c'est amusant ! »

Oui ! amusant pour le cynisme qui souligne toute intention immonde dans un mot ou dans une situation, et qui veut être amusé, non par en haut, mais par en bas !...

III

On sent maintenant dans mes articles l'importance que je donne aux acteurs des pièces qu'ils expriment; mais, dans celle-ci, le vrai talent, ce n'est pas M. Sardou qui l'a. Il a fait ce qu'il a pu, je le reconnais, pour être du Palais-Royal. Mais Mlle Chaumont a été plus Palais-Royal que lui. Elle a *enfoncé* son auteur ; mais elle lui a rendu un vrai service, en l'enfonçant! Sans elle, il ne m'est pas prouvé que la pièce, réduite aux efforcements des indécences de M. Sardou, aurait réussi. S'il a de la reconnaissance, il doit la lui dédier... Mlle Chaumont, cette actrice qui fait passer la grimace à force de spirituelle mobilité, et les niaiseries innocentes à force d'intentions coupables, Mlle Chaumont, cette petite statuette, ce marbre rond si nettement moulé dans les deux robes de satin dans lesquelles elle frétille, ce soir-là a joué comme une fille de Bullier qui aurait du génie, ce qu'elles n'ont pas ordinairement, — et du génie comme on pourrait en avoir chez Bullier ! Elle a fait de tous les détails de son rôle des polissonneries presque sublimes, — si l'on peut, sans horreur, écrire ce mot-là ! — Certes ! avec tout ce que nous connaissons de M. Sardou, il n'était pas évidemment capable d'être Palais-Royal à ce degré. En voyant et en entendant cette actrice que le diable lui envoyait (car ce ne pouvait pas être le bon Dieu !), il a dû se trouver un esprit qui l'a étonné, — un esprit non pas à faire peur, mais à faire un peu honte... Elle a, par le jeu pervers d'un rôle qu'elle a poussé à outrance, dû vermillonner jusqu'aux yeux la partie pudique et féminine de la salle. Mais y a-t-il des pudiques au Palais-Royal?... Elle a été charmante, et j'ai la faiblesse de le lui dire, mais comme il ne faut jamais être charmante, — ce qui, du reste, ne l'en empêchera pas !

Elle fait la mariée dans *Divorçons,* et elle a pour mari Daubray, joufflu, carré, petit, ventru, et qu'on a si malencontreusement comparé à Bressant, lequel a joué son rôle dans le style de la maison, mais dont le comique, un peu froid, a disparu dans cette volute de feu que faisait autour de lui Mlle Chaumont, cette salamandre qui vit dans le feu et qui y met. Tous les autres ne méritent pas l'honneur d'être nommés. L'amant Adhémar, qui a inventé cette belle ruse d'un télégramme faux annonçant que le divorce est voté à la Chambre, est joué par un jeune homme qui doit repousser l'un vers l'autre le mari et la femme qui veulent divorcer, — et cela n'est pas difficile avec un pareil repoussoir ! Ce monsieur simplifie la question et sa nullité est peut-être dans son rôle. Il a peut-être mis, qui sait? du talent à être nul ; mais il n'y a que M. Sardou qui sache cela. Cette ruse du télégramme, qui rentre bien, du reste, dans les ficelles des marionnettes de M. Sardou, et aussi la sonnerie de la porte qui avertit le mari, n'ont été surpassées en grosseur de cordes dans le département des ficelles que par celle du commissaire de police, au restaurant; intervention sans laquelle M. Sardou n'était donc pas capable de trouver un dénouement?

On a beaucoup reproché à Molière l'exempt de *Tartuffe,* qui finit assez misérablement une pièce de génie. Mais M. Sardou finit par le commissaire de police, qui est l'exempt de ce temps-ci, une pièce sans aucun génie. Il n'a pas l'excuse de Molière. Et comme, je l'ai dit plus haut, il est dans les habitudes de M. Sardou de se raccrocher à toute circonstance connue à Paris pour aviver des pièces qui par elles-mêmes ne vivraient pas, il s'est accroché, dans ce dîner interrompu par le commissaire de police, à l'aventure scandaleuse de Mme Santerre, au café d'Orsay, et j'ai vu l'heure, oui, ma foi ! j'ai vu l'heure où M. Sardou allait déculotter le petit pâtissier du restaurant et mettre sa culotte à Mlle Chaumont.

Une bonne fortune pour le public ! Quel succès c'eût été ! Mais M. Sardou a reculé devant ce succès.

Il se contente de celui qu'il a, et qui a été très grand. J'ai vu beaucoup de calvities heureuses ; mais je n'ai pas vu d'académiciens. Ils manquaient là.

P. S. — Si je n'ai parlé que de M. Sardou dans le compte-rendu d'une pièce signée aussi du nom de M. de Najac, c'est que les gros collaborateurs mangent les petits, et que ceux-ci le méritent, puisqu'ils s'y exposent.

GARIBALDI

20 Décembre 1880.

I

Les têtes vides des *faiseurs* dramatiques n'ont rien donné cette semaine. Paris tout entier est aux farces des *Revues* de fin d'année et se régale des petits libertinages conjugaux de M. Sardou, qui n'a pas trouvé d'autre moyen de se faire spirituel que d'être indécent. *Garibaldi* n'est point de cette semaine, et d'ailleurs *Garibaldi* n'est pas de la littérature. Je n'étais point à la *première* de cette pièce. J'avais dédaigné d'aller à cette *réclame* trop ouvertement et trop impudemment réclame... Je ne veux être jamais ni la dupe ni le compère de messieurs de la Démocratie. « S'il y a du génie ou du talent dans cette pièce de *Garibaldi* (me disais-je), j'aurai le lendemain pour en juger... car le génie, qui est un aérolithe, peut aussi bien tomber dans la tête d'un Clistorel que de tout autre homme. Véron, déjà, n'était pas si bête ! » Malheureusement, le Clistorel-Shakespeare est encore à venir... Ce n'est pas là ce qui étonne ! Mais ce qui peut étonner et même indigner, c'est qu'après les scènes scandaleuses, dégoûtantes et presque meurtrières, qui se sont produites samedi soir au Théâtre des Nations, la pièce de *Garibaldi* continue ses représentations comme si de rien n'était, avec une tranquille impertinence, au nez et à la barbe de tout le Paris honnête insulté !

C'est là, en effet, un scandale inouï et dont l'effronterie n'a d'égale que la lâcheté universelle. Nous sommes mûrs pour souffrir tout... On nous jette des pommes cuites ou des excréments au visage ; eh bien, nous rions et nous nous essuyons, et nous disons à un barbouillé de la veille : « Vous « avez donc été *attrapé* aussi dans cette bagarre ? » On en parle, il est vrai, un peu, dans le feuilleton du lendemain ; mais c'est tout ! Jusqu'aux victimes de ces jeux immondes et dangereux, tout le monde est d'accord pour l'impunité. Quant à l'autorité, qui n'a su prévenir, ni réprimer, ni punir de tels désordres, elle n'est plus, depuis longtemps, cette chose forte qui s'appelle l'autorité. Elle tremble de toucher à l'épaule sacrée du voyou, qui, s'il ne règne pas encore aujourd'hui tout à fait, règnera certainement demain. Partout, cependant, où se seraient produites les scènes odieuses qui se sont passées à la première de *Garibaldi*, il y aurait eu une répression quelconque. Prenez tous les milieux ! Au café, au restaurant, partout (excepté peut-être à l'église, qui n'aurait guères, elle, que ses bedeaux pour la défendre), on aurait sévi. On ferme bien un cabaret quand il est le théâtre de désordres publics, et je ne vois pas pourquoi le théâtre des Nations évidemment plus coupable, ne se fermerait pas comme un cabaret !

II

C'est dans la noblesse de ses amusements qu'on reconnaît la moralité d'un peuple. Jusqu'à présent, la France — puisque la fureur est de faire tenir toute la France dans Paris — s'était distinguée de toutes les nations qui ont un théâtre par la tenue de ses publics et l'intelligence de ses parterres. Qui allait de France à un théâtre de Londres, par exemple, était scandalisé de ce qu'il y voyait de grossier, de brutal et qui sentait sa vieille barbarie, dans ce parterre anglais, sanguin et féroce, fait avec des matelots et des flibustiers. On a dit : « le génie « barbare de Shakespeare », qui est, au contraire, l'idéal des plus exquises délicatesses ! mais c'est son parterre qui était barbare, ce parterre chez lequel il était obligé d'aller prendre l'ordre ; car voilà la bassesse de l'Art dramatique : c'est d'être forcé, quelque génie qu'on ait, de caresser, en vue du succès, les instincts et les goûts du public ! Les anglais qui venaient en France, au contraire, étaient émerveillés de l'attitude des spectateurs de nos spectacles, et ils les proposaient pour des modèles à imiter aux spectateurs de l'Angleterre... Eh bien, qu'auraient-ils dit, samedi soir, s'ils avaient été à la première représentation de *Garibaldi ?* On y a vu ce qu'on n'avait jamais vu, en France, à aucun spectacle : — une moitié de la salle fusillant l'autre avec des projectiles dangereux ou malpropres. Le *coup de couteau dans le dos,* qui est une trahison, a été remplacé par d'autres coups dans le dos, visés lâchement des dernières galeries de la salle. Autrefois, dans des temps où la grossièreté des premiers âges du théâtre n'avait pas encore disparu des mœurs publiques, la pomme cuite — la classique pomme cuite — était destinée à l'acteur ; projectile ridicule, mais innocent, qui s'escarbouillait sur le visage d'un homme et s'y étalait comme une marmelade ! A présent, cette pomme cuite est destinée au spectateur, mais accompagnée d'autres projectiles plus sales ou plus durs. Certes ! les anglais auraient pu juger, ce soir-là, du progrès tel que nous l'entendons dans Paris, cette ville LUMIÈRE, selon M. Hugo, dont les rayons sont des pommes cuites, des clous et autres choses que Zola nommerait, mais moi, pas !

Encore une fois, rien de cette ignobilité ne s'était vu, même aux plus détestables époques de la Révolution, la mère à toutes ! Je viens de lire précisément le livre nouveau de M. Henri Welschinger, intitulé : *Le Théâtre de la Révolution*, et, par parenthèse, je vous jure que c'est un livre qui vous donne une fière idée de la bêtise de la Révolution et de la bêtise de son Théâtre, l'un réfléchissant exactement l'autre ; seulement, dans cette histoire du *Théâtre de la Révolution*, excellente pour qui a soif de mépris et qui veut se désaltérer, je n'ai pas vu une page aussi dégoûtante que celle que pourrait aujourd'hui écrire le prochain auteur de l'histoire du Théâtre actuel de la République. Ce fut aussi — on se le rappelle — un bruit effroyable qui salua *l'Ami des Lois*, comédie médiocre qui n'avait que la valeur d'un cri d'honnête homme contre l'affreux système qui égorgeait la France, mais ce bruit, qui monta jusqu'à la Convention et lui troubla les entrailles, était une grande chose en comparaison de l'immonde tapage fait en honneur de cette misérable pochade de *Garibaldi !* Quoiqu'elle fût bien pour quelque chose dans le compte du sang qu'on demandait, la Convention se montra néanmoins un pouvoir public et fit jouer la pièce par décret, malgré les vociférations de la Commune, tandis que la pièce de *Garibaldi*, trop plate pour exciter des tempêtes, n'a pas même été interrompue, et le public qui l'écoutait et qui ne sifflait pas assassiné !

III

Charmant progrès des mœurs théâtrales que les autres nations ont admirées et nous enviaient. Dans cette douce et spirituelle France, les salles de spectacle deviennent des coupe-gorges. L'anarchie, la plus basse anarchie est là, comme partout. Le théâtre ressemble à l'État. Tout est renversé bout pour bout. Ce n'est plus l'intelligence qui règle ces fêtes de l'esprit qu'on allait chercher au théâtre, mais c'est la force, bête et ordurière. C'est le naturalisme de M. Zola, ce sont les gens de *l'Assommoir* qui s'exercent à la République qui leur est promise, et qui, justifiant leur nom, vous assomment ! Dans cette République lettrée, en attendant l'autre, les voyous remplacent les critiques et écrivent leurs articles sur le dos, la nuque et le crâne de ces bons lundistes, qui se retournent, se rebiffent bien un peu, mais, résignés, reprennent, après avoir constaté sur eux-mêmes les coups et blessures, leur petite besogne hebdomadaire. Je sais bien que si les voyous sont par trop cassants, on a le droit de les mettre à la porte, mais ce droit-là, on n'en use pas. Toute exécrable et abominable qu'elle fût, la Convention était un pouvoir public; et des pouvoirs contre nous, gens d'ordre, il y en a encore, mais il n'y en a pas contre les voyous. La censure elle-même, qui devrait en être un, n'est plus qu'une institution méprisée par le libéralisme inepte de sots qui ont encore besoin d'elle et qui n'ont gardé que son fantôme, lequel ne fait peur à personne... La censure, c'est-à-dire la direction, le gouvernement dans les choses de l'esprit, qui ne devrait être exercé que par les premiers hommes d'une nation, en quelles mains est-elle tombée ?... On cherche l'épithète de ces mains, on ne la trouve pas. Sous cette Restauration qui essaya de refaire une société qui s'en allait, comme les flèches s'en vont d'un carquois brisé, la Restauration mit à la tête de la censure l'austère, le grand, le majestueux Bonald ; mais Bonald fut bafoué par les libres penseurs de son temps pour avoir accepté cette rude et glorieuse charge, et la charge elle-même devint une honte bientôt pour cette effroyable opinion déchaînée qui ne veut ni maîtres ni régulateurs !

Seule cette charge, exercée par de grands esprits, pourrait exercer sur la littérature et le théâtre une influence qui la relèverait. Elle empêcherait le théâtre de tomber aussi bas que la canaille qui le trouble. Si nous aimions la République, nous la demanderions pour elle. Nous la demanderions dans toute sa force et dans toute sa dignité. Par exemple, une censure intelligente et à portée aurait-elle laissé jouer cette sottise de *Garibaldi,* dont tout l'esprit est de préparer une entrée triomphante à Garibaldi dans le Paris de la Commune, au printemps ?... N'aurait-elle pas fait réfléchir une administration assez dupe ou assez complice pour donner un théâtre à M. Ballande, qui y fait jouer, en fort littérateur, des pièces comme ce *Garibaldi,* et qui ne sait pas garder son théâtre des misérables qui l'ont envahi l'autre jour et qui l'ont souillé ?...

LE MARIAGE D'OLYMPE

4 Janvier 1881.

I

C'est encore une reprise, — une de ces reprises éternelles qui attestent le dessèchement et l'infécondité de l'Art dramatique à cette heure. C'est encore le fond de bouteille d'un vin déjà bu, et qui, au débouché de la bouteille, n'avait pas charmé le palais des dégustateurs... Il y a vingt-cinq ans de cela. Vingt-cinq ans, qui améliorent le vin de grande qualité, n'améliorent pas les pièces de petite. A cette reprise du *Mariage d'Olympe*, de cette photographie de mœurs superficielles et mobiles et qui ne sont déjà plus, on se demandait, jeudi soir, au Gymnase : « Y a-t-il des filles maintenant comme « cette Olympe ? » Et les gens qui connaissent ces espèces de femmes répondaient : « Non ! » Cependant, cette pièce reprise avait été *reprisée* par l'auteur. Mauvaise note ! Une retouche dans une œuvre d'art est presque toujours, comme dit l'énergique expression vulgaire, une pièce à côté du trou. Si on n'avait pas vu le trou, on voit la pièce, et c'est même la pièce qui fait voir le trou !

Il est vrai que la retouche de M. Émile Augier est, comme création, si peu de chose, qu'on ne s'en serait peut-être pas aperçu sans le bruit qu'on en avait fait à l'avance comme d'une attraction toute nouvelle, dans une pièce qui, primitivement, n'en avait pas. Certes ! cette retouche n'a pas dû causer de migraine à la tête puissante de M. Émile Augier ! Il y avait, dans le premier *Mariage d'Olympe*, le fameux cahier où la jeune fille à marier écrit imprudemment ses pensées, petite invention à la Sardou, sur laquelle la pièce pivotait. Eh bien, dans le second *Mariage d'Olympe*, revu et corrigé, on lit quelques citations de ce cahier, volé par Olympe, et qui, du reste, n'apprennent rien à personne de ce que tout le monde sait déjà... A coup sûr, ce n'est pas là une modification bien puissante ! Mais dans ce temps glorieux, où les *petits papiers* triomphent, M. Émile Augier a voulu que le théâtre et sa pièce eussent aussi leurs *petits papiers !*

II

Quant à la pièce elle-même, qui, depuis vingt-cinq ans, fait partie du répertoire dramatique de M. Émile

Augier où vous pouvez la lire, et ce qui dispense de la raconter point par point, c'est, en bloc, l'histoire d'une fille de joie — comme disaient élégamment nos pères — qui regrette ses joies, comme les carpes de Mme de Maintenon regrettaient leur bourbe dans les clairs viviers de Fontainebleau. Voilà ce que M. Émile Augier a voulu peindre et mettre à la scène. Et, après tout, l'idée de cette dépravation que rien ne corrige, de cet amour des choses ignobles aimées toute la vie et sucé dans le lait empoisonné d'une mère corrompue, plus fort que tout dans une âme avilie et qui fait retourner une femme, comme une chienne altérée, aux ornières où elle a longtemps vautré sa soif, cette idée était, selon moi, humaine et dramatique; mais il ne fallait pas l'étrangler dans trois misérables actes chétifs : il fallait l'approfondir et la développer dans une action riche d'évènements qui auraient mis en relief et fait comprendre cette immortalité du vice, dont la punition, sur cette terre, est d'être immortel !

Il fallait nous donner une *fille*, puisque *fille* on voulait, d'une toute autre profondeur que cette Olympe, — que cette coquine de vaudeville, si superficielle qu'on dit d'elle, comme d'un vieux chiffon qui fut à la mode et comme on le disait jeudi soir au Gymnase : « Y a-t-il vraiment maintenant des *filles* com-« me cela ? » Et, en effet, les drôlesses actuelles, qui visent de grands mariages et qui en font quelquefois, grâce à l'incommensurable bêtise de ces dandins d'hommes, ont plus de tenue, et, vanité à part qu'il ne faut pourtant jamais y mettre, s'ajustent mieux aux aises de l'honnêteté qui les reposent des affreuses fatigues d'une vie dont elles sont blasées, et tant, à présent, dans cette société pourrie et liquéfiée, où tout coule, l'énergie du mal même manque aux âmes et les fait lâchement s'arranger des petites commodités et tranquillités du bien !

Cette vue-là, qui serait vigoureusement entrée dans les entrailles de son sujet, M. Émile Augier, malheureusement, ne l'a point eue. Aussi n'avons-nous vu, dans son *Mariage d'Olympe*, qu'une coquine du temps passé, — une archéologie de coquine ! — à laquelle on ne s'intéresse plus qu'historiquement. M. Émile Augier ne nous a pas donné le type de la grande Dépravée, humaine et éternelle, qui trouve que la boue de son vice a plus de goût et de ragoût que toutes les saveurs pures de la vertu ! Il a *vaudevilisé* au lieu de faire de la grande comédie ou du grand drame ; car on ne sait maintenant plus où l'on en est avec l'Art dramatique d'un temps où l'anarchie est partout, et où les comédies finissent par le dénouement, tragique et facile, des coups de pistolets, et avec des airs religieux encore et des : *Dieu me jugera !* quand on se permet d'assassiner. Tel l'état mental du théâtre et de la tête religieuse de M. Augier. Lorsqu'on joua pour la première fois le vaudeville du *Mariage d'Olympe*, qui n'est gai qu'à une place, — la scène du souper, — mais qui l'est à la condition d'être répugnante de vulgarité et de bassesse, cette gaîté de sale orgie entre le cabotin pleurard et cette mère d'Olympe dont l'auteur a fait une ancienne portière pour pouvoir placer la plaisanterie, qui n'était déjà pas neuve, il y a vingt-cinq ans, du « cordon s'il vous plaît », et sur l'effet de laquelle on comptait ; cette gaîté, même à ce prix, n'atteignit pas la salle, et l'autre soir elle ne l'a pas atteinte non plus. Il faut bien le dire : on est resté froid. On n'a été enlevé nulle part. Les sacrifices à l'indécence qui valent, en ce moment, un si grand succès à M. Sardou, au Palais-Royal, n'ont pas réussi au même degré au Gymnase. C'est que les indécences n'y sont pas du même genre. Elles sont libertines et chaudes dans la pièce de M. Sardou. Elles ne sont simplement que grossières, dégoûtantes et froides, dans la pièce de M. Émile Augier, lequel a poussé à outrance une situation odieuse et dont la gaîté est même troublée par l'idée que les parents vertueux de cette abominable Olympe peuvent rentrer tout à coup et la surprendre... inquiétude qui coupe le rire sur les lèvres du spectateur !

En somme, toute cette pièce du *Mariage d'Olympe*, d'une gaîté voulue et travaillée dans la scène du souper, est plutôt l'œuvre d'un moraliste amer que la comédie d'un auteur dramatique en belle humeur. Dans le dialogue de la pièce, il y a des mots heureux, je le reconnais, mais trop intaillés au burin ou pas assez, puisqu'on s'aperçoit qu'ils le sont. M. Émile Augier a procédé par maximes, comme La Rochefoucauld, et c'est là certainement le meilleur d'une pièce sans action qui étreigne et sans caractère qui intéresse. Montrichard, qui fait cyniquement de la morale contre Olympe et qui ne vaut pas mieux qu'elle, est un décalque effacé de ce fier ribaud de Maxime de Trailles, dans Balzac, — une de ces figures qu'il n'est pas permis de recommencer ! Les parents vertueux de l'abominable Olympe, ces parents en pâte de guimauve, ont une bonté qui touche par trop à la bêtise, et la mère d'Olympe est la portière de toutes les portes, la mère archi-connue de toutes les prostituées qui ont réussi en faisant métier et marchandise de leur corps, sans un seul trait qui soit nouveau.

III

Cette froide pièce, écoutée froidement, le jeu des acteurs ne l'a pas réchauffée. Ils ont été surpris et congelés par elle. Ils n'ont pas dissous ce glaçon dans la flamme de leur jeu. Mme Pasca, qui jouait

Olympe, Mme Pasca, la distinction même, et dont la distinction a résisté aux ignobilités que son rôle l'obligeait à débagouler, ne s'est pas sentie, ce soir-là, la vertu transformatrice dont il était besoin pour jouer ce rôle et en idéaliser les infamies. Peut-être que s'il eût été taillé plus grand, elle aurait été de niveau avec son horreur... On peut le croire à la manière dont elle a joué cette partie du rôle d'Olympe où elle n'est que fausse, ingrate et perverse, car on peut jouer tout cela et garder la distinction de sa personne et de son talent ; mais elle n'a pas su patauger dans l'Olympe crapuleuse, et elle a joué sans verve ce qui lui faisait probablement mal au cœur... On dit, depuis longtemps, que les allemands se jettent par la fenêtre pour se faire vifs. Mme Pasca, sans être allemande, a sauté, jeudi soir, par cette fenêtre-là. Elle a inventé, à l'aide d'un travail qui a dû lui coûter de grands efforts, toutes les attitudes qui pouvaient, au souper où elle redevient *fille*, déshonorer son noble corps et traduire les immondes gaîtés d'Olympe ; mais l'inspiration qui prend parfois à la scène les grandes actrices et qui leur souffle tout à coup des improvisations sublimes, elle ne l'a pas eue et elle ne pouvait pas l'avoir.

Son grand talent mourait de son rôle... Quand elle n'a été que le monstre du premier et du dernier acte, quand elle s'est montrée écrasée d'ennui sur son canapé et languissamment cruelle pour ces honnêtes gens, ses trop généreuses dupes, elle a bien été la Mme Pasca que nous connaissons; quand, à la dernière scène, impudente mais intrépide, elle a bravé insolemment le pistolet du marquis, avec sa tête renversée, ses yeux félins à moitié fermés, son nez court aux narines frémissantes, elle a été bien panthère. Mais elle n'a pas su être l'horrible truie du souper se roulant dans sa bauge d'autrefois. Or, la vraie Olympe, c'est l'Olympe du souper ! C'est le souper qui est toute la pièce.

Saint-Germain a été plus heureux. Sa nature n'était pas si positivement en contradiction avec son rôle. Il jouait le cabotin, père de famille, du souper, et il a été excellent et *complet*, avec des finesses de jeu exquises et d'un naturel qui ne devient jamais une *charge*. Seulement, qu'il le sache bien ! et le public aussi, ce n'est pas à la pièce *écrite* de M. Augier qu'il doit son succès, mais à la pièce interprétée par lui et à cette accumulation de souvenirs comiques qu'il apporte avec lui et qui font rire dès qu'il apparaît sur la scène, en écho de tous les rires que nous lui devons.

POURQUOI IL N'Y A PAS DE FEUILLETON DE THÉATRE AUJOURD'HUI

---

11 Janvier 1881.

I

Cela paraît infiniment simple... Il n'y a pas de feuilleton aujourd'hui, parce que, cette semaine, il n'y a pas eu de pièce nouvelle. « Où il n'y a rien, « le Roi perd son droit », dit le vieux proverbe, et le feuilletoniste sa Critique, qui n'est pas un royaume !! Ce grand bœuf d'Art dramatique, qui ne produit plus, — qui, de père, devient de plus en plus oncle, — ce bœuf qui rumine et qui bave et qui a trente six estomacs pour se renvoyer et remâcher les choses avalées, n'a pas eu, cette semaine, la moindre pièce, la moindre herbaille à mettre sous sa dent oisive. Les critiques superficiels diront : « Le théâtre n'existe jamais entre *le Jour de l'An* — un jour de comédies sociales encore plus bêtes que celles du Théâtre — et *les Rois*, cette fête de famille qui dure encore, vitalité de la légende ! après que les Rois sont partis. Le théâtre est toujours aplati entre ces deux fêtes. » Mais ce n'est là que la raison des critiques à courte vue, qui expliquent tout par la circonstance du moment ramassée à leurs pieds. Or, cette circonstance du moment est pour eux particulièrement agréable d'être huit jours sans avoir à brasser les sottises dramatiques que leur métier est de jauger.

Mais il y a une raison plus profonde et qu'ils ne donnent pas de cette absence de pièces, ordinaire, disent-ils, à cette époque de l'année, et cette raison qu'ils ne voient pas c'est l'état même de la tête humaine, qui fait *relâche* si aisément en matière de théâtre, et qui, décrépite et impuissante, fera un de ces jours *relâche* éternelle! Ce jour-là, nous autres feuilletonnistes, nous serons supprimés. Nous aurons vécu. *Troja fuit!* L'Art dramatique touche à cette époque d'épuisement qui précède l'anéantissement définitif... Combien de temps vivra-t-il encore comme il vit, c'est-à-dire en rabâchant à la manière des vieillards? car il rabâche les mêmes caractères, le même intérêt et les mêmes situations. Il n'invente plus rien. Il tourne sur lui-même. Quand Royer Collard citait ses propres mots, le pauvre diable de grand bonhomme en était réduit à vivoter sur son passé. C'est l'histoire du théâtre. Il va passer devant nous, monotone comme les chevaux du Cirque, qui, du moins, sont beaux et vivants, et qui ont sur leurs dos, vibrant de souplesse, des acrobates plus ou moins charmantes ; mais lui, faut-il le dire, hélas ! devenu la plus triste des rosses, vous savez ce qu'il a sur le dos !

Comme la civilisation, ce serpent qui se mord la queue et qui se meurt de sa morsure, l'Art dramatique meurt aussi en mordant la sienne... Chez le peuple de décadence et de matérialisme que nous sommes, l'Art dramatique, décadent et matérialiste, se recourbe jusqu'à son origine, comme le vieillard qui se voûte se rapproche de ses pieds... Il est parti du tréteau pour passer éclatant, droit et les ailes du génie déployées, dans un certain nombre de chefs-d'œuvre. Mais avec nos revues d'aujourd'hui, nos pièces à trucs et à décors, l'Art dramatique est maintenant aussi physique et enfantin, dans notre civilisation compliquée, que le Char de Thespis *barbouillé de lie* dans un état de civilisation simple comme l'enfance d'une société, et c'est ainsi que le théâtre, qui a commencé par le tréteau, finit platement par le tréteau !

II

Et, chose singulière pourtant ! plus il vieillit et plus il étale sa misérable vieillesse, et moins il perd de sa puissance, moins l'esprit du spectateur s'en dégoûte. Au contraire, les civilisés, vieux comme lui, l'adorent, et c'est des amours monstrueux, comme à Sainte-Périne, entre vieillards! Il a beau être vieux, rabâcheur, sans relief, sans passion, sans esprit, l'Art dramatique n'en règne pas moins despotiquement, insensément sur les spectateurs. Jamais œuvre de génie — de génie véritable — aura-t-elle le succès de la moindre pièce de théâtre, pour laquelle les plus lettrés d'entre nous, lettrés qui devraient être les plus méprisants, sont tous debout le soir de sa première représentation !... Quelle que soit l'infériorité de l'Art dramatique, les spectateurs de son œuvre n'en raffolent pas moins, et même en raffolent-ils davantage. Ils ont un goût pour elle comme l'enfant pour son Polichinelle et son Pantin. Et il y a même beaucoup de raisons pour que ce goût-là soit bien plus intense encore et surtout bien plus dépravé ; car il est naturel chez l'enfant. L'Art dramatique saisit les hommes surtout par les côtés les moins nobles de leur nature. Il les prend par les yeux et par le théâtre, le théâtre même sur lequel il déballe ses pièces et les interprètes de ses pièces. Il les prend jusque par la salle même du spectacle où les femmes viennent par vanité, pour être, elles, le spectacle des spectateurs, et les hommes pour être le public de ces femmes qui continuent pour eux les actrices du théâtre !

L'amour de l'Art dramatique n'est pas seulement une passion ou un goût littéraire, c'est un goût partagé par les êtres les moins cultivés. C'est un goût très complexe et très corrompu, qui s'exaspère et prend les plus immenses proportions dans les sociétés vieillissantes.

S'il était toujours littéraire, idéal, spirituel, grandiose, ce que tout Art doit être pour mériter son nom, l'Art dramatique n'aurait certainement pas la même puissance sur la bêtise humaine électrisée. Avec son public, qui a précédé le suffrage universel et qui en a peut-être donné l'idée, l'Art dramatique est la pile de Volta des imbéciles. Du temps de Racine, croyez-le bien ! l'amour du théâtre n'existait pas de la même façon effrénée qu'à présent. C'était l'amour du beau dans une poignée d'esprits d'une haute et pure chasteté intellectuelle. Mais des ruées de public ! mais des pièces à cent cinquante présentations et qui s'en gorgiassent! il n'y en avait pas. A Rome, au temps de Térence et de Plaute, il n'y avait pas pour écouter leurs comédies autant de spectateurs que pour voir, plus tard, une Naumachie, ou des gladiateurs égorger des bêtes ou s'égorger entre eux. A présent déjà aussi, chez nous comme chez les Romains, pour expliquer l'influence prodigieuse de l'Art dramatique, cette influence inouïe qui grandit à mesure que l'Art dramatique dégénère, il n'y a plus besoin d'auteurs ou d'acteurs de génie. On n'a besoin ni de

Shakespeare, ni de Molière, ni de Garrick, ni de Talma ! C'est l'époque honteuse de cette chose qu'on appelle *l'histrionisme* dans l'Histoire, où il n'y a plus ni vrais acteurs ni vraies pièces, et où, sur les ruines de tout, l'histrion se dresse, tirant sa puissance de *cela seul* qu'il est un histrion !

III

Rien de plus lamentablement triste ! En matière de littérature dramatique, nous marchons au pas gymnastique vers l'ignominie. Les esprits élevés, qui le savent bien, se détournent du théâtre avec mépris comme d'une chose roulée trop bas pour qu'on s'abaisse jusqu'à elle pour la ramasser. Il y a plus d'un demi siècle, Lord Byron, l'auteur du *Sardanapale,* qui avait en lui une étincelle de Shakespeare sans cesser d'être Lord Byron, s'opposa violemment à ce qu'on jouât son *Marino Faliero* à Londres, et menaça d'un procès le directeur de Drury-Lane. Mais aujourd'hui il ne ferait plus un drame de Marino Faliero, il en ferait un poème, qui serait plus beau que le drame ! Lord Byron eut raison, du reste, de s'opposer à la représentation de sa pièce, assez belle pour tomber. Eh bien, aujourd'hui, les esprits élevés ne sont pas portés à écrire ce que Lord Byron écrivait encore ! Ils ont vu ce que n'avait pas vu Byron : l'abaissement de l'Art dramatique.

Ils dédaignent trop ce fagotage de pièces qu'on appelle l'Art dramatique, et qui se fait à deux, quand ce n'est pas à trois. Eux, ils font dans leurs livres des *spectacles dans un fauteuil,* et ils attendent comme cela la gloire, si elle veut venir ; mais ils ne la demandent pas au suffrage universel des parterres, aussi bête que l'autre. Ils ne raccrochent pas le succès sur des planches qui sont un trottoir. Ils débarrassent le passage pour d'autres esprits moins délicats et moins hauts, qui trouvent que le théâtre est la seule chose de la littérature qui rapporte beaucoup d'argent et tout de suite une célébrité, partout ailleurs aussi difficile à enlever qu'une ville forte ! Eux, en se regardant leur petit nombril dramatique ils pensent que la lumière incréée du génie dramatique peut en sortir. Quelquefois, comme leur petit nombril est lent à lancer la fusée, ils prennent un livre déjà fait par eux et en tirent la mouture d'un drame. Ils ont, pour autoriser cela, de très grands exemples : M. Dumas et Mme Sand, qui ont commencé cet odieux tripotage d'une œuvre qui avait sa valeur spéciale et qu'on massacre pour en faire deux.

Enfin, considération dernière, on ne siffle plus au théâtre parce qu'il n'y a plus réellement d'Art dramatique et de théâtre ; car le théâtre, c'est le sifflet !

Et voilà pourquoi, malgré l'épuisement et la décrépitude de l'Art dramatique expirant, les feuilletonistes de théâtre ne sont pas tout à fait morts et qu'il leur reste quelques jours encore pour *feuilletoniser !*

JACK

17 Janvier 1881.

I

Assurément, ce n'est pas cette pièce, jouée jeudi soir à l'Odéon, qui pourrait retarder, même d'une heure, le destin final de l'Art dramatique qui s'en va mourant, et dont je n'ai pas craint de sonner ici l'agonie à grandes volées dans mon feuilleton d'il y a huit jours... Le *Jack* de MM. Alphonse Daudet et Lafontaine est une preuve de plus de la triste vérité que j'ai dite sur un Art qui fut grand à d'autres époques, — aux époques de sa jeunesse et de sa maturité, — et qui ne l'est plus et *qui ne peut plus l'être*, comme l'homme lui-même qui, à un certain moment de sa vie, ne peut plus être père et sent en lui anéantie sa noble et robuste faculté d'engendrer. Le *Jack* de MM. Daudet et Lafontaine n'a ni plus de nouveauté, ni plus de vitalité que tous les autres drames contemporains. C'est un écho de plus dans ces échos! Les auteurs, qui ont cru que l'unité de l'inspiration pouvait bifurquer en deux têtes, semblent ignorer que le drame est une des formes les plus surannées de la littérature présente et qu'il y en a une autre plus jeune, plus complète, et, dans sa variété infinie, d'une tout autre profondeur.

Et que M. Lafontaine l'ignore, lui, je ne m'en étonne pas. C'est un acteur, et il doit avoir sur le théâtre toutes les illusions d'un homme de théâtre. Mais que M. Alphonse Daudet, qui est un romancier, et un romancier de grand talent, ne sache pas que la forme littéraire la plus haute et qu'il devrait préférer à toutes c'est le roman, la véritable épopée moderne puisqu'elle peut embrasser toutes les idées d'une civilisation avancée comme la nôtre et tous les sentiments de l'âme humaine, de la conscience et de la vie, c'est là ce qui est renversant! M. Alphonse Daudet se manque à lui-même et à ses facultés en se ravalant jusqu'au drame, lui qui a puissance de roman. Est-ce que, par hasard, il croirait que Shakespeare, par exemple, s'il revenait au monde, se contenterait de l'angle du drame, cet étouffoir du génie, quand il pourrait étendre et développer tout le sien dans le cercle, devenu immense, de l'esprit humain élargi?... Non! Shakespeare, à cet instant de la littérature, lutterait avec Balzac, et Balzac est si grand que peut-être Shakespeare même ne le vaincrait pas! Eh bien, M. Daudet ne fait pas ce que ferait Shakespeare !... Au lieu d'aller et de monter du drame au roman, il descend du roman et il recule jusqu'au drame, et il pelotonne misérablement un roman, qui a ses qualités spéciales, dans le cadre étriqué d'un drame qui n'en peut pas contenir les beautés ! Il châtre et coupe par morceaux, avec un *coupeur* qu'il s'est adjoint, une œuvre qui avait la vie et qui n'est plus maintenant que le résultat d'une opération dégoûtante, et faite (maladroitement encore !) par deux chirurgiens intellectuels.

On me dit pourtant qu'il n'y en a eu qu'un pour cette besogne. M. Alphonse Daudet, il est vrai, n'en a pas eu horreur dans un autre temps, car il a pratiqué *tout seul* de ces petits massacres sur ses romans ; mais il en a la fatigue, et qui sait ? peut-être le mépris... Artiste de race, il a senti enfin l'indignité de ce procédé littéraire, bon pour des esprits de basse origine, et dans une indolence ennuyée de Sardanapale, il a été bon prince, et il a laissé M. Lafontaine *arranger* pour le théâtre l'œuvre *dérangée* de son roman. Or, M. Lafontaine, qui taille des romans à la largeur et à la longueur des planches, qu'il connaît, n'a pu mettre dans le roman de M. Daudet que ce qui réussit sur les planches, que le Génie, quand il marche sur ces planches, brûle toujours !

Alors nous avons eu les choses connues et communes, qu'on applaudit ou qu'on n'applaudit pas selon la disposition du soir où le spectateur les voit jouer... Nous avons vu repasser devant nous la même action dramatique inévitable, qu'il est, à cette heure, impossible de renouveler. Nous avons vu dans *Jack* (pourquoi *Jack* et non par *Jacques*? Pauvre *Jacques !*) la *fille,* l'incorrigible fille du *Mariage d'Olympe,* seulement avec un bâtard de plus. Nous avons eu le même souper que dans *le Mariage d'Olympe,* et le même aussi que dans *Divorçons.* Sont-ils puissants et originaux, ces inventeurs de théâtre !... Et nous avons pu nous amuser ou nous intéresser, selon la disposition de notre cerveau ou de notre estomac, au ron-ron de cette toupie dramatique, qui ronfle en tournant sur elle-même et qui rapporte sur ses flancs vides, qui tournent toujours, toujours les mêmes tableaux.

II

Pour s'intéresser à cette pièce, il faudrait oublier le roman, et c'est impossible ! car c'est précisément la pièce qui, par ce qui lui manque, rappelle ce qui ne manque pas au roman... Quelques dévots à M. Daudet, avant la représentation lisaient, dans la salle de l'Odéon, pieusement, le roman de *Jack* à leurs femmes. Maladroits et comiques, ils ne se doutaient pas qu'ils mettaient l'éteignoir sur la pièce. Avec leurs femmes, ils le mettent probablement sur tout, ces délicieux maris! Et, en effet, le *Jack* du roman tue le *Jack* de la pièce. Dans le roman comme dans la pièce, l'histoire de Jack, de l'enfant opprimé, de ce bâtard d'une fille à peu près publique devenue la concubine d'un seul homme, et victime de ce beau-père de hasard, n'est qu'une donnée vulgaire ; mais ce qui fait la supériorité du roman sur le drame, ce sont les détails qui s'entrelacent autour de cette donnée facile, digne d'un conte de Perrault... M. Lafontaine, si M. Daudet l'a laissé faire, les a supprimés ne sachant les utiliser... Ainsi, la pension Moronval, qui, dans le roman, est une étude d'une poignante réalité, n'y est pas. Ainsi, la bande grotesque des ratés, qui tient une si grande place dans le roman, ne fait, dans le drame, que paraître et disparaître, applaudissant, sans qu'on la voie, à *la Fille de Faust,* la pièce du faux poète d'Argenton, pour en dire du mal en enfilant ses paletots. Ainsi, la vie terrible de Jack, dans le vaisseau où il est chauffeur, et qu'on raconte au lieu de la montrer. On ne la connaît que par Jack, hébété et noirci par le feu de cet enfer dans lequel il a vécu, et qui apparaît, précisément le jour de la solennelle lecture, clamant et réclamant, avec la fureur presque méchante d'un fou, son horrible

12.

mère, qui l'a sacrifié à son honteux amour pour l'homme avec lequel elle vit...

Et c'est là que gît tout le drame, toute la question du drame ; car le drame n'est jamais qu'une question. Le fils reprendra-t-il sa mère à l'homme qu'elle a l'ignominie d'aimer, ou achèvera-t-elle de tuer son fils en lui préférant le sot qu'elle adore sur la foi de son génie, ce d'Argenton, le raté de tous ces ratés, cette oie à queue de paon qui se coiffe de sa queue ? Et naturellement c'est l'amour bête, bas et sale, qui l'emporte sur le sentiment maternel ! Comme Olympe, dans *le Mariage d'Olympe*, Ida de Barancy revient à sa boue, à cette boue collante, après l'avoir quittée une minute pour suivre son fils, débarbouillé de son charbon et de son idiotisme, et rentré dans la vie morale du travail et de l'intelligence. Et, même, sans le jeu des réminiscences fatales où le drame se débat pour mourir, jusqu'au dénouement de celui-ci est le même dénouement que dans *le Mariage d'Olympe*. Dans l'une et l'autre de ces pièces, si le vice est puni, la vertu, du moins, n'est pas récompensée... Le coup final de pistolet qu'on tire dans *le Mariage d'Olympe*, est remplacé par d'Argenton qui revient chercher sa concubine et qui la reprend sur le corps de son fils, mort désespéré de n'avoir pas revu sa mère, qui arrive trop tard. C'est d'Argenton qui est le coup de pistolet de la fin. « Voilà le châtiment! », dit-on, en l'ajustant. D'Argenton, c'est le coup de pistolet du *Mariage d'Olympe,* qu'on ne tire pas, mais qui partira... dans l'avenir !

III

Et si toute cette vieille prétintaille dramatique que se passent de la main à la main tous les faiseurs de drames avait, du moins, pour racheter la pauvreté de son fond, de la verve, du dialogue, de la répartie, du mordant, de l'esprit, de la rapidité dramatique, de ces ailes enfin sur lesquelles on emporte le spectateur et on le secoue pour l'empêcher de dormir ; mais le spectateur qui ne dormait pas (j'en ai vu dormir) est resté le cul par terre, en écoutant cette pièce lourde et à longueurs qui n'en finissent... C'est là que j'ai cherché vainement Daudet, le poète, le romancier, la fine pierre précieuse, dont j'aurais voulu voir, du moins, briller une étincelle, et je n'ai trouvé qu'un Lafontaine...

Quant aux acteurs, excepté le jeune homme (Chelles) qui a joué Jack en soulignant un peu trop l'ignobilité et la stupidité du personnage dans le commencement de son rôle, mais qui a du sentiment et du geste, et qui peut devenir plus tard, dans le sens triomphant du mot, un acteur, je n'ai vu que jeux vulgaires comme la pièce. Lafontaine s'était fait une figure meilleure que le drame, qui n'est que le roman maquillé, mais qu'il n'a pas plus inventée que le drame. C'est, moins la rousseur des cheveux, la figure d'un des poètes de ce temps. Lafontaine a joué l'emphase de d'Argenton, de ce raté qui rate toujours les mots cruels qu'il ne dit jamais, avec un faux air de Frédérick Lemaître, qui jouait aussi très bien les emphases, mais qui y mettait autre chose que du creux. Lafontaine n'est, lui, dans l'emphase, que vide et défoncé... Mlle Céline Montaland a fait de la concubine Ida une grisette de Paul de Kock.

Au souper (le souper du *Mariage d'Olympe*) avec son fils, auquel elle est momentanément revenue, elle a été plus grisette que mère, et cela n'avertit pas son fils, idiot d'amour filial, que sa mère n'est pas là, dans cette misérable femme, et qu'elle n'y sera jamais. Il n'y a qu'une grisette, et ce n'est pas Mimi Pinson ! Mlle Montaland est applaudie dans les légèretés de son rôle par ce public qui, en France, est toujours un *mauvais sujet*. Elle ne réussit pas dans les larmes : influence du physique sur le moral. On la trouvait jolie et on avait raison ; elle n'est que cela. Mais, *c'est assez !* comme dit Médée. L'impression de la salle était triste. On écoutait ce drame ennuyeux comme ses entr'actes, insolemment et ridiculement longs.

On l'écoutait — parce qu'il était de Daudet — avec une sympathie silencieuse. On se souvenait du romancier ! Quant à moi, le feuilletoniste du *Triboulet,* que M. La Rounat, qu'on dit littéraire, avait honoré d'une des dernières places de l'orchestre, *tout près de la claque,* dont cependant je n'étais pas, j'ai perdu, par le fait de cette place éloignée, beaucoup de mots du rôle des acteurs ; mais n'y a-t-il pas un jeu qui s'appelle « qui perd gagne », et j'ai gagné cela !

Post-Scriptum. Le lendemain de ce jour d'Odéon, je suis allé me *décabotiniser* au *Cercle artistique* (des *Mirlitons*). Ici j'avais une bonne place, et j'ai entendu ce qui serait pour moi un regret si je n'avais pas pu l'entendre. C'était une pièce de M. le marquis de Massa, qui s'appelle *l'Honneur,* et qui lui fait honneur ; car elle est charmante, et leste, et souple, écrite en vers flexibles auxquels leur correction n'ôte rien de leur grâce. Cette comédie en trois actes d'un dilettante dramatique, qui, quand il le voudra, passera de l'œuvre d'amateur à l'œuvre de l'artiste et du maître, n'est qu'un pastel peint sur l'éventail d'une femme blonde ; car tout y est adouci. Tous les personnages y sont aimables, prêts à s'embrasser, non pas avec les lèvres, mais avec leurs opinions politiques. C'est la fusion de tous les partis dans les plus optimistes tendresses. Pour ma rudesse, à moi, c'est un peu trop tendre... Je ne suis pas aussi fénelonien que M. de Massa, qui ressemble à un neveu de Fénelon, officier dans les hussards. Les acteurs, gens du monde, ont joué comme les hommes du métier, avec une élégante aisance. Quant aux femmes, elles étaient, elles, du métier. C'était Mlle Baretta (de la Comédie-Française), qui a joué comme à la Comédie-Française, et Mlle Broisat, qui a joué plus mollement... Elle avait une amazone mal faite et une perruque qui ne faisait pas d'illusion, et de là-*dedans* et de là-*dessous*, elle avait l'air d'une grande arbalète rompue qui ne sait pas lancer le trait.

Et voilà le mien !

JANOT

24 Janvier 1881.

I

Cherchera-t-on ici un article sur cette *Janoterie*, jouée hier soir au théâtre de la Renaissance, où les vrais Janots étaient ceux qui applaudissaient dans la salle ?...

Par les loisirs que me fait la rareté des premières représentations dans les théâtres littéraires, j'ai voulu, pour l'honneur du feuilleton théâtral de *Triboulet*, qui ne pouvait pas décemment rester en blanc (et qui, comme cela, aurait plu peut-être davantage), aller à cette pièce du théâtre de la Renaissance faite par deux hommes qui avaient de l'esprit autrefois... Les pièces à musique ne sont pas dans mon département au *Triboulet*, mais si la pièce que voici n'est pas littéraire, le nom des auteurs l'a été et l'est encore. C'est par l'esprit et le talent — sans musique ! — qu'ils avaient grimpé à l'échelle glissante et lumineuse du succès, d'où à présent leur esprit et leur talent font la culbute dans des pièces — à musique! Ce soir, ma foi! je crois bien qu'ils se sont tués du coup... Cherchez-les, ces deux esprits qui furent fringants, cherchez-les dans la pièce d'hier soir, entreprise pour la musique de M. Lecoq, qui, ce soir, Lecoq, ne m'a pas paru un rossignol, vous ne les trouverez plus! Vous ne trouverez dans cette pièce ni invention, ni inspiration, ni dialogue, ni verve, ni intérêt, ni gaîté, — ni gaîté, qui fait tout passer quand elle est vraie, même la bêtise! — Malgré les flons-flons de M. Lecoq et des costumes *qui, en réalité, sont toute la pièce*, c'était triste, comme on dit, à porter le diable en terre, et il y a été porté. « Le diable est mort! » chantait Béranger sur sa crécelle. Oui! le diable de l'esprit, du *brio*, du mouvement, de l'amusement à tout prix! Hélas! MM. Meilhac et Halévy ne l'ont plus au corps. Nous n'avons aujourd'hui qu'un feuilleton de croque-mort à faire, — pauvre chose misérable à croquer!

Pourquoi aussi êtes-vous tombés, mes chers Lucifers, qui pouviez porter d'une main légère le flambeau de la Comédie et qui l'avez tenu à certains soirs, pourquoi êtes-vous tombés la tête la première dans cette farce qu'on appelle l'opérette, parfaitement indigne du talent qu'il faut respecter, quand on en a, et qu'on ne doit jamais avilir?... Pourquoi jeter le vôtre, qui fut distingué et charmant, dans le bas-fond de l'opérette, comme on jette son argent par les fenêtres ?... Dissipateurs ! dissipateurs inexcusables ! Du moins, quand le singe de la Fable jetait les doublons de son maître dans la mer, il était désintéressé. Les doublons n'étaient pas les siens, et, pour le plaisir de la chose, la mer était bleue et le singe était un artiste : il aimait, avec ses doublons, à faire des ricochets d'or sur cette surface d'azur !... Et cela valait mieux que votre spectacle d'hier soir. Mais vous, ce sont vos propres doublons que vous lancez dans cette mer montante d'opérettes qui devient la folie du temps, — et vous n'êtes pas aussi désintéressés, aussi grands seigneurs que le singe ! Il ne demandait pas, lui, que les doublons lui revinssent. Ils étaient bien perdus ; mais il s'était bien amusé ! Mais vous, vous ! vous ne croyez pas et vous ne voulez pas perdre les vôtres. Vous croyez qu'ils vous reviendront sous une autre forme que la première et préférée par vous, — et c'est là le crime, pour des artistes comme vous, que de préférer à la gloire de l'Art et à l'honneur du talent un genre de pièces abject, dans lesquelles l'Art n'est plus la visée de l'artiste mais un désir grossier de plaire à la foule des imbécilles et de s'enrichir !

II

Car voilà la question, cette question de l'opérette, la tentation des esprits si peu faits pour elle et qui nous enlève Meilhac et Halévy, par la raison toute puissante qu'elle rapporte la gloire en gros sous de la popularité avec laquelle on fait d'autres gros sous, et qui pour tant de gens valent davantage ! Voilà la question. Mais ce n'est plus là seulement une question dramatique : c'est une question morale, qui vient se planter sur la question dramatique. Il ne s'agit plus ici de *Janot de la Janotière*, qui n'est qu'une pièce ratée de plus dans le tas... mais il s'agit de l'Art lui-même et de sa destinée. Il s'agit de la dépravation actuelle de l'Art, qui perd de vue son but esthétique pour un but pratique qui n'est pas le sien... L'Art *s'américanise* tous les jours dans cette société de meurt-de-faim qui meurent encore plus de l'envie d'être riches... *Time is money*, dit l'américain. Eh bien, l'Art aussi ! Et voilà pourquoi on fait des opérettes, quand on a dans la tête des comédies qui pourraient en sortir !

On descend jusqu'à l'opérette, l'opérette, ce culot littéraire de ces derniers temps, l'opérette, cette bâtarde du vaudeville — une des gloires légères de la France, quand elle était légère, mais qui n'est plus comprise de la France pataude ! — et de l'opéra comique, qui ne doit pas être très content de la fillette qu'il a pondue, laquelle a ratatiné jusqu'à son nom. L'opérette, qui finira par tuer l'Opéra, comme le Café chantant tuera le Théâtre, est au fond la grande œuvre de ce temps, essentiellement petit. C'est de la littérature dramatique à la basse hauteur de l'esprit démocratique, ignorant et *blagueur*, et qui aime à voir toutes choses descendre à son niveau très bas. L'opérette est le *Charivari* ou le *Tintamarre* du Théâtre. Elle a commencé par bouffonner avec les dieux d'Homère, dont elle a fait (pardon du mot !) des *chie-en-lit* de Carnaval. Elle a continué de bouffonner avec les rois, bons enfants idiots, qui l'ont laissé faire... Pendant la grande Exposition, on a vu, si l'on s'en souvient, des princes étrangers retenir leurs places par télégrammes et passer leur première soirée en France à battre des mains à la Schneider, qui leur battait les joues et se moquait d'eux, dans ses rôles. Figaro n'était pas plus heureux d'être souffleté par Suzanne. Seulement, Figaro avait une excuse. Il était amoureux. Mais eux ?... Demain, par ce temps de République impie, l'opérette est capable de mettre à la scène Notre-Seigneur Jésus-Christ, et ce sera délicieux ! Et le succès sera plus certain que celui d'hier soir !

Essayez de ce sujet-là, messieurs qui voulez réussir ! Faites danser le cancan aux Apôtres, et jamais on n'aura tant ri ! Un jour, Quinet, le gros Quinet, qui avait tout gros, dit un mot spirituel, qui l'étonna bien quand il fut dit, comme le maladroit qui, au billard, s'étonnerait d'avoir fait un carambolage : « Nous arrivons — disait Quinet — à Byzance, en « passant par la Béotie. » Ma foi ! c'est étonnamment bien pour Quinet. Mais il renversait les deux termes. Ce n'est pas à Byzance que nous arrivons, en passant par la Béotie. C'est en Béotie que nous allons plutôt, en passant par Byzance, et nous y sommes en plein, dans la Béotie, et je crois bien que nous n'en bougerons plus !

III

Nous sommes bêtes, à présent, pour l'éternité. Si vous aviez été, comme moi, au *Janot* de la Renaissance, vous ne douteriez plus de cette vérité humiliante. J'y ai vu des mains se lever pour applaudir, qui avaient l'air d'être émues. Une de ces femmes pour qui le mot *gentil* est un enivrement d'éloge, disait, auprès de moi, enthousiaste et naïve, que c'était *bien gentil* tout ce qu'elle voyait, et elle se pâmait de plaisir. Ah ! si les plus médiocres vaudevillistes d'il y a cinquante ans s'étaient levés de leur tombe pour venir entendre ces plates et ennuyeuses sornettes, je voudrais bien savoir ce qu'en auraient pensé ces joyeux et spirituels compagnons, qui, de leur vivant, ne demandaient pas tant de mise en scène pour être intéressants et spirituels !! L'opérette, l'abrutissante opérette, qui, comme Midas, ne change pas en or, mais en sottise, tout ce qu'elle touche, a diverti, il faut bien le dire, *tous ces gens*, qui peut-être la chanteront facilement demain... Ils chanteront les airs et feront les acteurs de la pièce dans leurs sociétés *particulières*... Ce n'est pas musicalement trop relevé pour qu'ils ne puissent passablement en exécuter les roulades et les trilles, et, littérairement, c'est assez niais pour plaire à tous les sots qui représentent le suffrage universel en littérature ! Ah ! si MM. Meilhac et Halévy ont sacrifié au doublon, je ne crois pas absolument que le doublon trompe leur espérance. Il tombera au contraire probablement dans le chapeau qu'ils lui tendent. Selon moi, ils mériteraient d'être punis par où ils ont péché; mais ils ne seront pas punis. Vous verrez cela ! Avec la société actuelle, on peut tout croire. Il n'y a plus de choses incroyables.

Et cette pièce de *Janot*, dont je ne donnerais pas, moi, un maravédis, pourra rapporter à leurs auteurs l'argent en vue duquel ils ont spéculé.

IV

Cette pièce, toute d'exécution, qui se moque de l'esprit et qui n'en a pas, et qui ne vise qu'aux yeux et aux oreilles, a été mieux jouée qu'elle n'est faite. Les acteurs ont fait de leur mieux. Ils se sont démenés *là-dedans* et ils ont justifié la thèse que je soutiendrai toujours jusqu'à mort de plume : c'est que les acteurs, pour peu qu'ils ne soient pas mauvais, sont toujours au-dessus des pièces qu'ils interprètent... Mlle Jeanne Granier, qui est la coqueluche des habitués du théâtre de la Renaissance, mais que je vois, moi, sans que la tête me tourne, n'a ni mal chanté, ni mal dit ; mais, chose irrémissible ! elle était, deux actes sur trois, exécrablement habillée dans une pièce dont tout le mérite est les costumes de la Restauration, très fidèlement mais caricaturesquement reproduits. Il y a un moment où elle vient sur la scène avec des habits trop courts qui ne sont d'aucune époque et qui révèlent par trop indécemment son sexe. Mlle Mily Meyer, qui joue Suzon, l'amoureuse de Janot, est une poupée en bois extrêmement réussie ; mais le bois a joué comme si ce n'était pas du bois. Joly, qui fait un vieux fat du nom de Châteauminet, a obtenu le rire en faisant toujours la même grimace, c'est-à-dire en ouvrant la bouche comme une trappe ; car, en fait de grimaces, il n'en faut qu'une pour attrapper immanquablement le public !

Quant à la pièce, je ne méprise pas assez le public et moi pour l'analyser. Qu'il suffise de savoir, en un mot, que le véritable auteur de cette pièce ce n'est ni MM. Meilhac et Halévy, ni peut-être M. Lecoq (*quis est Gallus?*), ni les acteurs, — c'est le costumier.

NANA

31 Janvier 1881.

I

Eh bien, non ! non ! non ! — ce n'est pas cela qu'on attendait !

La déception a été immense. Que dis-je ? Ç'a été une suite de déceptions ! Je les raconterai. Ah ! cette *Nana !* Comme tu m'as trompé, infidèle ! Cette fameuse, cette retentissante *Nana !* Que n'en disait-on pas ? Que n'en espérait-on pas ? Qui faisait tant de bruit avant d'être jouée ! Elle n'en fera plus, la pauvre diablesse ! Depuis six mois, elle faisait *affiche* dans les imaginations et les conversations de tout le monde. Quel spectacle elle nous promettait ! Ce serait plus fort que *l'Assommoir !* Ce devait être d'un dégoûtant plus profond, plus savant, plus travaillé, plus *voulu !* Nana, le roman, avait été jugé par les dégustateurs de ces sortes de choses plus fort en indécences de situation et en turpitudes de langage que le roman de *l'Assommoir*, et on se *flattait* que la même proportion existerait au théâtre et que les murs de la salle de l'Ambigu seraient trop étroits pour contenir la foule impatientée, surexcitée, assoiffée par sa longue attente !

Ce n'était plus ici les saoûleries de *l'Assommoir*, les viles saoûleries du peuple empoisonné par le vitriol des cabarets et mourant du *delirium tremens* dans les hôpitaux ! Ce serait de la débauche plus relevée, et le vice des riches, après le vice des pauvres, est plus hideusement grand, de cela seul qu'il monte !... On espérait enfin un vrai festin de Trimalcion en fait de saletés recherchées : intellectuellement une espèce de grande orgie romaine ; et on se disait que le directeur de l'Ambigu avait fait mettre, pour les besoins de la salle, des *vomitoria* dans les coins.

Mais tout cela était un roman sur un roman. On avait rêvé sur *Nana*, et même sur le cynisme que le public, l'ignoble et sot public, avait élevé à sa plus haute puissance chez son auteur. Cette puissance, ce soir, a fini par une faiblesse. La *Nana* de ce soir a été pour le Naturalisme une lâcheté et une trahison. Au moment où la bataille engagée par le Naturalisme devient belle, l'auteur de *Nana* a reculé comme un conscrit. Il n'a pas osé être seul au feu. Il s'est fait deux. Ce n'est plus M. Zola : c'est M. Zola et M. Busnach. C'est même M. Busnach sur

M. Zola, devenu son humble pilotis. L'un des deux auteurs a nettoyé l'autre. Il l'a peigné. Il l'a lavé et il l'a rendu presque propre. Encore une pièce comme cette *Nana*, et M. Zola finira peut-être par arriver à la chasteté par la platitude. Joli chemin !

Alors, on ne dirait plus : Zola-le... — je cherche le mot qu'il trouverait et qu'il écrirait, lui, mais que, moi, je n'écrirai pas ! — mais on dirait : Zola-le-Chaste.

II

Vous comprenez la stupéfaction ! Ce soir-là, on arrivait *tout chaud, tout bouillant,* se frottant les mains et se pourléchant les babines avec l'idée de ce qu'on allait voir et entendre... On avait le joyeux grognement des goinfres en appétit qui vont s'en donner à auge pleine. Et au lieu de laper la galimafrée qu'on espérait, comme le Renard de La Fontaine, on n'a trouvé devant soi que l'honnête bouteille débouchée avec précaution par la cigogne Busnach, et offerte aux museaux affamés de la salle, impertinemment mystifiés. Vous jugez de la figure de ces museaux ! C'était à n'y pas croire, et ils n'y croyaient pas ! Pendant deux actes, au moins, ils ont cherché l'indécence absente. Ils l'ont cherchée partout où elle n'était pas, et même ils ont fini, d'impatience, par l'y mettre. Ils l'ont inventée. Leur désir la coulait sous la moindre phrase, le moindre mot, le moindre geste. Il entendait malice à tout, ce malicieux public, et il riait, non pas de ce qu'avaient écrit les auteurs de la pièce, mais des polissonneries qu'il pensait... Il était, en effet, plus Zola que M. Zola lui-même, qui, ce soir, n'était plus Zola, mais Busnach. Seulement, quand ce pauvre polisson trompé de public s'est aperçu que cette chère petite bête de l'indécence, qu'il cherchait, n'était pas dans la botte de foin de la mauvaise pièce qu'on lui servait, il s'est fâché ; il est devenu féroce ; et il a retourné son rire contre la pièce elle-même et contre les situations qui devaient paraître les plus intéressantes et les plus pathétiques aux auteurs de la pièce, et ce rire insolent en diable a même atteint jusqu'aux acteurs !

Dure, mais bonne leçon ! M. Zola a pu l'entendre. Il était, m'a-t-on dit, dans la salle, caché dans une loge grillée comme le Gambetta de la littérature dramatique de ce temps, comme sur le théâtre il était également caché sous son bouclier en caoutchouc de Busnach. De ces deux cachettes, il a donc pu apprendre ce qu'il en coûte de n'être que le capitaine Fracasse du Naturalisme, qui fracasse tout dans ses articles, mais qui, au théâtre, le vrai champ de bataille des faiseurs de systèmes, quand il faut en découdre, se dérobe comme le gros Falstaff! Depuis quelque temps, du reste, on aurait pu prévoir cette pusillanimité dernière dans tout ce qu'écrivait M. Zola. Dernièrement, il se plaignait de ce sceptre de l'ordure que la Critique, disait-il tristement, lui faisait trop porter. Il trouvait que la Critique le sacrait trop, et qu'elle n'était pas juste, et qu'il n'était pas de cette royale infection-là! Quant au fond, il avait raison. Je suis assez de son avis. M. Zola n'est pas, en action, aussi naturaliste qu'en théorie, et il n'y a pas que la *Nana*, capitonnée de Busnach, qui vienne de le prouver. Même dans la *Nana*, le roman, la *Nana* qui n'est pas hongrée, comme un cheval de demoiselle, M. Zola n'est qu'un écuyer qui a peur des oreilles de son cheval. Il n'est pas le héros sans peur ni reproche de sa doctrine; et là où il descend à moitié d'échelle, il y a toujours des profondeurs et des *dessous* dans lesquels il n'est pas capable de descendre d'un échelon de plus.

Il n'a pas assez de poitrine pour n'avoir pas peur d'y être asphyxié.

III

Je peux bien lui donner *décharge* de sa pièce, puisqu'il dit avec une humble prudence qu'il ne l'a pas faite ; mais je ne lui donne pas décharge de n'avoir pas osé la faire. Ceci n'est pas digne d'un homme qui se croit un chef d'école. M. Victor Hugo, ce grand romantique si méprisé par M. Zola, a eu le courage de faire *Hernani* et même d'enfermer, en plein Théâtre-Français, un de ses personnages dans une armoire, — ce qui était du naturalisme assez hardi pour le temps, — et il ne s'est mis derrière personne. M. Zola, lui, a pris M. Busnach pour son armoire. Il s'est mussé là-dedans, ne se montrant que par la serrure, mais y allongeant cette patte blanche du biquet qui croit ramasser les gros sous de cette exhibition de *Nana*, qui n'est pas littéraire, mais scandaleusement financière ! Et, de fait, y a-t-il, dans cette pièce de *Nana* qui n'est une pièce que comme une pièce de tapisserie, y a-t-il, dans ce découpage plaqué sur des planches où maintenant on met tout sans pudeur, une cohésion, une combinaison, une logique ou un art quelconque ?...

M. Busnach, collaborateur de M. Zola! Allons donc! Collaborateur, lui! — une paire de ciseaux!

Il a promené les siens en long et en large à travers le fameux roman, y laissant les choses qu'il aurait fallu y prendre si M. Zola avait eu du cœur (et y prenant celles-là qui n'avaient pas d'inconvénient) et que le roman, qu'on veut révolutionner, supporte très bien dans la *cachette* d'un volume (toujours des cachettes, ces hardis!), mais que ne supporterait pas le théâtre, qu'avec ces façons M. Zola ne révolutionnera pas, je lui en donne ma parole d'honneur! L'Origène qui a passé par les ciseaux de M. Busnach est un triste sire dramatique réduit aux proportions qui lui restent, et tous les personnages du roman, et qui font aller l'action d roman comme ils peuvent, sont aussi émasculés que leur auteur. Ils n'ont plus le relief du roman, qui les faisait vivre d'une vie grossière, ah! oui! mais, au moins, intense. Ici, ils ressemblent à des bustes auxquels on a coupé le nez. La *Nana*, qui aurait demandé une actrice comme Mme Dorval pour la jouer, n'est plus guères qu'à la hauteur de Mlle Massin, qui pourtant a montré, il faut l'avouer, pour exprimer son personnage, plus de talent que M. Busnach pour le *tailler* et le *retailler!*

Châtré et châtié comme il est, on conçoit bien que ce drame n'ait plus d'intérêt, surtout pour ceux qui ont lu le livre, que l'intérêt scénique de la représentation. De la trame du roman on connaît tout, excepté les trous qu'on y a faits. J'ai dit déjà que l'esprit impur du public n'avait rien trouvé ici à mettre sous sa vilaine dent gâtée. Eh bien, les yeux impurs, non plus, n'ont pas vu ce qu'ils voulaient voir! On avait rêvé d'une Vénus et d'une nudité qu'on appelait sa toilette. Il n'y avait là qu'une danseuse d'opéra qui s'habille beaucoup, au contraire ! Mme Céline Chaumont, dans *Divorçons*, quand elle relève sa jupe et montre seulement son pied au bout du paravent, est cinquante mille fois plus osée et plus libertine que Mlle Massin avec tous ses falbalas qui lui servent de ceinture. Cela a été une déception encore.

La plupart des acteurs, eux, n'en ont pas été une. On savait bien qu'ils ne sont pas bons à l'Ambigu. Mais celle que je vais nommer et qui a eu dix minutes superbes (une déception encore, dans une pièce et un théâtre qui n'ont ordinairement rien de superbe!), est l'actrice qui a joué la vieille reine Pomaré, devenue une chiffonnière et une mendiante. Cette actrice, du nom d'Honorine, était un Gavarni de pied en cap, et elle a joué comme Frédérick Lemaître, en femme. Son regard de côté, en regardant toutes ces filles de joie et de luxe qui lui rappelaient sa jeunesse, a été sublime de mépris et de mélancolie, et j'en ai gardé la lueur au fond du mien. Elle était entrée on ne sait comment, car dans cette exhibition il n'y a pas plus de logique dans les entrées et dans les sorties que dans autre chose, mais quand, après avoir joué ces dix minutes qui m'ont paru si courtes, elle est remontée sur les marches du fond du théâtre et qu'elle s'est retournée, avec son oblique, menaçant et terrible regard noir, elle a fait avec son bras un geste qui a rempli la scène. C'était la Sibylle, en haillons, de la misère, mais c'était la Sibylle! Quand elle a été partie, je suis retombé dans la prose des autres acteurs. Elle n'est peut-être pas meilleure que ceux qui étaient là, dans un autre rôle ; mais il faut saluer le talent partout où il est, et même quand il passe comme un éclair !

On avait beaucoup parlé de l'incendie de l'hôtel Muffat, et, selon moi, il a été médiocre. Il eût, du reste, été ce qu'on nous promettait, — c'est-à-dire magnifique, — que la réconciliation de Muffat et de sa femme, qui, adultères tous deux, se mettent à chanter tout à coup la chanson de M. et de Mme Denis sur leurs vieilles amours et à se jeter dans les bras l'un de l'autre, avant de se jeter dans le feu, aurait suffi pour égayer ses flammes. Lacressonnière, qui jouait le mari, a été de niveau avec le ridicule de la situation, et la salle a ri d'une réconciliation si subite, au nez de cet incendie humilié.

LA PRINCESSE DE BAGDAD

---

7 Février 1881.

I

Il y a huit jours aujourd'hui que cette pièce se jouait au Théâtre-Français, comme si l'on avait voulu donner à la Critique hebdomadaire le temps d'avaler et de digérer les énormités de M. Alexandre Dumas, et, si la pièce tombait à la première représentation, le temps aussi de se relever, sinon sur ses pieds, au moins sur ses mains ou sur ses genoux. Prévision et précaution inutiles! La pièce, représentée devant un public trié sur le volet par M. Dumas lui-même, ce grand préparateur de succès qui sait faire *ses* salles mieux que ses pièces, est tombée, comme si elle n'était pas de M. Dumas. Chose aussi étonnante que si le lustre du théâtre avait croulé du plafond et s'était brisé dans la salle! Le sifflet, que je croyais mort, est tout à coup ressuscité, et moi qui le regrettais comme une Institution perdue je l'ai réentendu avec le plaisir que m'aurait fait l'harmonie des sphères célestes! Il faut bien le dire, malgré sa prépotence dramatique, M. Alexandre Dumas a été sifflé, et ceux qui ne sifflaient pas gémissaient et se lamentaient sur ce sifflet, hélas! mérité. Quelle surprise pour tout le monde! Le lendemain, sur lequel on comptait, le lendemain vengeur n'est pas venu. C'était le mardi, le *jour des abonnés,* comme on dit si noblement, maintenant, à la Comédie-Française, mais devant cette société du mardi, élégante, énervée, à moitié morte, ayant trop bon ton pour avoir beaucoup d'âme, la pièce tombée n'a pas trouvé de béquilles pour se relever. Et depuis, au lieu de marcher, elle se traîne comme un colimaçon qui s'obstine...

Est-ce la fin d'un règne que cette chute? car M. Alexandre Dumas a vraiment régné et règne encore sur les théâtres et sur l'imagination publique!... A tort ou à raison, l'opinion en a fait le petit Napoléon dramatique de ce temps sans Napoléons. Certes! je ne dis pas que sa *Princesse de Bagdad* soit encore sa bataille de Waterloo, mais peut-être pourrait-on comparer avec plus d'exacti-tude aux Adieux de Fontainebleau cette malheureuse pièce d'aujourd'hui, et d'autant plus qu'après sa défaite de lundi dernier, l'auteur veut, dit-on, faire ses suprêmes adieux au Théâtre. Pour moi, je n'en crois pas un mot. Déjà, dans une de ses préfaces, ne nous avait-il pas menacé de ses adieux au théâtre ? et le voilà revenu, ou plutôt il n'est pas parti ! On ne guérit pas du théâtre. Mais puisqu'on n'en guérit pas, on peut en mourir...

II

Cette heure est-elle venue pour l'auteur de *la Dame aux Camélias* et du *Demi-monde*, cet *enfant chéri des petites dames* ? C'est là maintenant la question formidable. La pièce d'aujourd'hui est réellement inquiétante. Elle a d'affreux symptômes. Elle témoigne de l'exagération de ces défauts dans la manière d'un homme que le public ne voyait pas et que la Critique n'osait signaler, tant cet homme exerçait de prestige ! Aujourd'hui, *la Princesse de Bagdad* a mis ces défauts dans les yeux de tout le monde, et à les en crever. Après *la Princesse de Bagdad*, on peut se demander ce qui doit venir dans la tête de l'auteur, en fait de folies et d'absurdités.

Car il ne faut pas ménager les termes. Je sais que la Critique — la fille aux relations et aux yeux d'or — est assez lâche, et que tout tremble devant M. Dumas ; mais il faut qu'il sache cependant mieux que par des sifflets anonymes que sa *Princesse de*

Bagdad est une pièce absolument folle. Ce n'est plus seulement ici le paradoxe ordinaire et sempiternel sur les femmes, que M. Dumas, qui n'a jamais eu qu'une idée dans toute sa vie, introduit dans ses pièces et soutient invariablement. C'est, à part toute préconception et tout système, radicalement une mauvaise pièce, qui donne même un démenti à la réputation de M. Dumas, lequel passe pour un constructeur de pièces, comme on est un constructeur de vaisseaux ! Le talent de charpentier et d'ébéniste, nécessaire, à ce qu'il paraît, à ces charmants ouvrages qu'on appelle des pièces de théâtre, manque dans cette pièce, incohérente et démantibulée, au grand charpentier et au grand ébéniste reconnu et presque acclamé dans M. Dumas. Mais là n'est pas le plus grave reproche qu'on puisse faire à *la Princesse de Bagdad*. Cette pièce n'est pas uniquement une mauvaise pièce parce qu'elle est mal faite et qu'elle ne *coule pas dans la rainure* comme un ouvrage de menuiserie habilement travaillé, mais c'est une mauvaise pièce dans le plus profond et dans le plus intime de son être, par le fond même de l'observation humaine qu'il y faudrait et qui n'y est pas !

Dès les premières scènes, en effet, de cette incroyable production, on peut se demander où l'on est, — si c'est à Bagdad, — ou en France, — ou dans la lune, — et si on se répond on doit se répondre que c'est dans la lune ; car, parole d'honneur! c'est dans la lune que l'on croit être, en supposant pourtant que la lune soit un astre ou un globe de bien mauvais ton et de bien mauvaise compagnie pour qu'on y rencontre des créatures comme en façonne M. Dumas. Il peut n'y avoir que dans la lune des millionnaires de quarante millions d'insolence qui osent dire à la femme qu'ils prétendent aimer qu'ils l'achèteront, à quelque prix qu'elle se mette, et que, sans la presser, ils attendront ce moment-là, dont ils sont sûrs, appuyés tranquillement sur leurs quarante millions, tout puissants et irrésistibles! Il n'y a que dans la lune où une femme, qu'on a appelée *Lionnette* pour nous faire croire qu'elle est une lionne, puisse entendre cette outrageante déclaration sans rugir d'indignation et de colère!... Il n'y a que dans la lune qu'il n'y ait pas de sonnettes pour faire venir un valet ni de valet pour mettre à la porte par les épaules ce Turcaret de quarante millions, justiciable de quarante mille coups de pieds dans le derrière ! — pour répondre à une richesse par une autre. Il n'y a non plus que dans la lune que la femme qu'on vient d'outrager, et à qui on a offert la clef de la petite maison où l'affreux formicaleo de ce trou d'or va l'attendre et qui l'a prise, cette clef, mais pour la jeter par la fenêtre, dès qu'il est parti (après lui avoir craché cette infâme injure : « Elle n'est pas tombée dans la rue,

« où quelqu'un pourrait la ramasser, mais dans
« votre jardin, madame »,) s'en aille, à pieds plats
et furtifs, la ramasser, comme l'abominable drôle
l'a prévu !

Il n'y a toujours que dans la lune où, au second
acte de la pièce, sans qu'on sache ce qui s'est passé
dans cette âme de femme qu'on dit fière, on la
voie arriver dans cette maison qui est son opprobre,
pour demander (bien inutilement, puisqu'elle le
sait!) pourquoi l'homme aux millions l'a si cruellement insultée, en payant ses dettes ! Il n'y a enfin
que dans la lune qu'une pareille femme, voyant son
mari furieux entrer, comme sur la terre, avec un
commissaire de police, se déshabille, jette sa robe
au vent, et, presque nue, se vante du flagrant délit
d'un adultère qui n'a pas été consommé ! Oui ! il
n'y a que dans la lune où de pareilles choses puissent se passer. Pour ce monde-ci, l'homme et la
femme restant ce qu'ils sont, c'est impossible ! Ce
sont là des contes à faire dormir debout, dans leurs
babouches, tous les califes de Bagdad, puisque,
dans cette pièce, sans qu'on sache pourquoi, Bagdad
il y a !

III

Il y a Bagdad, — mais c'est une fantaisie ! La pièce irait très bien sans cette princesse de Bagdad, qui, d'ailleurs, n'est qu'une moitié de princesse. Supposez que Lionnette, qui est la fille d'une marchande de marrons et de cidre et d'un prince de Bagdad qui, de Bagdad, est venu manger des marrons et *cidrailler* à Paris, soit tout simplement la fille de la marchande de marrons et du marchand de marrons, la pièce serait identiquement la même que ce qu'elle est... Ce grand constructeur de pièces qui ne doit rien faire d'inutile s'est permis, on ne sait pourquoi, cette superfétation, dans la sienne, d'une princesse qui eût tenté M. Jourdain, et qui n'est là que pour expliquer par la physiologie la fierté d'une femme qui, pendant toute la pièce, ne fait pourtant que des bassesses.

En effet, caresses et baisers à un mari qu'elle n'aime pas, mais qu'elle embrasse et qu'elle caresse en présence des amis de ce mari (ce qui se fait peut-être encore dans la lune mais point dans les maisons où l'on se respecte) ; hypocrisie de l'adultère ; résolution de partir avec l'homme qui l'a déjà payée et qui va l'entretenir. Est-ce assez de bassesses pour une princesse, et même pour une femme du peuple ? Une autre superfétation encore, dans cette pièce d'un homme qui est réputé pour serrer ferme le tissu dramatique et ne jamais le surcharger, c'est l'histoire du duel racontée par l'odieux millionnaire au premier acte. On peut aussi le supprimer, et la pièce n'en sera pas moins ce qu'elle est toute entière. Pour ce qui est de la cause de ce duel, c'est une plaisanterie sur la bosse du millionnaire, qui, à ce qu'il paraît, fut bossu autrefois, mais qui a maintenant les épaules droites grâce à ce duel, — ce qui est stupide, mais pas clair. Quant à être déplacé, ce duel, il ne le serait peut-être pas dans la lune, mais il l'est extrêmement sur notre globule terraqué. En bonne compagnie, on ne raconte pas ses duels, surtout devant les femmes. Nous qui n'avons pas été élevés dans la lune, nos mères nous ont appris qu'il y a deux choses dont les hommes ne doivent jamais se vanter : c'est des duels qu'ils ont eus par malheur, et des femmes qu'ils ont eu le bonheur d'avoir.

IV

Eh bien, tout ceci a véritablement paru par trop fort au public, et même aux adorateurs de M. Alexandre Dumas!... Quand on a sifflé ce lunatique, ils ont dû souhaiter, eux, que sa pièce, sans faire tant de bruit, s'en allât où s'en vont tout silencieusement les vieilles lunes... Elle ira là certainement ; mais elle sera accompagnée de cette musique qui ne les charmait pas, l'autre soir ! Malgré leur tendre admiration pour M. Dumas, ses amis ont été, comme nous, qui ne sommes pas si tendres qu'eux, révoltés de bien des détails dégoûtants de cette pièce entreprise pour glorifier la femme dans sa maternité et pour rendre vivante cette idée, qui peut être vraie : c'est que l'enfant est tout pour elle, et qu'elle s'essuie à l'enfant et à ses baisers de toutes les boues qu'elle a traversées et dont elle ruisselle ! Seulement, il fallait s'y prendre mieux que M. Dumas... Il n'a été que l'homme de thèse qu'il est toujours, il n'a pas été le grand artiste dramatique que tout ce public attendait. Le moyen qu'il a employé pour changer l'âme de cette orgueilleuse Lionnette, qui n'a pas peur de se rouler, par orgueil blessé et haine de son mari, dans la fange du concubinage et de l'adultère sans amour ; le *coup de foudre* dans l'ornière de ce sale chemin de Damas qu'elle veut suivre, n'a été presque (qu'on me pardonne l'image!) qu'un coup de pied au derrière de l'enfant qui entortille de ses bras les genoux de sa mère et que le brutal millionnaire envoie rouler sur le tapis. Cette vulgarité de moyen, cette conversion sans majesté, a soulevé la salle et a déterminé une tempête inconnue depuis longtemps au Théâtre-Français, et sous laquelle s'est engloutie la pièce avec le nom de son auteur.

Cette pièce toute entière, c'est Mlle Croizette, qui y débute dans le talent. Je n'ai jusqu'ici jamais dit du bien de Mlle Croizette, qui ne me paraissait pas, à moi, ce que le public a la bonté de la trouver ; mais aujourd'hui je lui rendrai justice ! Elle a entr'ouvert un bouton de talent qui pourrait être une belle rose demain.

Les autres acteurs ont été corrects dans des rôles odieux. Seule, elle a été nettement supérieure, dans un rôle qui ne l'était pas moins. Elle a montré beaucoup d'intelligence et de feu. Son genre debeauté allait à son rôle, comme ses robes allaient à sa beauté. Sans elle, assurément, cette misérable pièce n'aurait pas été écoutée jusqu'à la fin. Mais elle l'a soutenue. Cariatide qui n'avait pas que les deux beaux bras qu'on voyait, mais qui en avait dans le talent deux autres qu'on ne voyait pas mais dont on sentait la robustesse. Chose surprenante ! elle a été troublée jusqu'à ne plus prononcer distinctement la fin de quelques unes de ses phrases pendant la durée de la pièce, quoique cette pièce lui fît un repoussoir superbe et qu'elle dût être heureuse de l'enthousiasme qu'elle excitait. Elle l'a senti pourtant, quand on l'a rappelée, et son visage l'a dit avec un sourire qui était le bonheur et qui pouvait le donner.

MADAME DE NAVARET

14 Février 1881.

I

Le théâtre, pour l'heure, est aux mères. Elles s'y suivent, processionnellement, et y tombent (aussi) comme des capucins de cartes... *Nana*, qui a précédé *la Princesse de Bagdad*, est une mère. *La Princesse de Bagdad* est une mère. *Madame de Navaret*, jouée cette semaine au Vaudeville, est une mère. Quelle litanie de mères! Quelle contagion, quelle pestilence de maternité! C'est sur cette dernière corde de l'âme humaine, de ce pauvre instrument qui n'en peut plus, que les auteurs dramatiques à bout d'idées et de combinaisons jouent leur dernier petit air, hélas! affreusement monotone. L'idéal du moment est là. L'idéal d'un moment est, du reste, presque toujours le contraire de la réalité! On écrit des idylles en temps de guerre. Les bourreaux de la Convention faisaient des romances dans l'entre-deux des têtes qu'ils coupaient. Et quand une société n'a plus, comme la nôtre, ni mœurs, ni sentiments qui vaillent, on fait de la maternité !

MM. de Courcy et Nus ont donc fait aussi une mère pour le Vaudeville. Mais leur mère, à eux, n'est point une fille, comme Nana, en plein commerce de son corps, et qui n'en a pas moins sa petite fleur de maternité sur le fumier et dans la fange de sa vie. Ce n'est pas non plus, comme la Princesse de Bagdad, une fille de l'avenir, puisqu'elle vend déjà son corps et qu'elle n'est arrêté que par son enfant *seul* dans la rapide dégringolade de sa vertu ! La mère du Vaudeville est un autre genre de mère. C'est une mère vertueuse... Ma foi! une minute j'en ai douté. Elle prend des airs si tristes, dans le commencement de la pièce, quand elle parle de son mari mort qui lui a tant recommandé en mourant de bien élever son fils, que j'ai cru à quelque accroc lointain fait à sa vertu et que sa maternité, pour avoir plus de goût et produire plus d'effet, allait être salée de quelque remords ; mais c'était une erreur. Il n'y a de sel d'aucune sorte dans cette *Madame de Navaret*... C'est doux, fade et innocent. Et, franchement, c'est trop facile que de faire des pièces, s'il n'y a qu'à nouer et à dénouer de ces rubans-là !

Ils s'y sont mis à deux, pourtant... Ils ont collaboré rudement dans cette babiole. Ils ont réuni, ces braves gens, tous leurs efforts, et se sont peut-être donné des tours de reins pour arracher cette tête de laitue. Car, en fait de force, ils ne sont ni l'un ni l'autre des cabestans !

II

Faut-il vous raconter cette chosette, — simplette et maigrelette, — et qui n'est vraiment digne ni d'un tambour, ni d'un trompette ? On pourrait l'appeler très bien : *Le Duel impossible ou la Femme obligeante*, diable de bon vieux titre qui ne vous prendrait pas en traître et comme on en donnait aux pièces de ce genre autrefois. Cette pièce, tenez ! elle est toute dans ceci, qui n'est pas bien gros : la réflexion imprudente d'une mère (Mme de Navaret) sur un duel de son fils qu'il lu raconte à la troisième personne et qui l'envoie à un second duel et peut-être à la mort, cette réflexion, et l'obligeance d'une amie (Mme de Risieux) qui veut empêcher ce fils de partir pour ce duel à l'heure fixe (et pour un motif, d'ailleurs, insuffisant), en lui faisant de ces coquetteries auxquelles la vanité des hommes, ces paons de fatuité, se prend toujours.

En un mot, voilà tout le nœud de la pièce ! Mais le dénouement de ce nœud n'est pas fait par la femme obligeante... Il est fait par la mère, qui ne craint pas de compromettre la femme obligeante et vertueuse en jetant par la fenêtre, au moment du départ, à son fils, le bouquet qu'il avait demandé pour ne pas partir. L'étourdi, qui se croyait adoré et qui revient avec le bouquet qu'il prend pour les arrhes de l'amour, trouve la femme obligeante nez à nez avec son mari, et voilà qu'au moins c'est le duel manqué qui reparaît avec un autre adversaire. Mais ce n'est là qu'un mirage de duel bientôt encore dissipé ! Le mari, suffisamment édifié sur la vertu et l'obligeance de sa femme par la mère, qui a jeté le bouquet et qui l'avoue, ne veut plus se battre avec le petit jeune homme en quête d'un duel, qui reste assez bêtement entre ces deux duels impossibles, et qui, pour ne pas passer pour poltron, à la fin de la pièce se fait soldat et va chercher un autre duel au régiment.

Telle est cette Berquinade, où il y a vraiment trop de Berquins ! Il n'y a pas que la mère. Tout le monde est vertueux, dans cette pièce, et les innocences y sont transparentes à trois pas. Il y avait cependant peut-être, dans les plis chiffonnés de ce nœud de rubans, si facilement dénoué, une pièce qui pouvait avoir son intérêt et même son pathétique ; mais il fallait la voir et l'en faire sortir. Si cette Mme de

Navaret, par exemple, eût envoyé positivement son fils à ce duel qu'il voulait avoir, c'est-à-dire à une mort possible, et que, mère héroïque, elle lui eût mis elle-même à la main cette épée dont il avait été désarmé et qu'il n'avait pas ramassée, alors il y aurait eu de la grandeur dans ce rôle de mère chez qui l'honneur eût parlé plus haut que la Maternité déchirée qui crie, — et il y aurait eu aussi du tragique dans la cruelle anxiété de ce duel, conseillé par elle. Je me suis dit en frémissant : « Va-t-elle le faire tuer ? » Mais j'ai eu tort de frémir. Nous ne sommes plus au temps de Corneille. Les auteurs de *Madame de Navaret* n'ont fait ni une espagnole, ni une romaine, mais une parisienne de ce piètre temps. Leur Mme de Navaret n'a d'héroïsme que pour commettre la mauvaise petite action de jeter par la fenêtre à son fils le bouquet que son amie n'avait pas voulu lui donner parce que c'était là l'engagement d'une promesse, et quand elle l'a avoué ç'a été sans honte et presque sans repentir, comme si c'était la chose la plus simple du monde, — comme s'il était permis à *toute* mère de faire *tout* pour sauver son fils ! Et, de fait, les femmes de ce temps-ci sont bien capables de le croire ! C'est là le défaut moral, la lâcheté morale de cette pièce, dont la conclusion est juste à la taille de nos mœurs.

III

Aussi, cela n'a ému personne. Tout le monde s'est reconnu dans des sentiments si vulgaires, et on s'est fait l'accueil qu'on se devait ; on est resté froid. Le public, qui, depuis quelques jours, mâchait des pièces comme *Nana* et comme *la Princesse de Bagdad,* a trouvé que la maternité de Mme de Navaret manquait de piment, et ce n'est pas le jeu de Mlle Fargueil qui a réchauffé ce concombre. Mlle Fargueil, qui rentrait, je crois, ce soir-là, au Vaudeville, après une de ces meurtrières absences où l'on trouve au retour des talents qui ont poussé et qui ont empêché de trop s'apercevoir du vide que l'on croyait avoir laissé derrière soi, n'a pas pu montrer dans ce rôle de Mme de Navaret le genre de talent que généralement on lui reconnaissait autrefois. On la disait surtout passionnée. Ce soir-là, elle n'a pu se montrer que correcte, disant bien, — sobrement, élégamment, — mais avec une voix qui fut toujours d'un timbre désagréable et qui maintenant ressemble un peu trop au son d'une vielle qui ne va plus... Peut-être la passion l'eût-elle transformée ; car la passion peut tous les miracles, à la scène comme dans la vie. N'ai-je pas vu, moi qui écris ceci, le visage de grenouille de Mme Dorval, cette batracienne, beau, de par la passion, et même plus beau que l'angle facial antique, et sa voix canaille (car elle l'avait naturellement canaille) devenir sublime dans les cris du cœur !... Seulement, la passion, chez Mlle Fargueil, si elle y est encore, si ce soleil qui pourrait n'être que couchant n'est pas encore tout à fait couché, la passion est vraiment impossible à introduire dans le rôle dont elle s'est chargée et dont une plus forte qu'elle ne serait pas capable de la faire jaillir ! C'est, d'ailleurs, leur histoire à tous, ces acteurs du Vaudeville, le plus distingué, par son ensemble, de tous les théâtres de Paris, d'avoir senti la faiblesse de leurs rôles et d'en avoir été victimes.

Seule, Mlle Pierson, Mlle Blanche Pierson, a dominé le sien par la supériorité de son jeu. Elle a été elle-même, et même *plus qu'elle-même*, dans la scène, *l'unique* scène qui, dans *Madame de Navaret*, est toute la pièce.

IV

C'est elle qui fait Mme de Risieux, l'amie obligeante qui veut sauver le fils de Mme de Navaret en l'empêchant de partir, et, franchement, quand on la voit et qu'on l'entend, on comprend qu'il reste, même sans le bouquet qu'elle ne lui donne pas!... Elle est, en effet, ravissante, dans ses diableries de coquette qui ne la séparent de la diablerie finale que de l'épaisseur de ce bouquet. Elle l'est de beauté et de talent, mais elle l'est encore plus de talent que de beauté, et c'est la première fois peut-être... La beauté aimable et charmante — la beauté ne l'est pas toujours ! — de Mlle Blanche Pierson a joué souvent des tours perfides à son talent. Elle était si grande pour les yeux qu'ils ne voyaient qu'elle, et que les sens embrasés troublaient l'âme dans ses émotions les plus nobles et le calme de ses jugements. Les toilettes aussi de Mlle Pierson, qui sont des poèmes de goût et de génie, et qui doublent sa beauté, ont été longtemps une raison pour ne pas apercevoir le talent de l'actrice, qui n'a fini qu'à la longue par percer tout de ses rayons. A présent, on la voit toute entière, et elle est *classée* par l'opinion, qui est toujours en retard quand il s'agit d'apprécier les supériorités réelles. Je ne crains pas de l'affirmer : présentement Mlle Blanche Pierson est la Mlle Mars du théâtre du Vaudeville, qui vaut le Théâtre-Français, — ce qui rend l'équation complète. Un jour, j'ai dit de Mlle Delaporte, évanouie dans une espérance qui serait devenue probablement une gloire, qu'elle avait ramassé l'éventail de Mlle Mars. Mais Mlle Pierson n'a pas pris que l'éventail.

Elle a joué comme la grande Célimène, qui n'est plus maintenant l'inimitable, son rôle de coquette, et ici elle n'était soutenue ni par les vers divins ni par le génie de Molière, ni par le souvenir de Mlle Mars, qu'elle n'a certainement pas vue, comme Mlle Mars avait vu, elle, Mlle Contat, et s'était chauffée à la flamme de ce talent qu'elle avait si puissamment réverbéré et fait oublier par le sien !... Mlle Pierson, sans modèle, s'est élevée solitairement et graduellement dans l'art de la Comédie. Je l'ai suivie du regard longtemps au Gymnase et dans son art, montant lentement, mais montant toujours. Elle était pourtant assez belle pour oublier l'étude de cet art difficile en ces jardins d'Armide dont elle était l'Armide, mais ce qu'elle cherchait dans son miroir, c'était moins la femme que l'artiste, et c'est l'artiste qu'elle a fini par y trouver !

V

Et nous en avons eu la preuve ce soir-là. Dans cette Berquinade attendrie, où l'ennui coule de l'attendrissement, elle a éclaté de beauté, d'esprit, de mordant, de bouderie, de moquerie et de coquetterie, même avec son mari dont elle n'est pas contente parce qu'il se fie trop à sa vertu, et à qui elle demande des soupçons, des agitations, de la jalousie et un petit duel de temps en temps, pour lui prouver qu'il l'aime et que d'autres l'aiment :

Qu'un amant mort pour nous nous mettrait en crédit !

Mais c'est dans la scène très longue, et dans laquelle elle déploie des ressources et une variété vraiment inouïe de diction et d'attitude pour empêcher le duel et faire rester là ce friand de coup d'épée, qui veut s'en aller et qu'elle ramène, à chaque mouvement pour sortir, du fond de la scène jusqu'à elle, avec un art de démon sans cesser d'être ange, — ce qui est, je crois, la pire espèce de démons! — c'est dans cette scène, qui est peut-être plate à la lecture, qu'il faut la voir pour juger de son ensorcellement de grande comédienne. Elle y a quelque chose de si joyeusement provoquant, de si joyeusement guerroyant, cette coquette qui ne craint pas le danger, qui s'y expose, qui le brave et qui saute sur son dos comme la fameuse Femme nue sur son tigre. Sa beauté, sa toilette, les arabesques contournés de sa robe de bal autour d'elle quand elle marche si lutinement la scène devant cet amoureux qui la suit, qu'elle affole et qui la poursuit, sa coiffure blonde relevée, serrée, lissée, qui n'est plus le *casque noir* d'Alfred de Musset :

Une jeune guerrière avec un casque noir !

mais le casque d'or d'une autre guerrière, tout cela forme un ensemble de femme et d'actrice qu'on n'oubliera plus quand on l'aura vu...

Et cela seul absoudra les auteurs d'avoir fait cette pièce, qu'ils auraient dû nommer : *Blanche Pierson*, et non pas : MADAME DE NAVARET.

PHRYNÉ

21 Février 1881.

I

Il faut avouer que si la chose doit continuer comme cela, prochainement il n'y aura plus du tout de théâtre en France et que nous autres lundistes nous pourrons aller nous promener avec nos feuilletons ! La marmite du compte-rendu sera renversée... Depuis que j'ai pris la plume au *Triboulet*, je n'ai pas vu passer une pièce qui eût au front, je ne dis pas une étoile de talent, mais une étincelle. Ceux qui aimeraient tant à louer sont bien malheureux ! Les noms même des auteurs pris longtemps par l'opinion pour des supériorités dramatiques, ne jettent pas l'illusion du passé sur la médiocrité présente de leurs œuvres. Les auteurs de *Madame de Navaret*, qui précède de huit jours la *Phryné* d'aujourd'hui : MM. de Courcy et Nus, n'ont pas, eux, de gloire à compromettre, — pas plus que M. Busnach, puisque M. Zola a retiré son pied de la fange qui lui appartenait et que M. Busnach a filtrée pour nous la faire avaler. Mais M. Gondinet, mais M. Dumas, mais M. Meilhac, ont une réputation, et ils sont en train de la perdre! Dans les pièces qu'ils nous ont données en ces derniers temps, ce n'a été qu'une série de coups maladroits et manqués. Ils n'y ont été que l'ombre d'eux-mêmes. Or, pour être l'ombre de soi-même, il faut être mort.

Je crois bien qu'ils le sont ou qu'ils vont l'être... et qu'on peut faire leur oraison funèbre comme déjà *Ignotus*, cette semaine, a fait celle de M. Émile Augier, avec une flatterie aussi éclatante que le talent qu'il a mis à la faire! Quand Roland, dans l'Arioste, fait celle de sa jument, qui avait toutes les qualités, il ajoutait qu'elle était morte. *Ma morta!* disait-il d'un ton désarçonné. Il faut bien que M. Émile Augier soit mort aussi : on ne parle pas de ce ton-là des hommes quand les hommes sont vivants. On attend le jour de leurs funérailles, et on ne recommence pas le lendemain ! MM. Gondinet, Dumas et Meilhac, vont-ils avoir aussi leur éloge posthume, et cette oraison funèbre qui est la dernière pelletée d'admiration qu'on jette sur vous pour en finir ?... De ces talents, à peu près défunts, qui honorèrent le théâtre, M. Meilhac semble, aux œuvres, le plus moribond des trois. Les autres n'ont qu'une œuvre ; lui, il en a deux ! Après *Janot*,

il a fait *Phryné*, deux hoquets terribles ! Et *Phryné*
— cette *Phryné* d'aujourd'hui — pourrait bien être
pour lui le grand hoquet final !

II

C'est une opérette (toujours !), mais sans couplets
et sans musique. Il n'y a point de Lecoq làde-dans,
par conséquent c'est au-dessous de *Janot*, où *le coq*
chantait au moment même du reniement de M. Meilhac, — qui reniait son esprit et son talent dramatique, mais pour ne pas *pleurer amèrement après*,
comme saint Pierre dans la cour de Ponce-Pilate.
Il a si peu pleuré, en effet, qu'après *Janot* il nous
a donné immédiatement *Phryné* ; *Phryné* après
Janot, qui était une farce, mais du moins une farce
hardiment osée par des hommes d'esprit qui se permettent une petite débauche, et cuisinée, d'ailleurs,
avec tous les condiments de ce genre de ragoûts ;
après *Janot*, *Phryné*, qui est une farce aussi, mais
qui a la prétention d'être une comédie, et une comédie très française malgré son nom grec, et qui,
sans couplets et sans musique, a paru aussi nue
que Phryné devant l'Aréopage, mais qui n'a pas eu
tout à fait le même succès.

C'est sur cette nudité historique de Phryné que M. Meilhac, par ce beau temps pornographique, avait compté pour le succès de sa comédie; mais la pudeur de M. Busnach l'a pris, à son tour, et il a reculé devant cette nudité promise par le titre menteur et presque mystificateur de sa pièce. Phryné, jouée par Mlle Magnier, dont la tête est charmante pour une grisette française, mais qui, corporellement, n'a rien des beautés de Phryné, n'est, dans la comédie de M. Meilhac, que la grisette de sa figure, sans l'exhibition qu'on attendait *du reste*, avec une curiosité que le *trop* de toilette de Mlle Massin dans *Nana* avait exaspérée. Cette Phryné n'est que la voleuse d'un nom grec. Elle pouvait très bien s'appeler du nom français de la première cocotte venue, et ses amoureux s'appeler comme les premiers gommeux venus et les premiers juges venus, Jocrisses et Brid'oisons de Paris, bien plus que d'Athènes! Il n'y a là, en effet, qu'un froid carnaval de costumes, qu'une pièce en habit noir sous des dominos grecs ouverts pour qu'on voie l'habit noir, et c'est même tout le comique de cette pauvreté. Comique facile, grossier, méprisable et vieilli, mais, je le crains bien, immortel comme la bêtise, qui fait rire toujours! Pour les femmes, les diamants de Mlle Magnier (une vitrine !) seront la seule attirance d'un pareil spectacle, excepté pourtant une peut-être: Mme Adam, l'auteur de *Gala-*

thée... Pipée par ce nom de Phryné, Mme Adam a dû se précipiter à la pièce de M. Meilhac ; mais elle en sera sortie furieuse ; car elle adore trop les Grecs pour souffrir patiemment qu'on les mette en masque et qu'on se moque d'eux !

III

Et c'est ce qu'a fait M. Meilhac. Pour Mme Adam, il est un impie à qui probablement elle ferait boire la ciguë de Socrate, si elle le pouvait ; et c'est même pis : c'est un blagueur parisien ; car il faut appeler les choses et les hommes par leurs noms, qui sont bas et que nous n'avons pas faits. La *Phryné* de M. Meilhac est la fille de cette chose si essentiellement parisienne (et c'est ce que j'en peux dire de pis) qu'on appelle la *blague*, inconnue à nos pères, qui abaisse tout, qui salit tout, et qui doit enterrer tout sous elle. La blague, c'est le rire de l'envie, et on n'entend plus partout que ce vilain rire-là. Il a succédé au rire spirituel de l'ancienne gaîté française, le rire piquant de l'observation, qui piquait si rapidement un ridicule et qui le montrait avec un si joli mouvement, piqué au bout de sa fourchette ! Ce rire-là a été tué par la Révolution, dont je ne me lasserai jamais de compter les massacres, et c'est la blague qui l'a remplacé. La blague, c'est la manière de plaisanter de la démocratie. Daumier, qui fut un démocrate, la popularisa dans ses énormes et grimaçantes caricatures, et la démocratie l'en récompensa en l'appelant « le Michel-Ange du crayon », ce qui était, par parenthèse, une fière insulte à Michel-Ange ! Puis vint après lui Offenbach, qu'on pleure aujourd'hui et qui fut le Daumier de la musique, et qui blagua les dieux comme aujourd'hui M. Meilhac blague les Grecs.

Certes ! dans leur art spécial, ni Daumier, ni Offenbach, n'ont créé la blague. Ils l'ont peut-être nommée ; mais avant eux, et ailleurs qu'en France, elle existait. Elle existait déjà en *Don Quichotte*, — cette inspiration déshonorante, — qui, dans le pays du *Cid*, osa blaguer la chevalerie ! Mais c'est dans la France démocratisée qu'elle devait s'établir et pousser son jet, et ce jet élargi a pris de telles proportions que j'ai connu un homme du plus noble esprit, ancien ambassadeur, mais artiste, chez qui la diplomatie n'avait pas éteint l'enthousiasme, qui s'est, pour n'en pas souffrir, exilé de ce pays livré à la blague et s'est réfugié à Rome, encore le pays du respect, mais qui, dans peu, ne le sera plus !

Et, en effet, on peut tout croire et tout craindre de l'invasion de ces Barbares modernes et bouffons que l'on appelle les blagueurs, qui entraînent dans leur flot les esprits les plus faits pour leur résister. M. Meilhac, si raffiné dans ses premières œuvres, était d'une distinction si grande et si goûtée par moi que je ne l'aurais jamais cru capable d'emboiter le pas derrière ces goujats de la plaisanterie contre ce qui fut grand, poétique et beau. Et d'autant qu'il n'y a dans les blagues qui sont le fond de sa *Phryné* rien qui nous renouvelle ces vieilles guenilles et nous rafraîchisse la pensée. Nous connaissions et nous savions tout cela. Ce qui n'est pas spirituel dans M. Meilhac paraît si incompréhensible que, pour se l'expliquer, on lui suppose, comme je l'ai fait quand j'ai parlé de son opérette de *Janot*, une exploitation de l'art dans une vue et un but de fortune, et si c'est là ce qui pousse cet esprit élevé et vibrant aux œuvres basses de la littérature dramatique, c'est encore plus triste que l'épuisement des facultés et la mort naturelle du talent; car j'aime mieux, en littérature, une tête vidée qu'un sac plein.

IV

Ce qui donne la vie à cette comédie, qui est née morte, c'est uniquement Saint-Germain. Il joue divinement le vieux juge amoureux de Phryné, qu'elle a ruiné, moqué, conspué, rebuté, chassé, et qui lui fait gagner son procès. Je ne sais rien de plus exquis de nuances et de plus varié que le jeu de ce vieux roquentin amoureux, dont l'amour a l'opiniâtreté de son dernier vice. Ses yeux fins, d'une paillardise *qui se glisse*, sa vieille tête penchée, les attendrissements de son sourire, sa papelardise friande, et les mouvements de son corps, sous sa robe et son manteau grecs, exprimant de si drôles de désirs en regardant Phryné comme un vieux chat qui guette un pot de crême, font de lui un type incomparable. Son jeu est si vif et si expressif, même quand il se tait, que si l'on ne voit pas Phryné nue sur le théâtre, comme le voulait la tradition, on la voit ainsi dans les incroyables yeux de Saint-Germain et Mlle Magnier peut garder sa robe : on a vu Phryné !

LUCRÈCE BORGIA

28 Février 1881.

I

Ce sont les premières vespres de la fête d'aujourd'hui en l'honneur de Victor Hugo, qu'ils ont chantées hier soir, à la Gaîté. Ils y ont joué pompeusement sa *Lucrèce,* — trop pompeusement même ; car de ma vie je n'ai vu ni entendu pareilles emphases à celles des acteurs qui ont vomi cette terrible pièce ! Était-ce hasard ou connivence qui la faisait représenter précisément ce jour-là ?... Elle était, je le sais, annoncée depuis longtemps ; mais, en fait de connivence, on peut tout croire des travailleurs dans la gloire d'Hugo. Eh bien, si c'est hasard, il a été malheureux, et si c'est connivence, elle a été maladroite ! Ce n'a pas été fête pour fête ! Aujourd'hui, nous allons donner à Victor Hugo une fête de rue. Il ne nous a pas donné hier soir une fête de théâtre. Il nous doit du retour !

Tout a été triste, en effet, hier soir, dans cette *Gaîté* qui porte si mal son nom ! La pièce, les acteurs, les entr'actes, le public, l'enthousiasme, l'esprit pesant qui passait sur cette salle, assez laide en femmes, et où des loges vides faisaient comme des trous sombres ! Qui eût dit cela avant d'entrer ? Les choses s'annonçaient si bien !... Qui eût dit cela à la bousculade de la porte ; car on s'y est bousculé *républicainement !* Promesse vaine d'une représentation éclatante ! Je m'attendais presque à des prélibations de la fête du lendemain : *prœlibationes matrimonii.* Je m'attendais à des lauriers, à des statues, à une exhibition de la statue de Victor Hugo pour faire pendant à l'exhibition de la statue de Voltaire sur le théâtre, lors de son triomphe. Et rien de tout cela ! Pas le moindre petit buste ! Je m'attendais à des frénésies d'applaudissements. Et rien ! rien ! D'applaudissements, il n'en est tombé que quelques uns du cintre sur la tête du citoyen Rochefort, assis à la première galerie, et qui s'est courbé là-dessous avec un embarras qui lui fait honneur ; mais de ces applaudissements, Victor Hugo n'en a pas ramassé un seul.

On les lui a gardés pour sa fête d'aujourd'hui !

II

Quant à la pièce en elle-même, rejouée après un si long temps, elle m'a paru d'une affreuse vieillesse. Elle semblait sortir des Catacombes. C'était une morte qui se mettait debout, — ou plutôt que l'on mettait debout, — mais c'était une morte ! Rien ne vivait plus dans ce drame, où la vie avait été toujours faussée, tendue à outrance, impossible, mais d'où la passion finissait quelquefois par sortir, tirée et traînée par les cheveux, dans un effort déclamatoire. Ce n'est pas dix ans, ce n'est pas vingt ans, c'est cent ans qui ont passé sur cette œuvre, laquelle a eu son jour de succès, mais dont l'accent ne nous trouble plus et nous paraît presque ridicule aujourd'hui ! Certainement, si l'accent avait été plus vrai, la pièce eût été moins mortelle ; car pour de telles œuvres, il faut renoncer à l'espoir de l'immortalité ! Racine, dont le Romantisme a eu l'impertinence de tant se moquer, vit toujours, malgré les grandes perruques et les talons rouges de ses Achilles et de ses Agamemnons ; il vit, malgré l'Histoire qu'il fausse ou qu'il ne sait pas dans ses mœurs et dans ses costumes ; il vit parce qu'il a l'accent humain, la justesse dans le sentiment et la passion éternelle.

Si Lucrèce Borgia — cet impudent mensonge d'un laquais voleur et congédié mis en drame — avait eu ce qu'avaient les pièces de Racine, elle serait encore ce qu'elle fut pour une génération trop jeune pour sentir juste et pour voir clair. Elle aurait résisté au temps. Mais ce n'est pas seulement l'Histoire qui est violée dans ce drame; ce n'est pas même ce drame qui, dans son organisme, est mal conformé; mais ce sont les sentiments de la nature humaine qui y sont abominablement contrefaits, ainsi que le langage qui les exprime. Henri Heine, ce génie bien fait et charmant, appelait, si on se le rappelle, Victor Hugo un grand bossu. Eh bien, sa Lucrèce Borgia chasse de race ! Elle est moralement difforme. C'est une bossue de maternité... Hier soir, elle n'a touché personne. Et cependant, je l'ai dit souvent, mais cette observation s'impose à chaque instant et on est bien obligé de la répéter : nous vivons dans le siècle le plus *maternel* qui fut jamais, maternel jusqu'à l'hypocrisie ! Le sentiment que Victor Hugo a donné à Lucrèce Borgia pour son fils Gennaro avait donc, pour être compris et pour toucher, non pas les mères vraies de la salle, mais celles-là aussi qui veulent le paraître, et l'amour désespéré de Lucrèce et sa fureur maternelle — monstrueuse hyperbole dramatique en style hyperbolique et antithétique ! — a pu produire de l'étonnement, mais n'a produit aucune émotion.

Et encore, l'hyperbole antithétique du style a tué l'hyperbole dramatique de la pièce. La *Lucrèce* de Victor Hugo parle plus qu'elle n'agit, et elle semble même n'agir que pour parler... Elle n'abrège jamais ses phrases par son action, mais au contraire elle l'allonge toujours de ses phrases, défaut capital de Victor Hugo, qui est son défaut ordinaire. Il l'a partout... Dans ses pièces en vers, comme *Hernani* et *Ruy Blas*, la chose paraît et choque moins. La poésie du vers, la puissance mystérieuse et inexplicable du vers, qui agit jusque sur les âmes les plus basses, sauve ce que la prose de Hugo ne peut pas sauver, et il est victime de cette prose sans naturel, qui est la sienne. Lucrèce, excepté quand elle crie, parle trop d'abord, et parle toujours cette langue contournée, savante, travaillée, de Victor Hugo ; elle la parle quand elle ne devrait plus la parler, mais agir ; elle la parle à tous les moments du péril que court son fils : elle la parle quand il a le poison et la mort dans le ventre, elle la parle quand elle lui a donné du contre-poison et qu'elle ne devrait que le faire s'enfuir, par une de ces portes qui s'ouvrent toujours à temps dans les drames de Victor Hugo, et qu'elle le rappelle pour lui demander de la lui parler à son tour. Elle a besoin de l'entendre encore, quand elle devrait le pousser dehors de ses mains maternelles épouvantées ! Et c'est cette rhétorique du Romantisme, aussi vieille que l'autre rhétorique que Victor Hugo a tant sifflée, c'est elle, bien plus que la scélératesse de Lucrèce, qui empêche tous les cœurs de mères de s'intéresser à son amour.

III

Ainsi, pas de vérité humaine, pas de vrai sang dans cette pièce hydropique de déclamation et d'enflure ! Pas de vérité historique non plus dans ce drame de mensonge, tiré d'un pamphlet, pas de vérité historique, qu'il n'est pas permis au génie lui-même de travestir pour l'amusement des générations qui aiment l'histrionisme et qui haïssent la papauté ! Mais (ce qui est moins grave, il est vrai), pas même de vérité légendaire ! car, s'il y a une légende, c'est celle du poison des Borgia. Et ce poison des Borgia, d'autant plus effrayant que le secret en est perdu, Victor Hugo, cet homme d'effet dramatique à tout prix, nous en fait douter ; il l'a compromis ! Dans le récit des trembleurs, ce poison, qui est le fond de la pharmacopée dramatique de l'auteur de *Lucrèce*, était de la foudre en flacon, pour la rapidité de son action dévorante. Or, ici, on se porte très bien quand on l'a ingurgité. On est sa bouteille. Gennaro est empoisonné par Alphonse d'Este, qui le prend pour l'amant de sa femme, et on croit que le poison qu'il a avalé va le dissoudre sur place, et il ne se dissout pas, et il n'éprouve aucun symptôme de dissolution pendant la très longue scène où il ne veut pas boire le contre-poison offert par sa mère. On se dit avec une fiévreuse activité : « Mais la colique ne vient donc pas ? Mais que fait-elle donc, cette colique ?... » Les autres vérités violées dans la pièce impliquent l'infériorité morale et intellectuelle de l'auteur. Elles ne sont que lamentables, mais celle-ci est pire : elle est comique ! Elle introduit le comique dans une pièce qui veut être tragique, et ce comique est d'autant plus grand et plus ridicule qu'il est déplacé.

Sérieusement, peut-on dire que cette pièce de *Lucrèce Borgia* ait été jouée, hier soir, à la Gaîté ? Je l'ai appelée : « les premières vespres du lendemain », et c'est exact ; elle a été moins jouée que chantée, — et chantée dans cet ennuyeux et exécrable ton, qui est la mélopée traditionnelle du mélodrame. Depuis qu'il est, en effet, des mélodrames dans le monde, on piaule comme cela, au lieu de parler, et c'est une raison ajoutée aux autres pour faire paraître plus vieille cette vieille pièce. Elle a rappelé et ressuscité tous les petits hurleurs entendus au théâtre de drame.

Mlle Favart, que j'ai vue admirable et presque adorable dans *Dalila*, est devenue à la Gaîté une femme de l'endroit et elle y a perdu sa diction pure, nette et simple. Sa voix s'embarrassait, hier soir, dans les longues phrases gongoriques de son rôle, comme ses pieds dans la queue de ses robes... Ah ! si elle avait vu le magnifique coup de pied, le coup de pied royal que Mlle Mars, cette reine de la grâce, envoyait, pour les écarter, aux flots de velours et de soie qu'elle traînait après elle, Mlle Favart se serait trouvée, ce soir-là, bien peu duchesse de Ferrare, comme sous ses cheveux noirs elle est aussi très peu Lucrèce Borgia, qui était blonde, et dont une tresse, une seule tresse, a rendu amoureux Lord Byron !

A cela près de quelques beaux gestes, sur lesquels le mélodrame et la Gaîté n'ont pas eu d'influence encore et qui lui sont restés, elle n'a pas réalisé l'idéal que j'attendais d'elle. Le jeune Volny, du Théâtre-Français, faisait Gennaro, et il a montré du feu deux ou trois fois ; mais qu'il prenne garde aux mauvaises habitudes du mélodrame ! Elles ont fini par atteindre un homme de génie dans son art, Frédérick Lemaître, qui n'avait pas le génie simplificateur de Talma, lequel serrait son rôle autour de lui et jouait les coudes au corps, avec des gestes rares, mais qui, comme le tonnerre sort de la nue, sortaient tout à coup de sa toute puissante simplicité.

Pour ce qui est des autres acteurs de *Lucrèce Borgia*, je crois qu'ils peuvent demeurer, sans grand dommage pour leur talent, dans cette tour de la peste de la déclamation que l'on appelle le mélodrame. Ils brillent moins par le talent que par le costume. Seulement, pourquoi n'en ont-ils qu'un pendant toute la pièce? Pourquoi n'en changent-ils pas?... Des seigneurs de cette élégance, de ce luxe, de cette somptuosité italienne, doivent avoir plus d'un habit et ne peuvent pas être cousus à perpétuité dans un seul.

Et cela méritait d'autant plus d'être dit, qu'à mesure que le drame diminue d'âme et de talent le costume augmente d'importance, et que les meilleurs auteurs dramatiques seront prochainement... les costumiers!

LES FAUSSES CONFIDENCES

PENDANT LE BAL

7 Mars 1881.

I

Le croirez-vous ? Et comment m'y prendre pour vous conter cela ?... J'ai assisté hier soir à une représentation de spectres, — et c'est le théâtre de la Comédie-Française qui m'a donné ce spectacle fantasmagorique et funèbre !

On y jouait, pour les débuts de Mlle Tholer, *les Fausses Confidences* de Marivaux, qu'ils s'obstinent à jouer au Théâtre-Français, avec l'entêtement de la Tradition, cette vieille mule aveugle qui veut toujours passer par où elle a passé déjà. Ils ont recommencé de jouer cette délicieuse pièce, quoique, maintenant, elle ne soit guères plus compréhensible à qui l'interprète qu'à qui l'écoute. On n'a plus le sens de Marivaux. Seulement, comme ils n'ont pas peur des mots dans cette maison d'ensevelisseuse du Théâtre-Français, ils ont tracassé dans cette pièce morte, d'un adorable génie qui n'est plus et que rien ne peut faire revivre. Marivaux, qui vient après Molière dans l'ordre du temps, est pour ceux qui le lisent incomparablement plus vieux que Molière, toujours jeune, lui, de l'éternelle nature humaine, dans ses œuvres ; cette nature humaine qui fait son immortalité ! Marivaux n'a point cette durée. Il a passé comme la société de son temps, qu'il a réfléchie dans ce qu'elle eut de plus charmant et de plus éphémère ! Son genre de génie, le plus subtil parfum de ce siècle à parfums, — le xviiie siècle, — et qu'il fit respirer dans les jolis flacons taillés à facettes de ses comédies, est à présent évaporé. Ils ont vainement secoué, hier soir, avec leurs grosses pattes, au Théâtre-Français, un de ces légers et petits chefs-d'œuvre de flacons qui ont donné l'ivresse d'un moment à nos pères, et nous n'avons rien senti du tout !

Ils ont fait ce qu'ils ont pu, cependant. Je veux être juste. La débutante, Mlle Tholer, qui jouait Araminte, cette ravissante Araminte, qu'on ne reverra plus jamais dans le monde tel qu'il est fait, hélas ! dans le présent et dans l'avenir, est une longue jeune personne, très habillée ce soir-là, trop habillée même, d'une robe de satin blanc enguirlandée de roses, astucieusement gonflée, cette robe, qui a bien ses raisons pour cela, et cette longue jeune personne s'est servie du droit de la jeunesse, qui permet la platitude des bras et la minceur du cou, pourvu qu'il soit blanc; mais elle a montré de beaux yeux très brillants là-haut, au bout de toutes ces longueurs, et qui y font très bien leur métier d'étoiles... Il n'y a même qu'eux qui, dans toute sa personne, aient bien joué... A côté d'elle, la reine de la fête, il y avait Got, — Got; le meilleur acteur de la Comédie-Française, — Got, que j'ai appelé : « l'acteur qui pense », et qui faisait Dubois, l'impayable Dubois, le valet séducteur pour le compte des autres, ce diable tentateur de Dubois, ce Machiavel-Scapin qui sait la politique du cœur des femmes et dont le César Borgia pour l'heure n'est qu'un chevalier Grandisson ! Ce Grandisson-là, ce vertueux, ce respectueux, cet amoureux, brûlant par dedans, mais transi par dehors, c'est Dorante, que Laroche a joué sobrement, — et je lui en fais bien mon compliment ! — modestement, vertueusement, plus qu'amoureusement, il est vrai, mais avec une mélancolie de tenue qui était presque du talent, comme elle était presque de l'amour ! Or, quand ces trois rôles d'Araminte, de Dubois et de Dorante, sont joués par des acteurs qui en ont vraiment le sentiment, la pièce n'a plus besoin de personne. Les autres acteurs peuvent être impunément mauvais. La pièce est sauvée ! Elle a son succès et elle peut avoir son triomphe. *Les Fausses Confidences*, cette morte, qui n'a plus que sa grâce et sa langueur de morte, des acteurs, s'ils avaient du génie, pourraient encore la galvaniser! Ils pourraient dire, comme le prophète, à ces sveltes et légers ossements : « Levez-vous ! pour nous séduire encore ! « Vous qui avez séduit nos pères, levez-vous ! — « Levez-vous et séduisez, pour la dernière fois « peut-être, une génération qui, certes ! n'a pas « été créée pour vous ! »

II

Eh bien, ces thaumaturges, ces acteurs de génie, ont manqué ce soir... Nous n'avons pas été séduits. *Les Fausses Confidences*, jouées par la tradition, écoutées par la tradition, ont eu leur succès de tradition. On leur a fait l'aumône d'un petit sou d'applaudissements, et si la pièce méritait davantage, les acteurs ne valaient pas plus... Je les ai vus et écoutés comme la salle entière, mais j'ai vu et entendu probablement ce que n'a vu ni entendu la salle, très morne d'ailleurs, très mal éclairée, et qui faisait peu d'honneur à ce gazier de M. Perrin. Le lustre était trop haut et jetait une lueur de cave.

Or, c'est à cette lueur que mon histoire commence. C'est à cette lueur que j'ai vu apparaître successivement sur la scène les spectres de cette représentation extraordinaire et fantastique, du moins pour moi qui la contemplais... Cela s'est produit très naturellement, mais très réellement, à mes yeux, avec un relief surnaturel, tant cela ressemblait à la vie !

Hallucination comme le talent en crée dans les âmes ! Derrière la débutante de ce soir, derrière cette Mlle Tholer qui jouait avec la gaucherie et l'inexpérience de ses vingt ans, j'ai vu tout à coup se dresser sur la scène le spectre d'une femme qui n'était plus jeune, elle, mais qui avait plus que les sots dons de la jeunesse,—qui avait le charme d'un talent comme on n'en reverra peut-être jamais ! Il était là, ce spectre terrible pour Mlle Tholer, et précisément derrière elle, et c'était le spectre de Mlle Mars, qui écrasait, qui effaçait, qui anéantissait la pauvre enfant assez osée pour jouer ses rôles ! Elle la noyait dans une lumière plus grande que la pâle lumière de la salle. Elle mettait un geste divin à la place des gestes indécis de la trop jeune actrice ; et à la place de sa voix de femme, elle mettait cette voix, que ceux qui l'ont entendue entendent toujours, cette voix de Mlle Mars, qui, quand elle vibrait, semblait venir vers nous par un trou du ciel ! Ah ! ce spectre était implacable ! Derrière Got aussi, il y avait un autre spectre, un spectre aussi plus vivant que la vie ! Il y avait le spectre de Monrose, avec sa voix cuivrée qui mordait dans le mot et qui rendait plus mordante la pensée de Monrose, l'homme de la verve enragée, l'incendiaire de la scène, qui, comme le Diable, laissait sur les planches du théâtre une flamme allumée partout où il avait passé ! Enfin, derrière Laroche lui-même, il y avait encore un autre spectre, et c'était celui de Menjaud, de Menjaud assez beau pour jouer Hippolyte dans Racine et tourner toutes les têtes de belle-mère dans la réalité, de Menjaud qui jouait les amoureux comme si, pour les jouer, il n'eût pas fallu être beau ! Je les voyais tous les trois en scène, ces trois spectres, ces revenants de talent, qui revenaient ! Je les entendais. Je jouissais d'eux comme s'ils avaient été les seuls en scène. Fantômes sortis de leur passé et de leur tombe, revenaient-ils pour voir comment on les remplace, pour regarder à leurs successeurs ?... Mais, morts plus vivants que les vivants, pendant tout le temps qu'a duré cette pièce morte des *Fausses Confidences*, dans laquelle je comparais ces morts qui ne la jouaient plus aux vivants qui la jouaient, ils ont aboli tous ces vivants dans ma pensée et ils les ont tous tués sur place par la force seule du souvenir !

III

Cette évocation par le souvenir, qui est la seule gloire de l'acteur quand il a disparu, cette apparition, cette hantise du talent qui n'est plus, et qui s'impose à nous lorsque les rôles que ce talent remplissait ne le rappellent que par leur vide, ne pouvait pas recommencer dans la pièce qui a suivi *les Fausses Confidences*. C'était une première représentation, et les deux actrices de cette première représentation, je ne crois pas que dans trente ans on se les rappelle, pas plus que la pièce de M. Pailleron. *Pendant le Bal* est une petite Comédie de paravent, tombée d'un salon ministériel à la Comédie-Française, et que le directeur de cette comédie, toujours empressé pour son ministre, a ramassée comme il eût ramassé son chapeau ! Les deux femmes qui ont passé au *fer* de leur talent et de leur diction cette papillote, qui n'a pas frisé, sont Mme Samary et Mlle Reichemberg, lesquelles ont fait les deux jeunes filles de *Pendant le Bal*, l'une gaîment, l'autre avec mélancolie. Ces deux demoiselles sont une antithèse. Mme Samary, dont la réputation s'est faite par les dents, — des maîtresses dents, il est vrai, — comme, dans le conte d'Edgar Poë, en a sa fameuse Bérénice, joue la fillette gaie pour les montrer, et Dieu sait avec quelle largeur elle les montre ! et Mlle Reichemberg la fillette triste qui n'a rien à montrer ; car elle n'a plus rien, cette aérienne Mlle Reichemberg, et, sans les osselets qui résistent, elle serait une vapeur demain. Toutes les deux, elles ont débité assez proprement la fadaise rimée de M. Pailleron, dans laquelle, par parenthèse, il n'y a pas un vers, — pas un seul vers frappé qui ait du timbre et dont l'esprit puisse garder et emporter la résonnance.

Avant de jouer *les Fausses Confidences*, on avait joué une autre fadaise, intitulée : *Chez l'avocat*, et c'est entre ces deux sornettes, à la portée de tout le monde, qu'on a placé les trois actes de Marivaux, qui ne sont plus à la portée de personne. Quel encadrement pour un chef-d'œuvre ! Eh bien, cette pièce de *Chez l'avocat* peut donner à M. Pailleron l'idée, par la comparaison, qu'il est un bien grand homme !... C'est inexprimablement mauvais, et dépasse de beaucoup tout ce que nous avons l'impertinence d'imaginer du discernement critique de la Comédie-Française... Cette bêtise est intellectuellement un crime d'État, même en République, et mériterait un châtiment venant de l'État et appliqué vigoureusement à qui déshonore, par la réception de pareilles platitudes, le premier théâtre du monde, que Napoléon, qui en était si fier, s'il revenait parmi nous, ne reconnaîtrait plus.

J'ai parlé de spectres. Ah ! c'est celui-là qui devrait faire trembler dans sa peau M. Perrin !

LE PARISIEN

14 Mars 1881.

I

Les semaines, au théâtre, sont comme les vaches du songe de Joseph. Il y en a de maigres. Il y en a de grasses. La semaine prochaine, il y en aura, à ce qu'il paraît, une très grasse, — une vraie vache d'Exposition, qui mettra bas je ne sais combien de premières représentations encombrantes. Mais en attendant, en voici une diablement maigre! Les théâtres *dits* littéraires, et qui ne le sont pas plus pour cela, n'ont rien donné du tout dans ces huit jours qui viennent de s'écouler, et nous sommes bien obligé de vous parler de la seule chose nouvelle qui ait paru, aux Nouveautés. Cela s'appelle : *le Parisien,* et pourrait s'appeler d'un autre nom. Par le talent, ce n'est pas une pièce excessivement littéraire que cette *pitrerie* dramatique, de peu d'effet quoique indécente, hein? Mais c'est précisément par là qu'elle a peut-être pour la Critique un intérêt et une portée.

Elle datera, ou du moins elle pourrait dater la fin, par l'ennui, du Naturalisme à la scène ; car c'est encore un effort pour l'y faire entrer et l'y acclimater, que cette pièce. Les auteurs du *Parisien*, qui sont deux, quoique leur trait d'union avertisse que par l'esprit ils ne sont qu'un, MM. Vast-Ricouard font partie, comme on sait, de l'état-major de M. Zola le *Busnaché*; mais ils ont plus de bravoure que leur général. Le *Busnaché* n'aurait pas osé la pièce qu'ils viennent de faire jouer. Ils n'ont pas eu peur de ce sujet scabreux, et ils sont allés de l'avant, sans crier : Gare ! car leur titre du *Parisien* ne le crie pas. On vient là, on n'est pas prévenu. Si ce titre était le *faux Abailard*, il le dirait, et on entrerait ou l'on n'entrerait pas, mais on serait prévenu. M. Zola, — le doctrinaire de sa personne, — qui n'a pas même d'autre doctrine que celle-là, — n'est point ce qu'on peut appeler un homme gai, un aimable homme gai, et eux, ses domestiques d'idées, ils le sont ou veulent l'être. Ils ont vu, dans l'intérêt du Naturalisme, toute l'importance de la gaîté. Ils se sont rappelé que c'était surtout par la gaîté qu'on prenait le public en France, et que même on l'enlevait quand on l'avait pris. Nous sommes, en France, après tout, des fils de Rabelais: « Notre Père et Notre Mère à la fois », a dit Chateaubriand, et quoique appauvri, bien appauvri, notre sang peut pétiller encore à quelque bonne plaisanterie. Qui sait? il reste peut-être encore cette anse de la gaîté à ce vieux pot cassé d'esprit français, qui était autrefois le plus svelte, le plus léger et le plus charmant des vases, dans lequel le genre humain tout entier pouvait boire la joie; aussi les auteurs du *Parisien*, avant de le faire, se sont dit que pour pousser le Naturalisme dans les faveurs du monde, il fallait essayer de la gaîté, jadis toute-puissante, et ils s'y sont mis à deux pour en avoir plus.

Les canards se mettent deux pour enlever la tortue. Eh bien, eux aussi, et, ma foi ! je crois même qu'ils s'y sont mis trois !

II

Mais ils s'y seraient mis quarante, comme à l'Académie, où l'on n'est pas très gai non plus, qu'ils n'auraient pas, étant ce qu'ils sont, réussi davantage. Il leur manque le génie de la gaîté. Ce n'est pas leur faute, à ces naturalistes, qui sont de gros matériels, s'ils n'ont pas la flamme aérienne de cette gaîté spirituelle, qui ne serait pas la gaîté si elle n'était pas spirituelle (ah! les mots sont des choses, allez!). Pour eux, pour des naturalistes, ces culs de plomb, qui crapaudent dans la réalité fangeuse ou vulgaire, il n'est pas facile de sortir de cette immonde glu. On a beau se frotter de vif-argent et de phosphore, on reste empêtré. On est Caliban, on ne devient pas Ariel. Ah! ces naturalistes du *Parisien* se sont probablement, dans leur naturalisme insolent et réformateur, moqués à quelque jour du vaudeville chez leur patron, qui ne doit pas l'aimer, qui certainement n'est pas le ver amoureux de cette étoile du vaudeville; car, disparu maintenant, le vaudeville a été l'une des plus jolies étoiles du ciel littéraire de la France. Et les en voilà bien punis! Ils ont appris, par leur propre expérience, que n'est pas vaudevilliste qui veut. Ils ont voulu être vaudevillistes dans le sujet qu'ils croyaient le plus audacieux des vaudevilles; mais les malheureux sont restés tout à plat ce qu'ils étaient : les Calibans du naturalisme. Ils sont restés les Calibans de la gaîté lourde, qui pèse cinq cents, et de la vulgarité bête, qui ne pèse rien; car elle est sucée et vidée par la bouche de tout le monde. Ils sont restés les Calibans de la gravelure, de la gravelure aimée de nos pères et qu'ils ont épaissie à nous en donner mal au cœur! Ils sont restés les Calibans (toujours les Calibans!) de la grivoiserie, qui sait toucher à tout et sauve tout par la légèreté de sa touche, et dont ils ont fait une grossièreté, avec l'outrance maladroite de gens qui ne sont pas faits pour faire ce qu'ils font, dans cette pièce du *Parisien*, encore plus marseillaise que parisienne, qui tourne, trois actes durant, sur la pointe de la même équivoque et dans le sujet le plus bassement physique et le plus indécemment matériel que des naturalistes pussent imaginer !

Et de cette comédie qu'on ne pouvait écrire qu'avec les mains ailées de l'esprit le plus fin et de la légèreté la plus audacieuse, ils en ont fait une comédie naturaliste, comme M. Zola a fait une tragédie naturaliste de sa *Nana*. Ils représentent la doctrine dans des spécialités différentes. Les deux messieurs en un du *Parisien* sont les comiques du naturalisme, comme M. Zola en est le tragique. Seulement, eux qui croyaient nous faire rire et tout emporter par le rire, eux qui n'avaient pas pris de Busnach pour adoucir la crudité de leurs indécentes et incroyables plaisanteries, ils ont été par trop naturalistes ce soir et ils n'ont été que cela, — c'est-à-dire porcins et ennuyeux. Les femmes mêmes qui avaient le plus de *porte-veines* dans la salle, et qui n'ont pas l'horreur de l'aimable animal qu'elles portent sur elles, ont trouvé que sur la scène il y en avait trop...

III

Est-ce là un commencement de réaction contre la littérature de ce temps d'infection littéraire, où le naturalisme est battu maintenant à plate couture par la pornographie à laquelle il nous a menés et devait logiquement nous mener ? Je n'en sais rien, mais tant mieux si c'en était un ! On n'ose l'espérer, mais ce qu'il y a de certain, c'est que je ne crois pas avoir jamais assisté à un spectacle plus lamentable que celui de cette pièce du *Parisien*, où tout le monde semblait morne et lassé, et dégoûté d'entendre tout ce qui avait été pourtant calculé pour exciter ce rire... innommable, auquel on avait demandé un succès. Je n'étais point à la première représentation du *Parisien*, et j'ignore l'attitude qu'a eue la salle de ce jour. Mais je puis affirmer qu'hier soir le silence — un silence qu'on eût dit attristé — n'a pas été coupé par un seul applaudissement venant des spectateurs, et qu'à une dizaine de reprises des : *oh ! oh !* indignés sont partis des baignoires les plus obscures. Toutes les physionomies avaient l'expression de la nausée qui précède l'indigestion ; il était évident que le public à qui on servait une pareille platée en avait trop mangé et qu'il n'en voulait plus. Si les auteurs du *Parisien* étaient hier soir dans la salle, ils ont pu se convaincre que si la bêtise est infinie, l'appétit des malpropretés ne l'est pas.

Il est vrai que, rigoureusement parlant, il n'y en a qu'une dans cette pièce, mais c'est la pièce elle-même, c'est le sujet même de la pièce qui est un puits artésien d'équivoques et de polissonneries incessantes et perpétuelles, depuis le lever jusqu'au baissé final du rideau... Elles sont incessantes et perpétuelles, mais pour cela elles ne supposent pas grand génie à ceux-là qui les ont inventées ; car c'est toujours la même plaisanterie, incessamment et perpétuellement répétée. Et vous allez le comprendre tout de suite : car c'est la plaisanterie qu'on peut faire, et il n'y en a pas deux, sur un homme qui passe — il faut bien le dire ! — pour eunuque et qui ne l'est pas. Telle est cette pièce, que je n'analyserai pas davantage, et où l'indécence et la grossièreté sont surpassées de beaucoup par la vulgarité, leur reine et maîtresse. La platitude de l'esprit des auteurs du *Parisien* se porte en effet sur le relief de ces choses qu'ils aiment à faire entendre ou à sous-entendre dans leur pièce, et c'est peut-être là l'innocence de cette souillure, qui du moins n'est pas un danger.

LE KLEPHTE — MON DÉPUTÉ

LA PRINCESSE GEORGES

LA VISITE DE NOCE

---

21 Mars 1881.

I

Tout cela le même jour. J'avais bien prévu l'encombrement!... Mais les directeurs de théâtre sont comme les chèvres de La Fontaine sur leur planche. C'est à qui passera des deux bêtes qui se heurtent opiniâtrement l'une contre l'autre, ne voulant pas céder... et c'est le feuilletoniste qui tombe à l'eau! L'eau, pour moi, ce soir-là, a été l'Odéon, où j'ai été noyé d'ennui. Je l'avais, ce soir-là, préféré au Vaudeville, parce qu'il donnait cette chose rare maintenant, dans cette famine de pièces : deux premières représentations, — et que les premières représentations doivent passer avant les reprises.

Au Vaudeville, dans cette agréable maison du Vaudeville, on reprenait la pièce d'un expérimenté au théâtre ; *la Princesse Georges*, de M. Alexandre Dumas, classée très haut par l'opinion publique, — non par moi, — et j'aurais là eu affaire aussi à des acteurs d'expérience, tandis qu'à l'Odéon, ni acteurs, ni pièces !

Et en effet, *le Klephte*, de M. Abraham Dreyfus, n'en est pas une. Ce n'est qu'une piécette, — un pauvre petit lever de rideau. M. Abraham Dreyfus travaille, comme on le sait, dans l'*infiniment petit*, et il y a quelquefois des pincées d'esprit et des chatouillements de gaîté vive, mais ce soir-là je l'ai trouvé inférieur à lui-même. Sa comédie miniaturesque n'est, à propos du Klephte des *Orientales* de M. Hugo :

> On ne s'attendait guère
> A voir Hugo dans cette affaire !

qu'une chamaillerie entre deux jeunes mariés qui s'adorent, et une seconde chamaillerie, entée sur la première, entre deux vieux mariés qui s'adorent aussi, et c'est là tout ! M. Dreyfus fera donc toujours un théâtre Séraphin à l'usage des gens du monde ? Ses pièces ressemblent aux épinglettes de leurs cravates. Seulement, celle-ci n'a pas de pointe ! Quant aux trois actes intitulés : *Mon député*, titre balourd, il faut mettre leur réception — même à l'Odéon, le berceau des enfants qui vagissent ! — sur le compte de l'indisposition momentanée de M. de la Rounat, roi fainéant pour l'heure, qui pourrait se faire traîner par des bœufs ; car c'est d'une jambe qu'il souffre. C'est sa jambe malade qui fait clocher son théâtre... Il est excusé. « Quand on boite de la « jambe, on boite de l'esprit », a dit Pascal.

II

Il y avait pourtant, je crois, dans ces infortunés trois actes, une idée comique, tirée des mœurs ridicules que la politique nous a faites. Ils l'ont vue, ces jeunes gens ! mais il fallait, pour la développer et en faire une comédie, d'autres gaillards que des jouvenceaux débutants qui ont essayé de toucher à un pareil sujet avec toutes les maladresses de leur inexpérience. *Mon député,* qui n'est pas le mien et qui n'a été celui de personne dans la salle, c'est le pantin de l'électeur. Un type de ce temps d'élection déshonorée ! Ce n'est pas le député du *mandat impératif,* le bas valet de qui le nomme, mais c'est une variété de ce type-là, qui a beaucoup de facettes, allez ! comme un bouchon de carafe. C'est ce genre de pantin que l'électeur ne méprise plus, mais qu'il adore, comme l'enfant adore sa toupie, et jugez comme il l'aimerait, s'il l'avait faite ! Or, c'est le cas ici. C'est ici l'électeur qui a fait, avec le maquignonnage de *quatre* voix domestiques de majorité, le pantin qui est sa création, son œuvre, sa propriété, sa chose et son jouet, qu'il ne quitte plus et qu'il enveloppe, et qu'il fait tourner et virer à sa guise, sous le coup de fouet du *service rendu !* Certes ! cela pouvait être gai, cela, dans ce temps sans gaîté, et mordre à pleine bouche et à pleines dents dans nos plates mœurs comtemporaines. Cela pouvait être, dans cette époque sans comédie, de la comédie retrouvée... Mais, hélas ! cela a été gai d'une autre gaîté et mordant d'une autre morsure, que les deux pauvres diables d'auteurs n'avaient ni prévues, ni voulues... C'était l'affreuse gaîté d'une chose qui craque et qui rate !

Et le craquement de la pièce a trouvé pour échos dans la salle des claquements terribles, — de ces claquements de mains impitoyables, qui sont plus cruels que les sifflets les plus perçants ; car le sifflet est un jugement qu'on exécute, tandis que les applaudissements de l'ironie sont une insulte, et on les en a régalés... Pendant un acte et demi on avait écouté avec la patience de l'ennui, qui, pendant quelque temps, narcotise. Mais il arrive toujours un moment où l'esprit narcotisé s'éveille, et finit par se venger de l'œuvre qui l'ennuie en se moquant atrocement d'elle et en prenant tout à contre-sens de cette œuvre, pour s'en venger mieux. Alors le moindre mot, le moindre geste, le moindre détail dans une situation, tout enfin devient une occasion de rire, et toute la salle s'y met, — à rire, — et, de ses mille bouches ouvertes, elle ne forme plus qu'un seul et épouvantable rictus. Alors on interpelle l'acteur, on le prend à partie, et lui-même rit, comme la salle. Il rit dans son chapeau, comme j'en ai vu un rire, ce soir-là... Alors c'est une anarchie de gaîté, un débordement de gouailleries, une trombe de blagues qui passe sur tout. Et c'était ainsi, l'autre soir. Dans ce solennel et sépulcral Odéon, on se serait cru à Bobino. Illusion charmante !

Telle a été la fin de cette pièce, à retirer du théâtre immédiatement si M. de la Rounat n'avait pas son genre de léthargie, comme le vieux Géronte, dans *le Légataire universel*. Sur mon honneur, je pense assez de bien du directeur de l'Odéon pour croire que s'il n'avait pas eu mal à la jambe, il *l'aurait passée* à cette pièce. Mais elle restera debout. Bafouée la veille, n'a-t-elle pas été jouée imperturbablement le lendemain ?... Je trouve, il est vrai, qu'aujourd'hui elle a été remplacée par *les Inutiles*. Mais elle doit revenir. C'est dans la tradition du théâtre actuel, qui vit du public et qui vis-à-vis du public a dû singulières impudences. Il lui ressert très bien le dîner qu'il a trouvé mauvais et sur lequel il a craché. Nous-mêmes n'avons pas la durée de nos dégoûts. Avec nos lâchetés intellectuelles, toute pièce, quelle qu'elle soit, peut rester insolemment et impunément à la scène. *Garibaldi*, cette infection de *Garibaldi*, a été joué pendant des mois. *Nana* persiste encore malgré le mépris du premier jour, et *la Princesse de Bagdad*, si furieusement sifflée, continue d'aller son train devant un public qui ne siffle plus. Insensibles têtes de bois que nous sommes ! Nous laissons, impassibles, toutes les bêtises frapper sur nous comme sur des têtes de Turc ! Les pièces, qui tombaient autrefois dans l'éclat d'une grande chute, n'ont plus même l'énergie de tomber.

III

La reprise de *la Princesse Georges*, à laquelle les deux premières représentations de l'Odéon ont fait concurrence, ne pouvait avoir pour nous d'intérêt nouveau que le début de Mlle Legault dans un rôle tenu autrefois par cette nerveuse et fébrile Desclée, qui, de passion, montait presque jusqu'à Mme Dorval... Si des directeurs de théâtre reprennent les vieilles pièces, la Critique, plus fière, ne reprend, pas sur ces vieilles pièces, ses vieux feuilletons. *La Princesse Georges,* dans laquelle les esprits sympathiques à l'esprit si peu sympathique de M. Dumas voient un chef-d'œuvre, n'est pas pour nous comme pour eux, un chef-d'œuvre dramatique, mais elle en est un peut-être dans le sens relatif qu'elle nous donne exactement et en perfection la personnalité de M. Dumas. Elle nous donne, élevées à leur plus haute puissance, son absence absolue d'idéal, son immoralité de moraliste sceptique et brutal, sa sécheresse, qu'on prend pour de la force parce que l'on confond presque toujours la force avec la dureté, et enfin la méconnaissance, par cet observateur de coulisse et de demi-monde, de la bonne compagnie qu'il veut peindre et dans laquelle il introduit des personnages qui, évidemment, n'en sont pas. C'est dans la preuve faite par *la Princesse Georges* de tout cela qu'est le chef-d'œuvre de cette pièce, connue et jugée, et sur laquelle, pour nous du moins, il n'y a pas à revenir. Pour nous, Mlle Legault, jouant un rôle passionné, difficile et souvent faux, dont on ne peut sauver la fausseté que si l'on est une grande actrice, est autrement intéressante à elle toute seule, dans sa jeunesse et dans ses instincts d'artiste au début de sa vie théâtrale, que M. Alexandre Dumas.

Disons d'abord qu'elle a été et qu'elle devait être un peu la victime de ce rôle ingrat d'une princesse qui n'est pas une princesse, qui n'est pas non plus une femme chastement éprise, et qui devrait avoir deux pudeurs : la pudeur de la jeune fille nouvellement mariée, vierge d'hier, avec ce reste d'aurore qui la rose encore, et la pudeur fière de la femme du noble monde auquel elle appartient et dans lequel elle a toujours vécu. L'ardemment passionnée qu'a inventée M. Dumas dans sa *Princesse Georges*, n'a ni l'une ni l'autre de ces deux pudeurs. Mlle Legault, délicieusement jolie partout, mais beaucoup plus jolie à la scène que de plain-pied, car ses traits un peu gros quoique très corrects, et qui font l'effet, vus de près, d'un beau et pur mascaron d'architecture, prennent dans la perspective du théâtre la finesse d'une distinction suprême ; Mlle Legault a, dans sa jeune personne, tout ce qu'il faut pour jouer la pudeur troublée de la vierge, transformée par le mariage et malheureuse par l'amour. Mais la pudeur fière de la princesse, il faut bien le dire, elle ne l'a pas à son âge, et dans son monde d'actrice il lui aurait fallu du génie pour la deviner. Si elle l'avait eue, elle aurait plus de dignité, plus de retenue dans son jeu, des mouvements plus lents, et à certains moments des attitudes moins caressantes. Elle a trop versé, pour être bien princesse, du côté de la conception enflammée de M. Dumas. Plus actrice, elle aurait peut-être résisté davantage à ses conseils. Mais si, la pudeur fière de la femme du monde, elle ne l'a pas exprimée comme j'aurais voulu, elle n'a pu heureusement s'empêcher d'être assez jeune fille, de physionomie et de tenue, pour ne pas glisser le charme de la jeune fille, qui touche toujours un peu à la pudeur, dans les détails les plus risqués d'un rôle moins pur qu'elle et qu'elle avait à jouer. C'est par là qu'elle a plu surtout l'autre soir. C'est par là qu'elle s'est insinuée dans les cœurs. L'actrice a été moins goûtée en elle que la jeune fille, et qu'elle ne s'en afflige pas si je le lui dis franchement aujourd'hui ! la jeune fille qui nous a enchantés de sa grâce naïve, dans l'apparition de sa jeunesse, ne restera pas là toujours, tandis que l'actrice doit, elle, y rester, et même y grandir.

Mais n'allez pas croire qu'en cette jeune fille, qui a résisté aux épaisseurs brûlantes d'un rôle selon moi mal conçu et dans beaucoup d'endroits grossier, il n'y ait eu que le charme de la jeunesse ! Il y a eu le talent de l'actrice aussi.

L'actrice a très bien dit la seule belle chose qu'il y ait dans cette pièce de *la Princesse Georges*. Elle a très bien dit d'une voix basse le mot terrible que, princesse ici, elle se garde bien de dire haut : *Va-t'en, va-t'en, je te chasse !* à cette incompréhensible Mme de Terremonde qui obéit platement, s'entortille dans sa pelisse et s'en va.

Ce rôle de Mme de Terremonde est, selon moi, l'inconséquence la plus criante et la faute la plus impardonnable de cette pièce trop vantée de M. Dumas. Il est inouï et incroyable que cette femme, qui est le Démon de cette tragédie domestique, ne résiste pas une minute à sa rivale outrée qui la chasse. Que diable! on n'aplatit pas si facilement le Démon! Pour rendre la chose plus incroyable encore, c'est Mlle Pierson qui joue cette Terremonde, et comme son personnage n'existe que dans les récits que le monde révolté en fait, elle l'a créé par son costume, le plus beau costume de courtisane, aux couleurs rouge et noire, — les couleurs du Diable! — que jamais courtisane, fût-ce Impéria au Concile de Trente, ait jamais porté. Seulement, de même qu'il y a des bégueules de goût, comme il y a des bégueules de vertu, j'ai entendu des femmes et même des hommes se récrier contre ce costume de génie qui dit tout ce que cette Terremonde devrait être, et qui le dit seul. Leçon écrasante pour M. Alexandre Dumas!

Et, en effet, le rôle n'est pas ailleurs que là. Mlle Pierson l'avait-elle, lors de la première représentation, créé de cette manière digne d'elle, la plus grande inventeuse de costumes qu'il y ait au théâtre et ailleurs? On m'a dit qu'elle avait joué supérieurement à cette première représentation, ce qui ne m'étonne pas de cette incomparable comédienne que je regretterais, sans le costume qu'elle a inventé aujourd'hui, de voir jouer ce rôle effacé de Mme de Terremonde dans *la Princesse Georges*.

Et je regrette encore, pour elle, et pour Dupuis de les voir tous deux abaisser leur talent jusqu'à jouer *la Visite de Noces*, une niaiserie pédante et même une vilenie, qu'ils ont, hélas! jouée ce soir-là.

MISS FANFARE

28 Mars 1881.

I

Quand on fait un livre ou une pièce qui s'appelle : *Fanfare*, il faut savoir les faire sonner ! Les noms obligent, aussi bien en littérature que dans le monde et dans la vie... On ne joue pas de fanfares sur une trompette de la boutique à vingt-cinq sous. Les auteurs de la pièce au titre trop crâne, représentée vendredi soir au théâtre du Gymnase, n'ont pas eu un de ces triomphes éclatants qui aurait été en harmonie avec le titre de leur pièce. *Froufrou*, qui ne sonne pas si haut que *Fanfare* et qui ne rappelle que les froufrous charmants du satin de la jupe d'une femme, fit, le soir qu'on la joua, si on se le rappelle, un bruit bien autrement vainqueur que cette *Miss Fanfare* d'aujourd'hui, qui veut être une *Froufrou* plus audacieuse et plus sonore que l'autre et qui ne l'est pas... La *Fanfare* de vendredi soir n'a été qu'une fanfare en sourdine, — une fanfare de chambre à coucher... Ç'a été une assez douce musique sur un instrument voilé et incertain. Car le caractère de la jeune pièce qu'on a jouée et des applaudissements qu'on a donnés aux jeunes auteurs d'une main indulgente, c'est le manque d'affirmation énergique et de certitude. Ce soir-là, au Gymnase, personne n'en avait.

Et la salle pourtant était très sympathiquement disposée en faveur des deux débutants au théâtre, dont l'un est M. Ganderax, esprit littéraire et distingué, et l'autre M. Krantz, son ami, je crois, avant d'être son collaborateur. Elle était même si bien disposée, que la pièce jouée elle l'était encore. Son amabilité n'était pas vaincue. Quoique cette pièce qu'elle venait d'entendre eût été une déception à son attente, la salle est restée sympathique aux auteurs comme s'ils ne l'avaient pas trompée. On se dédommageait sur leur esprit, qui, ce soir-là, avait jeté des étincelles, de ce qu'il y avait de trop juvénile dans la confection de leur pièce. C'était évidemment un genre de succès, cela, mais il faut bien le reconnaître, il a été le seul.

II

Et, en effet, il n'y a pas de pièce dans cette *Miss Fanfare*. Il n'y a qu'une façade de pièce, — la façade d'une maison qui n'est pas bâtie, un devant de cheminée sans feu. Tout y est en surface, sans profondeur, sans combinaison, sans arrangement. L'idée de cette comédie *oubliée* était dramatique, selon moi, quoiqu'elle prêtât peut-être un peu trop à la thèse comme l'entend cet éternel et fatigant *thèsier* de M. Alexandre Dumas. Comment, pour de très jeunes gens qui débutent au théâtre, ne pas imiter M. Dumas, ce grand dépravateur de l'Art dramatique, qui a tant de succès pour l'avoir dépravé ? Mais, quoi qu'il en fût des angles de la thèse que l'on y voit trop, on pouvait tirer de l'idée de MM. Ganderax et Krantz une bonne comédie, si on avait le poignet assez solide pour déboucher cette bouteille-là ! L'idée de *Miss Fanfare*, c'est l'attitude que doit avoir dans le mariage la femme vis-à-vis d'un mari qu'elle aime, pour sauvegarder ces choses qui sont souvent ennemies : son amour et sa dignité. C'est, en un mot, la politique des femmes, qui n'ont pas toutes, dans le mariage, la fierté de la duchesse de Sully (la femme majestueuse du grand Sully), qui se souciait peu que son mari eût des maîtresses, et, du haut de sa dignité de matrone, ne faisait pas l'honneur d'être jalouse à ces femmes-là.

Les femmes de ce temps-ci, pour qui on fait des comédies, sont très peu duchesses de Sully dans leur manière de sentir, et elles tiennent, pour la plupart, — ne fût-ce même que par vanité, — à être aimées de l'homme qu'elles épousent. Or, l'homme qu'elles épousent a très souvent galvaudé son cœur dans une foule de liaisons avant de les connaître, et est entré dans la vie conjugale ayant dans sa valise tout un paquet de souvenirs et de comparaisons. Peut-être même, un jour de cette vie conjugale qui commence, rouvrira-t-il ce diable de paquet pour y mettre encore, et c'est là ce que l'héroïne de la pièce de MM. Ganderax et Krantz veut à toute force empêcher. Elle sait, par sa propre expérience, que les vieilles maîtresses de leurs maris sont la plus longue rêverie des femmes, et elle s'est dit que si ces vieilles maîtresses sont redoutables encore, elle peut bien, parbleu ! (car elle dit : parbleu !), elle qui est jeune et charmante, devenir la maîtresse de son mari comme elle en est la femme, et cette tête brûlée de cœur brûlé, qui aime son mari, et à qui son père, vieux soldat, a donné le nom de Fanfare, qu'elle porte comme un pompon sur son oreille, en signe de son caractère décidé, n'a pas peur d'être une maîtresse pour l'amour et l'honneur de la femme mariée, et elle le devient.

Elle l'est déjà depuis longtemps quand la toile se lève ; car il y a un petit dont on nous parle et qui a deux ans, je crois, ce marmot, mais qu'on n'apporte point sur la scène pour y jouer son rôlet, comme la poupée en carton de *la Visite de Noces.* Ici, mes deux jeunes gens ont évité le Dumas. Mais, soyez tranquilles ! nous allons plus tard le retrouver... Elle est donc la maîtresse de son mari, et elle fait ce qu'elle peut, — publiquement du moins, — pour être bien *maîtresse.* Elle se déhanche, fume la cigarette et affecte le petit mauvais ton des cocottes du temps, si puissant sur les imbécilles de la génération présente. Que voulez-vous ? Elle a entendu parler à distance de ces drôlesses-là et elle les joue, mais avec trop de fanfare ; car son grand landore de mari, que les auteurs avaient assez d'esprit pour ne pas faire si bête, n'a plus l'air de prendre grand goût à cette maîtresse conjugale, et donne rendez-vous à une autre chez un de ses amis où il doit souper. C'est ce rendez-vous, troublé par la présence soudaine de la jalouse Fanfare, qui, dans la pièce, s'appelle Mme de Trye, c'est ce rendez-vous qui est toute la pièce.

Nous n'avions jusque-là que des préparatifs d'action et des promesses d'action de la part du seul personnage qui soit une personne dans la pièce (Mme de Trye). Les autres n'ont aucune personnalité, ce sont des noms propres qui marchent sur deux pattes, et cette action se produit ici avec une violence passionnée, qu'on prévoyait, entre la maîtresse conjugale et la maîtresse qui ne l'est pas.

Eh bien, cette scène est vive, éloquente et bien faite! La femme mariée, qui s'y est abaissée jusqu'aux injures d'une maîtresse au point que la cocotte qu'elle a devant elle a raison de lui dire: « Mais si vos femmes comme il faut sont comme « cela, alors, moi, j'en suis! » sort, furieuse, pour se venger en vraie maîtresse; car elle monte dans la voiture d'un homme qui n'est pas même le rival de son mari, et, après y être montée pour qu'il l'y voie, au troisième tour de roue en descend comme elle y était montée. Seulement, le mari a jeté ses gants à la figure du monsieur (trop insignifiant pour mériter un autre nom) qu'il a cru l'amant de sa femme, et il se fait tuer par ce monsieur, qui tire derrière la scène des coups de pistolet pendant toute la pièce pour s'exercer et ne pas manquer son coup de pistolet final. Comme dans *la Princesse Georges* et comme dans *le Mariage d'Olympe*, ce coup de pistolet final, tiré maintenant en feu de file sur tous les théâtres, est toute la morale de la pièce, qui commence d'apparaître enfin dans la fumée de ce coup de pistolet. Et, en effet, il fait évanouir Mme de Trye, qui ne sort de son évanouissement que pour dire plaintivement : « Mon fils ! »

Il est bien évident que c'est la condamnation absolue, par la maternité, de la conduite de Miss Fanfare, et le dernier soupir de sa pauvre petite trompette !

III

Telle est cette pièce. Telle est au déballage toute cette maigreur. Les acteurs, au moins, l'ont-ils remplumée ?... Les acteurs ?... D'abord on n'en peut compter qu'un qui ait un rôle en longueur et en mots spirituels, que quelques-uns autour de moi (des farouches ne Art dramatique) trouvaient spirituels, c'est vrai, mais déplacés, tandis que moi, j'ai la faiblesse de les trouver toujours à leur place, quand ils sont spirituels. C'était Saint-Germain. Il faisait le personnage du moraliste facile qui prête son appartement aux soupers galants de ses amis, et il lui a donné, à ce protecteur de la vie de garçon en catimini, une nuance d'ironie modeste et le charme de son naturel. La grande qualité de Saint-Germain, c'est son impayable naturel. A plusieurs endroits, il ne savait pas très bien son rôle, ce qui est naturel aussi, mais il s'est naturellement rattrapé avec la souplesse et l'aplomb d'un acteur qui se sent toujours à l'aise et qui n'a de disgrâce jamais. Une débutante, Mlle Mary Jullien, nerveuse et vibrante (fanfare par là plus que la pièce), s'est bien ajustée à son rôle de Miss Fanfare, et elle l'a fait valoir par la manière dont elle l'a presque emporté.

On m'a dit que cette jeune fille avait étudié pour la tragédie. Elle a une bouche très fière et taillée en arc, qui doit lancer le vers comme une flèche. Quant à Mlle Tessandier, qui jouait la cocotte contre la femme mariée, — la *fille* contre la *femme*, — elle frappait beaucoup, dans sa vulgarité sombre, et elle a dit très bien son mot : « J'en suis! » mais avec moins d'énergie que cette Mme Bordas, à présent disparue, qui le disait si bien dans sa chanson de la Canaille :
De la canaille! Eh bien, j'en suis!

Elles en sont toutes deux, quand elles le disent, mais Mme Bordas le disait mieux!

PAS DE FEUILLETON !

4 Avril 1881.

I

Nous pourrions aujourd'hui rester parfaitement tranquille et les bras croisés, regardant à l'horizon venir la pièce qui ne vient pas... Pour faire un feuilleton dramatique, il faut, en effet, une pièce, et cette semaine il n'y en a point. Or, la Critique ne s'invente pas... Aujourd'hui donc, pas de pièce ! La marée manque. Le rôti manque. Mais ne croyez pas que pour cela la Critique va se passer sa plume au travers du corps, comme Vatel son épée ! Elle n'a jamais de ces désespoirs, la Critique. Elle sait que son moment arrive toujours. Aujourd'hui, elle n'a rien à se mettre sous la dent et sous l'ongle ; la semaine qui vient de s'écouler n'est pas seulement une de ces vaches maigres dont nous vous parlions l'autre jour : c'est une vache stérile ! Mais à une certaine hauteur, qu'importe à la Critique ! « Où il

« n'y a rien, le Roi perd son droit », dit le vieux proverbe, qui sent son vieux républicain et dont nous nous moquons bien au *Triboulet!* Au *Triboulet*, le Roi ne perd jamais son droit. Quelquefois il a pu perdre son action, hélas! mais son droit, jamais! et la Critique non plus. Seulement, la Critique, plus heureuse que le Roi, transpose son action au lieu de la perdre, et quand elle n'a plus, comme aujourd'hui, de pièces à juger, elle juge le théâtre, ce théâtre appauvri et stérilisé qui n'en donne plus.

Autrefois, il n'y a pas longtemps encore, le théâtre, chaque semaine, pullulait. Réchauffé et fécondé par ce public de décadence qui l'adore, comme tous les publics de décadence, il produisait énormément, — et si ce n'étaient pas des chefs-d'œuvre que ce qu'il produisait, on sentait pourtant, aux œuvres qu'il nous donnait, dans ceux-là même qui travaillaient pour lui, une certaine puissance inspirée par la certitude du succès. Aussi les esprits se précipitaient-ils tous vers le théâtre, parce qu'en effet rien de plus facile que d'y réussir... Les grandes réputations dramatiques, montées comme un *soufflé*, et qui déjà s'aplatissent de même : les Augier, les Sardou, les Dumas, ont été des gloires momentanées d'une facilité à dégoûter de la gloire les esprits de quelque fierté. Mais cela même, — cette facilité de conquête dans la renommée et dans les pièces de cent sous plus précieuses, et dans lesquelles, d'ailleurs, cette gloire se résumait toujours,— cette facilité n'est plus maintenant capable de féconder la tête vidée de ceux qu'elle inspira naguères et la tête vide de ceux qui leur ont succédé et qui ne les remplaceront pas.

II

Et voilà la raison suprême pour laquelle le théâtre ne peut plus rien produire ! Il périt par le vide des esprits. Voilà pourquoi, à ce moment du siècle, il est aussi pauvre et aussi stérile que ce triste siècle, pauvre en tout : en littérature, en politique, en arts, en hommes, et qui doit mourir de cette pauvreté ; car les peuples ne meurent jamais que de cela. Ce n'est pas l'épée qui tue les peuples. C'est la pauvreté et la famine. Et non pas la pauvreté et la famine comme l'entendent les économistes qui écrivent l'Histoire, mais la pauvreté et la famine intellectuelles de toutes leurs facultés épuisées. C'est par là que meurent toutes les sociétés qui furent, un jour, de grandes civilisations. L'homme, avant de mourir, revenu à l'enfant, devient bête, et le théâtre le devient en ce moment, parce que, chaque jour, sa fin approche. Le premier des arts intellectuels dans l'ordre du temps, il doit mourir nécessairement le premier, et pour l'instant, il agonise...

Il périt également et par les œuvres et par les hommes,— les hommes devenus absolument impuissants à faire œuvre qui vaille dans cet art, aussi impuissant qu'eux ! Vous le voyez, les œuvres mêmes ne viennent plus ! Jamais leur rareté n'a été plus grande. Depuis que la saison théâtrale est commencée, depuis plus de quatre mois on n'avait vu au théâtre une aussi effroyable, une aussi désolante aridité. On n'y a vécu que sur *Nana*, tirée d'un roman, par conséquent d'invention dramatique parfaitement nulle, et sur *la Princesse de Bagdad*, sifflée et pourtant maintenue au théâtre, parce qu'il n'y a pas d'autre pièce pour l'en chasser. Allez ! s'il y en avait, depuis longtemps elle n'y serait plus. *Divorçons*, à proprement parler, n'est pas une pièce. Elle n'en est une qu'à malproprement parler. C'est une exhibition de gestes et de plaisanteries que devait avidement rechercher le noble siècle dont les femmes portent des cochons en guise d'amulettes ! En dehors de ces trois pièces, réduites à ce qu'elles sont, qu'avons-nous eu au théâtre qui puisse nous faire croire que l'Art dramatique ait de la vie dans les veines pour longtemps encore ?... Ni pièce qui promette un homme, ni homme qui promette une pièce, ne s'est imposé au public en autorisant une espérance. Certes ! la littérature des livres est présentement bien médiocre, mais, comparée à la littérature dramatique, elle est d'une évidente supériorité. Prenez les livres qui s'éditent, et mettez-les en regard des pièces qui se jouent ! Et les livres pourtant qui s'éditent ne se font pas, eux, pour ce qu'ils rapportent, tandis que les pièces de théâtre, même les plus vulgaires et les plus courtes, tentent les esprits sordides et bas de la génération actuelle par la perspective de ce qu'elles peuvent rapporter.

III

Mais cette tentation ne suffit même plus. Tout puissant à d'autres époques, l'Art dramatique emportait, comme un astre dans son orbite, toutes les imaginations. Aujourd'hui, tombé de sa hauteur d'Art dans l'abjection d'une industrie à laquelle l'Art se mêle, il est vrai, plus ou moins, il n'a plus même assez de virtualité industrielle pour exciter dans les esprits qui s'en occupent l'effort volontaire et soutenu qu'il faudrait, je ne dis pas pour faire un chef-d'œuvre, mais seulement pour faire une bonne pièce... Celles qu'on fait maintenant méritent-elles ce modeste nom ? Les succès d'estime, comme on disait jadis, ne sont-ils pas à présent aussi rares que les succès d'admiration et d'enthousiasme ? Ou plutôt y a-t-il succès ? Cela peut-il s'appeler un succès, l'accueil que fait le public à toute pièce ? Le public de ces pièces ne ressemble-t-il pas aux auteurs de ces pièces, et n'a-t-il pas, comme eux, cette lassitude et cet ennui que produit un Art qui se meurt de vieillesse, et qui, pour vivre encore ou faire mine de vivre, est obligé de revenir à des situations et des combinaisons profondément usées et auxquelles le génie même de Shakespeare ou de Molière n'ajouterait pas ?

Tel est l'état présent du théâtre, et cet état présent, il faut bien le dire, c'est sa mort prochaine. C'est la mort du théâtre ! Je ne dis pas la mort des spectacles. Des spectacles, nous en aurons toujours ! Mais c'est la mort du théâtre par le fait de sa conception définitivement épuisée. J'ai souvent, dans les feuilletons du *Triboulet*, laissé entrevoir cette idée, qui n'est pas gaie pour un joyeux bouffon comme lui, que le théâtre en était à sa dernière heure. Mais aujourd'hui, dans son absence de pièce jouée pendant toute une semaine, — symptôme de défaillance qui, croyez-le ! va se répéter, — j'ai profité du papier blanc qu'il me laissait pour le montrer mieux.

LA REINE DES HALLES
THÉRÉSA

11 Avril 1881.

I

C'était lundi — c'est-à-dire il y aura huit jours lorsque ce feuilleton paraîtra — qu'ils ont inauguré ce nouveau théâtre qui s'appelait autrefois le Théâtre des Menus-Plaisirs, et qui sera peut-être désormais le théâtre des grands. Son premier soir, d'excellent augure, en a été comme la promesse... Parmi tant de théâtres qui défaillent et qui meurent, celui qui vient de naître est vivant, et quand la vie est quelque part, elle a son magnétisme et sa contagion, et nous avons tous senti, lundi soir, l'électrique influence de cette vie subite et rare à laquelle, depuis longtemps, nous n'étions plus accoutumés. Le public, cet instrument aux cordes détendues par l'ennui des pièces qu'on lui joue, mais qui ne demande pourtant qu'à retentir, a vibré lundi sous le multiple archet de cette musique, de ces chansons, de ces acteurs, de ce spectacle ! Il y a eu, entre lui et le théâtre qui commençait si bien, une harmonie instantanée et soutenue, et les coudes qui se touchaient, dans la salle remplie, avec de joyeux frémissements de plaisir, en disaient encore plus long que les mains qui applaudissaient. Ils disaient l'émotion même qu'on éprouvait, et les applaudissements n'en disent que la reconnaissance !

L'âme de tout cela, il est vrai, a été Thérésa, l'âme immortelle de Thérésa, que ni les années, ni le succès, ni la popularité, ces choses terribles qui usent les âmes, n'ont pas usée, et qui, par le renouvellement de la première impression qu'elle me causa quand je l'entendis pour la première fois, a toujours pour moi l'air et le charme du plus délicieux des débuts ! C'est elle qui jouait la Reine des Halles, dans cette pièce qu'on a dû faire pour elle, et elle a été, ce soir-là, la reine attendue et acclamée de ce théâtre qui attend aussi son roi ; car on parle de l'engagement de Paulin Ménier, — l'acteur le plus fait pour partager avec elle la royauté de ce théâtre nouveau. Thérésa et Paulin Ménier ! deux forces dramatiques qui s'adosseraient si robustement et si triomphalement l'une à l'autre, comme les supports de l'écusson de la *Comédie-Parisienne*, qui vient de repeindre avec tant d'éclat et de rajeunir son antique blason effacé.

La Comédie-Parisienne, qui ne sera pas, nous

l'espérons bien, seulement parisienne, quel bon nom de théâtre pour tous ceux-là qui en ont assez du pauvre vieux drame qui croule de toutes parts, exactement comme la pauvre vieille tragédie qu'il avait fait crouler ! Débris sur débris, entassement de ruines sur lesquelles nous nous préparons à danser.

II.

Car la Comédie-Parisienne, si on la prend au mot, nous donnera la comédie sans épithète, cette comédie qui, s'il lui en faut une absolument, pourrait s'appeler la comédie très française, allant du vaudeville jusqu'à l'opérette, mais ne se dispensant pas d'avoir de l'esprit sous prétexte de musique ou sous prétexte de spectacle, — qui est de la musique encore ; car le spectacle est la musique des yeux !... Nous aurons l'un et l'autre ici, je le veux bien, mais dans une juste proportion et à condition que cette comédie-là, sur laquelle nous comptons, se rappellera surtout, ainsi qu'à nous, qu'elle est la fille de cette chose si française, si profondément et tout à la fois si légèrement française, qu'on appelle le vaudeville, ce genre charmant de comédie que l'esprit français, qui s'est trahi lui-même en l'abandonnant, a si bêtement abandonné! Depuis longtemps, en effet, il n'existe plus, et nous voudrions le voir revivre. Il y a bien encore un théâtre du Vaudeville, que je m'obstine à trouver, moi, dans sa direction et dans l'ensemble de ses acteurs, supérieur au majestueux Théâtre-Français, qui marche sur son ancienne gloire comme les femmes maladroites marchent sur leur queue. Mais ce théâtre du Vaudeville fait anachronisme avec son nom, et si la Comédie-Parisienne que voici ne le porte pas, elle peut, du moins, se montrer digne de le porter. *La Reine des Halles,* qu'elle vient de nous donner, est une opérette, mais, comme toute opérette, elle n'est au fond qu'un vaudeville renforcé d'une musique et d'un spectacle que le vaudeville primitif ne connaissait pas. Seulement, toute opérette qu'elle est par la musique et par l'étalage du spectacle, *la Reine des Halles* est, par l'observation, la gaîté vraie et quelquefois l'attendrissement, bien au dessus des affreuses bouffonneries imbéciles qui mettaient le bon sens et jusqu'à la poésie en pièces, et qu'a réchauffées trop longtemps des sons de sa musique Offenbach, ce Lully de l'encanaillement.

Les auteurs de *la Reine des Halles* sont restés, eux, dans l'observation et dans la réalité de la comédie, en nous offrant le tableau exact de la Halle de

Paris et de ses mœurs. C'est sur ce fonds-là qu'ils ont été — je leur en fais bien mon compliment ! — des vaudevillistes, et des vaudevillistes spirituels, et qu'ils ont enlevé sur ce fonds ardemment peint et brillamment varié leur pièce, cette pièce à laquelle ils n'auraient peut-être pas pensé s'ils n'avaient pas eu sous la main une actrice comme Thérésa.

III

Car elle est maintenant une actrice, cette femme qui a commencé par n'être qu'une chanteuse, — et une chanteuse de café chantant ! Elle est maintenant une fière et grande actrice ! Elle l'est devenue, ou plutôt elle l'était déjà, comme elle était une chanteuse, sans se douter du talent qui dormait en elle et qui, au premier mot chanté par elle, s'est tout à coup éveillé comme une Aurore qui allait devenir le jour ! La caractéristique de Thérésa, — je l'ai dit ailleurs, dans cette *Veilleuse* allumée à la *Lanterne de Rochefort* et maintenant éteinte, et qui pour Thérésa eut une minute l'éclat d'une torche ; — la caractéristique de Thérésa, de cette femme naïve et savoureuse comme l'eau des sources, c'est la beauté de l'instinct, la beauté de l'instinct qui est sa justesse, et qui, du premier jaillissement, lui fit dépasser en hauteur toutes les cantatrices et leurs méthodes, et qui maintenant l'a faite actrice à rendre jalouses toutes les actrices de talent, de réflexion, d'effort et d'études !

Je l'ai vue, et je puis dire retrouvée, lundi soir. Depuis l'écroulement de l'Empire et sa gloire de chanteuse à elle, qui ne s'était pas écroulée et qu'elle avait arrachée, à force de talent, à cette bégueule d'opinion publique qui longtemps, disons le mot fangeux, *la traita de canaille*, je ne l'avais pas vue, mais, certes ! je ne l'avais pas oubliée. Les envieux, ou plutôt les envieuses qu'elle a l'honneur d'avoir, m'avaient raconté que cette maigre cigale sonore, dont les Alcibiades d'Athènes auraient mis l'image dans leurs cheveux, était devenue ce quelque chose de lourd, d'empâté, de gras, d'informe et presque de difforme, qui avait étouffé la beauté royale de Mlle Georges ; mais quels n'ont pas été mon étonnement et ma joie quand je l'ai retrouvée, cette svelte et peut-être trop svelte des anciens jours, une femme physiquement accomplie, poussée dans la chair qui lui manquait autrefois comme dans le talent qui ne lui manquait pas, et auquel elle avait ajouté. Je l'ai retrouvée aussi spontanée, aussi instinctive qu'elle l'était, aussi native et géniale de talent que l'eau est de l'eau, et j'en ai été d'autant plus heureux qu'à cette bombe d'artiste, quand elle s'éleva pour éclater, j'avais tracé sa parabole !

Je l'avais devinée. Je lui avais dit, j'avais été le premier à lui dire : « Si le Théâtre-Français n'était pas si bête, il vous dirait : Jouez-moi donc Dorine, dans *Tartuffe !* Et vous ferez courir tout Paris à *Tartuffe*, comme Rachel le fit courir à *Andromaque*, l'instinctive Rachel qui n'en savait pas plus que vous ! »

Mais le Théâtre-Français, qui croyait à Sarah Bernhardt, n'était pas capable de seulement entrevoir l'actrice cachée dans la chanteuse et qui ne demandait qu'à en sortir ! Le Théâtre-Français, parmi les théâtres c'est l'Académie. Il a la cécité de regard des quarante Quinze-Vingt de l'Académie, et il est aussi gourmé et pédant qu'eux. Thérésa, ignorée de ce vieil aveugle de Théâtre-Français, et qui sait ? peut-être méconnue, a dû longtemps chercher, çà et là, en vain, un théâtre assez large pour elle, et c'est enfin la Comédie-Parisienne qui le lui a donné... Elle y a joué *la Reine des Halles* avec le talent de chanteuse qu'on lui connaissait ; mais la chanteuse n'a étonné personne : on s'est livré une fois de plus à cette chanteuse qui donne un plaisir si près du bonheur quand on l'écoute. Mais c'est l'actrice qui a dû étonner tout le monde. C'est l'actrice qui a pris l'admiration avec puissance, et qui l'eût forcée, cette admiration parfois rebelle, si elle avait fait seulement mine de résister.

IV

Mais elle n'a pas résisté. L'actrice a été applaudie encore plus que la chanteuse, et même, quand on a applaudi la chanteuse, c'est encore, dans la chanteuse, l'actrice qu'on applaudissait. L'actrice, en effet, a été nettement supérieure. Les auteurs de *la Reine des Halles* avaient parfaitement vu que Thérésa, la forte artiste populaire, pouvait être une poissarde sublime et charmante, et pour qu'elle le fût ils avaient composé très habilement pour elle un rôle qui devait mettre en relief les qualités qui l'ont toujours distinguée : la rondeur, la verve familière, la vaillance, la franchise, la cordialité. Ils avaient même deviné qu'il y avait dans le fond de son talent, à cette fille plantureuse, à ce puits artésien de facultés, des sources encore inconnues de tendresse, et ils ont fait de la femme qui chantait si bien autrefois : *C'est pour l'enfant !* une robuste mère, divine de faiblesse maternelle.

Seulement, ils n'avaient pas besoin de cette intelligence qui a compris toutes les ressources du talent de Thérésa. Ils n'avaient pas besoin de se donner tant de peine pour faire sortir de la chanteuse la grande actrice. C'est dans la partie de son rôle qui n'est pas écrite que Thérésa s'est le mieux révélée, lundi soir. Elle a eu des gestes d'une noblesse étonnante, des gestes d'une beauté d'enveloppement à ceindre toute la salle, et d'une puissance à l'emporter !

Elle a eu enfin les gestes de ses bras, qui sont toujours, eux et ses mains, des bras et des mains de princesse, que la manière dont elle jouait son rôle de poissarde pouvait seule faire oublier. J'ai entendu dire autour de moi à quelques femmes qu'elle avait perdu je ne sais quelles notes dans l'étendue de sa voix ; mais elle a prouvé, pendant toute la pièce, que sans voix même elle chanterait encore le couplet avec le charme de sa manière incomparable, et qu'elle pourrait réaliser le mot si profond de Choron qu'il en paraît fou : « On peut « chanter avec les genoux. »

Et voilà aujourd'hui ce que je voulais dire de Thérésa. Je reviendrai, sans nul doute, à cette femme surprenante. Seulement, ce que je demande pour elle aux auteurs qui vont lui faire des rôles dont cette *Reine des Halles* est le premier, c'est de lui en faire dans un autre accent que celui-ci. J'aimerais à la voir lutter contre des rôles moins en accord parfait avec sa nature, pour savoir ce que pourrait nous donner cette fille qui n'a rien fait pour être ce qu'elle est, et qui n'a eu pour bercer son enfance et ses facultés ignorantes, ô poésie ! que les sons du violon de son père le ménétrier.

MADAME DE MAINTENON

19 Avril 1881.

I

Il fallait du courage et presque de l'audace pour prendre à l'Histoire, où sa grandeur est discutée et niée par des plumes terribles, et mettre à la scène la femme historique qui a porté ce nom. Cependant, il y a six ans, un jeune poète, jeune encore au moment où j'écris et dont le premier succès avait été un succès de théâtre, quoique la pièce à laquelle il le dut (*le Passant*) fût plus un dialogue poétique qui enleva les imaginations qu'à proprement parler une pièce de théâtre, un jeune poète d'un talent incontesté comme poète, mais individuel, élégiaque, idyllique, d'une simplicité très pénétrante et très puissante sur le cœur des femmes, le Wordsworth enfin de cette École descriptive qui rappelle l'*École des lacs anglais*, M. François Coppée, n'eut pas peur de ce sujet de *Madame de Maintenon* qui aurait dû le faire trembler... Mais s'il ne trembla pas, ce furent les directeurs de théâtre qui tremblèrent !... Vous les reconnaissez bien là, n'est-ce pas ?... à ce courage et à cette ardeur dans l'initiative, ces vieux masques de directeurs qui ont peur de tout, et même ont encore d'autres craintes !... Ils n'osèrent pas ce que le jeune poète avait osé...

La pièce était bravement écrite en vers, dans cette langue divine des vers méprisée par ce temps sacrilège. Elle avait cinq actes et un long prologue qui en faisait six. Elle ne prêtait, dans sa gravité, à aucune de ces exhibitions fastueusement bêtes, lesquelles charment à présent le goût d'un public corrompu, qui aime les *spectacles* tels qu'on les pratique aujourd'hui et non plus le *théâtre* tel qu'on l'entendait autrefois. On conçoit que ces héros de directeurs reculassent devant tout cela... Lanternée, ballottée, refusée, cette pièce de *Madame de Maintenon* dormit tranquillement ces six ans dans les cartons de l'auteur, quand elle s'est réveillée à l'Odéon, mardi soir, de son petit sommeil d'Épiménide, et elle a eu un succès grave comme elle, — plus grave que retentissant, — mais qui se fixera dans la tête du public, cette caboche qu'il faut fendre, comme une bûche qu'elle est, avec le coin d'un succès, pour y introduire une idée. C'est que l'élégiaque Coppée n'est pas homme à rester cantonné dans le domaine poétique qu'on lui consent, et qu'il est très capable d'en sauter la haie et d'être dramatique tout autant que ceux qui, présentement, semblent l'être le plus !

Voilà toujours le résultat obtenu, mardi soir, à l'Odéon, envers et contre tout, malgré la difficulté du sujet de la pièce et malgré la façon détestable dont elle a été jouée, estropiée, macérée, triturée, mâchonnée, dans la langue très élevée et très littéraire qu'elle parle, par des acteurs qui n'en savent pas le premier mot ! Certes ! avec les convictions que je n'ai cessé d'exprimer sur la mort visible du théâtre depuis que j'ai l'honneur d'écrire au *Triboulet,* je ne crois pas, je ne peux pas croire que la *Madame de Maintenon* de M. François Coppée ressuscite cette vieille grenouille morte d'Art dramatique, mais elle l'aura galvanisée.

II

Du reste, je n'ai jamais admis, pour ma part, cette impossibilité de faire un drame que jettent assez malhonnêtement au nez de M. François Coppée des esprits peut-être jaloux de ses succès poétiques, qui ont été immédiats, qu'il n'a pas attendus une minute, et qui sont, dans toute vie littéraire, le réveille-matin le plus matinal de l'envie. L'écrivain qui a fait *le Petit Marquis* (de moitié avec M. Armand d'Artois, lequel ne donne sa moitié de rien dans un ouvrage quand il y a du talent), l'écrivain qui fit ce drame, — dont le premier acte fut applaudi à outrance et qui fut sifflé glorieusement au second, par la plus inepte des inconséquences, quoique ce second acte sortît du premier comme un second anneau d'un premier anneau dans une chaîne, — avait évidemment les facultés de combinaison et l'intelligence réfléchie de ce qu'on appelle l'Art dramatique ; et si on les lui conteste encore aujourd'hui, c'est que, poète sentimental et descriptif reconnu par la foule, il ne pouvait pas être autre chose, — comme Châteaubriand, par exemple, auquel je ne le compare point, mais qui, dans l'idiote opinion du monde, ne put jamais être un grand homme d'État, quoiqu'il le fût, parce qu'il était un grand écrivain ! L'âme humaine manque tellement de générosité que c'est assez pour elle de reconnaître une supériorité dans un homme, mais qu'il lui est absolument impossible d'en reconnaître deux ! Ah ! plutôt mourir que de convenir de cela ! C'est ignoble, mais c'est ainsi. Voilà les hommes ! Je ne sais pas si on le comprendra, mais M. Coppée vient de faire la preuve que le vieux jeu étant donné de l'Art dramatique — ce vieux jeu auquel, selon moi, on s'attarde trop aujourd'hui, — il en bat les cartes aussi bien que personne, et il l'a prouvé d'autant plus que la femme qu'il a choisie pour l'héroïne et le sujet de son drame est la femme la plus anti-dramatique qui ait peut-être jamais existé.

Elle est grande, ah! oui! ce n'est pas douteux. Elle est grande, mais sa grandeur n'est pas dramatique! C'est Mme de Maintenon la reine voilée, — qui a gardé son voile et qui n'a pas voulu qu'on le surmontât d'une couronne! C'est Mme de Maintenon raisonnable et discrète, qui, si elle était ambitieuse (chose incertaine), n'a voulu que la réalité de l'influence et du pouvoir et en a dédaigné et repoussé le faste, ce que beaucoup d'hommes, même parmi les grands, ne feraient pas! et qui, si elle ne fut qu'une chrétienne, fut une reine comme Blanche de Castille, pour ne conseiller seulement que des actes chrétiens au grand roi! Parmi les reines de France, celle qui vient, selon moi, immédiatement après Blanche de Castille, c'est cette marquise de Maintenon, qui déclina l'honneur d'être reine et qui pourtant humblement et sublimement le fut, et, phénomène unique dans l'Histoire, qui arriva au pouvoir par la vertu et par la raison et plut à un homme qui n'était plus jeune, à un Assuérus fatigué de toutes les jeunesses et de toutes les beautés de son royaume, et dans le cœur ennuyé de qui elle s'assura, à force de solidité, de bon sens et de piété. Quoi de plus grand, mais quoi de moins dramatique ?

Ajoutez à cette grandeur qui ne parle ni aux yeux ni aux passions de la foule ceci qu'elle est impopulaire, et que la plupart des esprits, au XIX° siècle, vivent encore sous l'impression que nous a donnée Saint-Simon, qui, à force de génie, nous a enchantés de ses haines, et la Palatine, dont les injures abominables font plaisir à ce qu'il y a de moins noble en nous !

Il est vrai que les pénombres où elle a vécu à la cour et qui l'ont suivie dans l'Histoire ont permis à l'auteur du drame d'aujourd'hui de la peindre, comme un poète dramatique a le droit de peindre des personnages trop profonds pour être clairs, en ajoutant à leur réalité quelque chose de sa fantaisie sans qu'on puisse le lui reprocher. Sans cela il n'aurait pas pu mettre à la scène ce sphinx voilé pour tant d'esprits qui ne voient pas, comme moi, à travers son voile noir de veuve qu'elle ne quitta jamais, la majestueuse grandeur de cette figure qui finira par rayonner et par tout percer en Histoire.

III

Assurément, M. Coppée ne nous l'a pas donnée comme il aurait pu la comprendre; mais enfin, dans un temps comme celui-ci, avec le parterre qu'il devait avoir devant lui et dont dépendent toujours les plus fiers auteurs dramatiques, il ne l'a pas faussée, il ne l'a pas salie des préjugés contemporains, et nous l'avons eue dans la pureté, sinon intégrale, au moins relative de son caractère. Il s'est bien gardé de la faire mère de cet enfant dont la crédulité des partis qui croient tout l'a souillée. Et si, femme de Scarron dans le prologue de la pièce, elle aime l'homme avec qui elle a été élevée, ça été d'un amour chaste qui n'a pour témoignage qu'un livre de prières que l'homme aimé qui la quitte lui rapportera un jour, lorsqu'elle sera libre. C'est ce psautier qui est la bobine sur laquelle s'enroule toute la pièce. Moyen qui, du reste, n'est pas plus mauvais que les moyens qu'on emploie de toute éternité au théâtre, que ce soit l'anneau dans une pièce ridicule comme *l'Arbate*, ou le mouchoir d'Othello dans une pièce de génie. Ce n'est pas là ce qui importe ! Non ! ce qui importe, c'est que Mme de Maintenon ne soit pas une seule fois insultée dans la grande mémoire que ceux qui l'honorent gardent d'elle, et que le poète de ce drame soit resté le poète impersonnel, placé bien au-dessus des idées basses auxquelles il n'a pas voulu demander un succès qui eût été une clabauderie. Il n'a pas traité, lui, Mme de Maintenon comme, Victor Hugo a traité jadis Lucrèce Borgia...

Et c'est ce qui a donné à son succès de l'autre soir et sa justice et sa noblesse, quelles qu'aient été les émotions de cette pièce où l'intrigue inventée par M. Coppée est menée habilement autour de Mme de Maintenon et qui l'enveloppe. M. Coppée l'a nouée et dénouée, cette intrigue, avec une dextérité de main qu'on ne lui supposait pas. Alexandre Dumas s'y prenait ainsi dans ses pièces à personnages historiques ; mais il ne les aurait pas écrites de cette façon-là en vers. Je ne tiens pas — et on le sait ici — en assez grande estime les choses du théâtre et les contextures que l'Art dramatique exige, pour raconter ici en détail l'intrigue dont Mme de Maintenon et Louis XIV sont le centre auquel tout aboutit dans la pièce de M. Coppée. Ce qui m'intéresse particulièrement, ce qui intéressait tous les esprits élevés présents à ce spectacle, c'est le tableau des passions religieuses et politiques du temps, c'est le protestantisme armé contre le Roi catholique qui amène la très belle scène de la conspiration au fond des catacombes, et qui a décidé et enlevé à coups de beaux vers et de beaux sentiments le succès de la pièce, quand il était encore une question.

Eh bien, là aussi, dans cette scène que la Critique du lendemain a trouvée cornélienne, M. François Coppée a été aussi impersonnel devant les protestants que devant Mme de Maintenon ! Il a fait parler les protestants comme ils devaient parler, mais rien de plus. Ils se sont tenus dans la généralité de leurs sentiments et de leurs rôles, mais pas un mot qui sentît la déclamation, pas le moindre tisonnement dans ce vieux foyer de récriminations qu'on appelle la Révocation de l'Édit de Nantes et qu'on aurait furieusement applaudi, si M. Coppée l'avait voulu. Heureusement, l'artiste, qui n'a vu que l'Art dramatique en faisant sa pièce, a dédaigné ces choses abjectes et n'a pas voulu prostituer *là-dedans* sa main pure...

IV

Quant aux acteurs, ils sont si mauvais que le succès de la pièce est incroyable ; mais, à la lecture, ce sera peut-être le meilleur repoussoir des beautés de la pièce que le souvenir de l'avoir vue jouer comme ils la jouent... Elle paraîtra alors avec tout son mérite, augmenté de cela qu'on ne les entendra plus.

MONTE-CARLO

25 Avril 1881.

I

C'est le Gymnase qui nous a donné la seule nouveauté de la semaine, mais quel pauvre œuf de Pâques que sa pièce de *Monte-Carlo !* Les *faiseurs* dramatiques à qui nous la devons ont-ils eu la prétention d'écrire une comédie ou un drame ?... On ne le sait pas bien, et peut être eux-mêmes ne le savent-ils pas mieux que nous. Mais s'ils ont voulu faire une comédie, elle manque profondément d'esprit et de gaîté, — et si un drame, avertissons-les qu'il est du pathétique le plus facile et le plus vulgaire ! Franchement, il faut bien en convenir, cela ne semble guères là qu'un prétexte à *exhibition*, — l'exhibition d'une maison de jeu photographiée avec exactitude, une espèce de panorama dramatique que les yeux avalent, comme ils avalent tout, ces gourmands, mais à la jouissance desquels ne s'ajoute pas un plaisir intellectuel d'un caractère plus noble... Et cela est si fort, dans sa réalité matérielle et grossière, que quelques spectateurs autour de moi sont allés jusqu'à prétendre et affirmer que cette pièce de *Monte-Carlo* n'était rien de plus qu'une réclame, à l'américaine, introduite audacieusement pour la première fois au théâtre ; et de vrai, la pièce semblait faite pour mériter et justifier l'insulte de cette outrageante supposition !

Il y a pourtant des joueurs dans cette pièce, — et même il était impossible qu'il n'y en eût pas, puisque les maisons de jeu ne sont pas des mécaniques qui vont toutes seules, et qu'on voulait nous montrer une maison de jeu dans son ignoble gloire. Mais ce ne sont pas eux, ce n'est pas l'âme des joueurs, ce n'est pas la nature humaine en proie à la passion du jeu qui est l'intérêt central de la pièce. On ne peut pas s'y tromper : évidemment c'est la maison de jeu, c'est la copie exacte et minutieuse de cette maison, qui, à elle seule, tient tout un acte sur trois et le plus important, puisque c'est le second !... Il fallait cependant bien un homme, dans cette maison infâme et sotte, un petit bout d'âme humaine quelconque qui intéressât, pour y accrocher, comme à un clou, le tableau matériel offert aux appétits matérialistes de ce temps qui n'a goût et souci que des choses physiques... Seulement, le type nécessaire à la chose de MM. Belot et Nus pour *humani-*

ser leur spectacle ne leur a pas coûté grand'peine, ils ne l'ont pas cherché et trouvé bien loin. Ce n'a pas été le joueur de Regnard, qui va de l'amour du jeu à l'amour de sa maîtresse, et qui est le volant éternel de ces deux raquettes, amoureux fou quand il est en perte, et, quand il gagne, cessant tout à coup d'être amoureux. Type vrai et charmant d'une époque où la comédie était possible et où l'on aimait à rire encore! Non! leur type, à eux, a été d'une tout autre espèce, digne d'un temps où l'on est hypocritement sentimental au théâtre quand on l'est si peu dans la vie! et ç'a été le père de famille placé entre l'amour du jeu et l'amour de ses enfants, ce type usé comme une vieille pantoufle sur les planches de tous les théâtres, mais qui, sous une main vigoureuse, capable de le creuser, pourrait encore donner des impressions.

II

Mais la main n'y est pas... Le père de famille de *Monte-Carlo*, entre ses enfants qu'il adore et le jeu qu'il adore encore plus, n'a aucune originalité, ni dans son honnêteté, ni dans son vice! Au lever du rideau, on le voit combinant, tête à tête avec son valet, des coups à jouer qu'il marque avec des *haricots*, des haricots qui ont eu, par parenthèse, le plus grand succès dans la pièce ; car, dès que leur nom revenait, il faisait éclater de rire ce public d'imbéciles sur lequel les auteurs dramatiques, qui veulent tous le succès à vil et bas prix, ont, ma foi ! bien raison de compter. Or, il a une filleule, ce bonhomme, une filleule joueuse comme lui, mais plus heureuse que lui, — et qui sera son bon génie au dernier moment de la pièce... Elle, c'est le vice aimable et gai, un contraste avec son parrain, qui est le vice radoteur et lacrymatoire. Tout le premier acte, qui ne prépare rien, n'annonce rien, *n'expose* rien, comme l'on disait autrefois, est consacré seulement à nous montrer toutes les manies, toutes les superstitions, tous les fétiches des joueurs, qui se ressemblent tous, dans ce vieux joueur qui les concentre, et à nous présenter ses filles, dont l'une est mariée et l'autre va se marier quand la pièce commence. Ces deux excellentes filles souffrent beaucoup toutes les deux de la folie de leur vieux père, qui, comme toutes les folies passionnées, s'exaspère d'autant plus qu'il vieillit, et elles la surveillent ; mais, malgré toute leur surveillance, elles ne peuvent empêcher qu'il ne prenne sur le bureau (*où il traîne justement pour être pris*) un titre de cinq mille livres de rentes au porteur, qu'il croit à lui, il est vrai, quoiqu'il soit à un autre, et qu'il n'aille le jouer immédiatement à Monte-Carlo et le perdre, quand sa fille — celle qui est mariée — l'a suivi en toute hâte pour l'empêcher de le jouer, et par ainsi arrive trop tard. Alors éclate, mais par trop prévue, la grande scène entre le père et la fille, qui arrache de ses oreilles les diamants donnés par son père pour que sur l'escompte de ces diamants il rattrape (peut-être !) les cent mille francs qu'il a perdus. Seulement, le vieux joueur, qui a de la délicatesse, une délicatesse qui n'est pas dans la nature des joueurs, ne veut pas reprendre les diamants de sa fille, et c'est alors qu'elle, désespérée, se met au jeu, malgré son horreur du jeu, et joue et perd, — et tout serait perdu, l'argent, l'honneur, le mariage de sa sœur, tout enfin, si la filleule, cette bonne fée du vice, n'avait gagné, elle, pendant que l'autre perdait, et ne rapportait, terre-neuve des filleules, les cent mille francs à son parrain naufragé et déshonoré !

Tel est le fond de cette pièce de *Monte-Carlo*. Fait-elle assez pitié pour la pièce, cette analyse exacte, qui donne tant de mal au cœur à celui qui est obligé de la faire ?... Certes ! c'est là un dur métier, allez ! que le métier de feuilletoniste, quand il faut raconter des pièces établies sur de pareilles circonstances, qui sont les misérables *lieux communs* éternels sur lesquels tournent toutes les pièces de théâtre. Ils ne sont pas, d'ailleurs, plus imputables à MM. Belot et Nus qu'à tout autre rabâcheur dramatique, forcé, comme eux, de les accepter maintenant, parce qu'en dehors de ces circonstances idiotes, imbécillement rabâchées et que le théâtre imposerait au plus fort génie, il n'y a rien. Il n'y a plus de théâtre !... Est-ce assez douloureux, pour qui sent ces immenses sottises dramatiques, d'être en les racontant aussi sot qu'elles, comme le prince de Ligne, qui, disait-il, « cavait toujours au pis « avec un sot ? »

III

Ce sont les acteurs qui nous vengent de ces platitudes par leur jeu. La pièce de MM. Belot et Nus est bien jouée. Elle est jouée comme si elle le méritait. Les acteurs s'y montrent bien supérieurs aux auteurs de la pièce qu'ils interprètent. Ah ! si elle était construite et écrite comme elle est jouée !... Landrol, qui fait le personnage du vieux joueur, l'a marqué de cette accentuation mordante qu'il a toujours dans le comique, et d'une sensibilité paternelle que je ne lui connaissais pas. Mlle Magnier, dans la filleule, étincelante de jeunesse impertinente et de verve à pouvoir se passer de ces diamants dont elle n'a pas besoin pour étinceler, est toujours ce charmant et altier faucon que j'ai distingué dès la première heure, et qui, dans le dialogue et dans la répartie, allonge si gaîment ses coups de bec rapides et vibrants ! Tous enfin, dans leurs rôles différents, ont joué à merveille, même cette fillette dont je ne sais pas le nom, si piquante d'ingénuité corrompue sous son chapeau à jugulaire du Directoire, qui ne dit que deux mots, mais qui les dit si bien et qui les répète mieux, avec une si jolie impudence : « Monsieur, prêtez-moi donc deux « louis ! » Excellents tous, de diction, de tenue, de costume ; car on joue aussi de costume... Mais celle-là qui a le plus montré de talent dans cette pièce à effets particulièrement extérieurs, c'est Mlle Mary Julian, qui l'a passionnée de son âme. Mlle Julian, qui n'est pas belle, pour ne pas dire un autre mot, qui est petite, qui a le profil dur et projeté en avant d'une reine Cacique, avec des dents de lionne qui dans sa bouche semblent plus de trente-deux, peut très fièrement se passer de beauté, parce qu'elle a les deux choses qui font oublier tout dans une actrice et même dans une femme : elle a l'âme et elle a la voix.

Elle a l'âme, qui fait donner à la voix et au geste toutes leurs puissances, et on l'a bien vu quand elle s'est jetée au cou de son père qui a perdu et qu'elle croit déshonoré ! Quel entraînement, quel éperdûment et quelle fougue désespérée! On l'a bien vu encore quand elle s'est mise, dans le hérissement de l'horreur, à la table de jeu, et qu'elle s'y est tordue, en jouant, dans les angoisses de perdre et les espérances affolées de gagner! et, au milieu de tout cela, quand elle a senti que l'horrible amour du jeu — le vice de son père — naissait en elle et la saisissait comme son père! Elle a magnifiquement *nuancé* tout cela... Au troisième acte, dans le récit qu'elle fait à sa sœur de ce qui s'est passé dans son âme à cette exécrable table de jeu et à sa rage d'avoir perdu, elle s'est montrée encore une éloquente et grande actrice, — et peut-être la grande actrice de l'avenir !

Nous n'avons encore que les premiers scintillements de l'étoile, mais j'ai le pressentiment qu'un jour ils s'étendront et s'affirmeront en clarté.

LE MONDE OÙ L'ON S'ENNUIE

---

2 Mai 1881.

I

Eh bien, oui ! c'est là un succès, — un succès qui est parti comme une fusée, au Théâtre-Français, lundi soir. Rapide, instantané, indiscuté, clamé, acclamé, exclamé, et contre lequel, parmi les lundistes de demain, personne ne réclamera; — car le succès, c'est une poudre qui grise tout le monde dès les premiers coups de fusil. Clamé, il l'était même avant le lever du rideau ; j'entendais dire aux cravatés de blanc que j'avais derrière moi, à l'orchestre, que c'était charmant et délicieux, ce qu'on allait jouer ! Acclamé, il l'a été pendant toute la pièce, et depuis une semaine il est l'exclamation de tous les salons, où l'on ne parle plus que de M. Pailleron et de sa pièce ! Certes ! ce n'est pas moi qui diminuerai son succès. M. Pailleron est l'Alexandre Dumas du moment, excepté chez Mme Aubernon... peut-être. Sa pièce d'aujourd'hui — sa pièce du *Monde où l'on s'ennuie* — vient d'être pour le Théâtre-Français une fameuse revanche de *la Princesse de Bagdad*, qui avait été si furieusement sifflée, et on l'a applaudie avec autant de frénésie, ma foi! qu'on avait sifflé la pauvre *Princesse*. Cela a été lundi un enthousiasme, un ravissement, une pamoison, une suite de pamoisons, un délire!... Je n'avais jamais vu, pour mon compte, de tels trémoussements d'admiration aux Français, — dans ce théâtre du bon ton, et de la convenance, et de la décence. On y a été vraiment, lundi, très étonnant et très pittoresque.

De ce soir-là, M. Pailleron a passé d'auteur dramatique agréable à auteur dramatique supérieur, du coup de sa pièce! Ce n'était plus le feu de paille, le feu follet de ses premiers succès. Évidemment, il devenait et il allait rester une étoile fixe de première grandeur. On pouvait préparer son buste au Théâtre-Français, à côté du buste de M. Alexandre Dumas, qu'il a effacé ce soir-là et dont il nous a vengés, et son fauteuil à l'Académie, à côté de M. Alexandre Dumas encore et de M. Octave Feuillet, — mais de M. Dumas à sa gauche et de M. Octave Feuillet à sa droite; car M. Pailleron ressemble moins à M. Dumas qu'à M. Feuillet, et ce sont les mêmes ennemis à l'un et à l'autre que l'Académie doit réduire à leur servir de marchepied.

II

Il n'a pas, en effet, M. Pailleron, le sérieux et le profond de M. Alexandre Dumas, qui fait de l'avenir théâtral et social dans ses drames. Il n'est, comme M. Dumas, ni un augure pour les gobe-mouches du Progrès, ni le moraliste impitoyable qui tient le cœur de toutes les femmes dans sa puissante main. Il n'a pas cette gravité qui empêche de rire et qui passe à se faire des mots mordants pour ses pièces le temps que les dents, chez les enfants, mettent à venir ! M. Pailleron, quand on y pense, est bien plutôt un Feuillet qu'un Dumas... Un Feuillet d'un vélin peut-être moins satiné que celui qui plaisait tant, littérairement, à l'Impératrice Eugénie, mais qui plaît toujours aux petites femmes du monde qui se croient les impératrices du goût et de l'esprit français... C'est un Feuillet moins poétique, quoiqu'il fasse des vers, que le Feuillet de la *Revue des Deux Mondes*, dont il est aussi, mais qu'il a dû blesser, lundi soir, en daubant dans sa comédie un de ses compagnons de chaîne à cette galère de *Revue*, comme si lui-même n'en était pas !

Car cette pièce du *Monde où l'on s'ennuie*, et qui a si fort amusé le public de l'autre jour, est une pièce d'allusions transparentes et de personnalités visibles et vivantes... On y nomme tout le monde par son nom véritable ! C'est une comédie qui, par ce temps de république athénienne, s'est permis d'être aristophanesque ; mais à prix réduit, il est vrai, comme nous sommes athéniens, et dans des proportions qui convenaient également à l'auteur et aux personnages de cette impertinence en trois actes, dont le philosophe Caro a été le Socratinet, et l'Aristophanet M. Pailleron !

III

Et c'est probablement la meilleure explication à donner du succès d'une pièce qui a fait rire, comme une caricature, dans un théâtre solennel où l'on ne rit plus même quand on joue Molière. Nous avons tous été les complices des malices dramatiques de M. Pailleron. Sans les ressemblances de physionomies assez bien attrapées, on serait certainement resté froid devant cette pièce toute faite de copies, — de la copie des *Femmes savantes*, — de la copie du *Mariage de Figaro*, — et de la copie des figures parisiennes prises sur le vif, — troisième copie qui a sauvé les deux autres et qui les a fait pardonner.

Mais la grande copie de toutes les copies, c'est *les Femmes savantes*. Elles sont partout, — la copie de la scène du *Mariage de Figaro* sous les *grands marronniers* ne se produisant qu'au dernier acte, et avec une telle identité de situation que l'auteur est obligé d'en convenir par la bouche même de ses personnages pour qu'on ne la lui reproche pas, comme on parle en plaisantant de la chute de cheval qu'on a faite, pour qu'on ne se moque pas du cavalier ! — C'est surtout *les Femmes savantes* qui sont ici, et je n'en ferais certainement pas un crime à M. Pailleron si elles y étaient d'une autre manière, si l'homme qui ne craint pas de lutter avec le génie et les types de Molière avait une puissance relative qui aurait été son ivresse et en même temps son excuse ; mais est-ce le cas pour M. Pailleron ?... Qui ne le sait pas ? de toutes nos vanités peut-être la plus immortelle, c'est la vanité littéraire, et qui le peut a droit de mettre à la date de son temps la vanité littéraire du sien... Seulement, il faut la *mettre* à la scène et non pas l'y *remettre*, en la diminuant ! en lui ôtant les trois dièzes à la clef qu'y avait mis un homme de génie ! Or, c'est ainsi que l'y a remise M. Pailleron. Dans ce type de cuistre grandiose de Trissotin qui comprend les deux sexes, — qui est homme et femme en même temps, — M. Pailleron a-t-il ajouté, soit par l'observation, soit par l'expression, à ce qu'en avait tiré Molière ?...

Au lieu de lui conserver sur le dos la souquenille de cuistre qu'il avait du temps de Molière, il l'a revêtu de l'habit noir égalitaire qui est la parure de tout le monde dans notre temps, et au lieu de le faire parler en vers, en ces vers forts, nerveux, pleins et compacts du XVIIe siècle, il le fait parler dans la langue molle, écourtée et vide, qui est la langue élégante du XIXe. Qu'y avons-nous gagné ou perdu ?... La gravure sur acier de Molière est devenue une gravure sur bois, à la dixième lettre de la première. Au lieu d'un comique de théâtre nous avons eu un comique de paravent, qui n'a paru fort qu'à un public éreinté, parce que ce pauvre public n'était pas capable d'en sentir et d'en apprécier un plus mâle. Nous, les amateurs chinois ou japonais des bibelots, nous avons eu une petite comédie d'étagère, et ce n'est pas les magots qui tiraient la langue d'admiration sur l'étagère, c'était nous, devant !

IV

Et l'esprit de tout cela n'a pas été non plus l'esprit de Molière... Nulle plaisanterie franche, ni la gaîté terrible, comme la plaisanterie de Molière, ne vibre ici, mais de petits sous-entendus politiques qui ne vibrent pas, qui veulent être fins et qui ne sont que lâches. La finesse de ce temps ! Ah ! les gens d'esprit d'autrefois étaient des toréadors étincelants qui prenaient le taureau par les cornes et qui le terrassaient ; ils ne le prennent aujourd'hui que par la queue, quand ils le prennent par là, toutefois !

Ils n'ont plus que l'esprit des petits journaux. Ils sont les échotiers des échotiers, et voilà pourquoi M. Pailleron a trouvé tant d'échos lundi soir dans la salle du Théâtre-Français. Il avait l'esprit de tout le monde, qui a plus d'esprit que Voltaire, disent tous ceux qui n'ont pas l'esprit de Voltaire. Cependant, il ne s'y fiait pas trop, et il a fait effort pour en avoir un peu pour son propre compte, et il a papilloté et tortillé de ces phrases inouïes : « Dans « cette maison, on avale sa canne dans l'antichambre et sa langue dans le salon, » ce qui a paru d'une saveur exquise, l'avalement de cette canne ! à toute cette salle changée par lui en Bélises et en Philamintes, dont il était alors lui-même le Trissotin :

> Mais quand vous avez fait ce charmant *quoi qu'on die !*

et il a recueilli pour cette phrase inouïe le même applaudissement que le sonnet de Cottin à la première représentation du *Misanthrope*, lequel déconcerta Molière, qui ne l'avait pas fait, et qui, rompu cependant à la bêtise des parterres, n'avait pas compté sur celle-là !

Seulement, comme la phrase était de lui, M. Pailleron, et qu'il était son propre Cottin à lui-même, il n'a pas été déconcerté...

V

Du reste, pourquoi l'eût-il été ?... Le bonheur de sa soirée a été complet ; car dans l'ensemble il a été mal joué : dernière caresse de sa fortune ! Le mauvais jeu de ses acteurs ou leur médiocrité n'a pas empêché son succès, et c'est son succès qui a fait le leur, au contraire ! Got, qui jouait le professeur

Bellac, le Trissotin oratoire du Collège de France, le rôle le plus important de la pièce, autour duquel tournent tous les autres, a joué en dépit du sens commun (disons-le lui brutalement !), comme s'il s'entendait avec le parterre pour se moquer du Trissotin qu'il représentait. Il a manqué absolument de la *vérité nécessaire* qu'il devait avoir ; car ce qui fait drôle et comique le professeur Bellac, c'est qu'il croit en lui-même autant que les femmes de son Cours, et qu'il s'avale voluptueusement tout entier, et plus facilement que la canne et la langue dont il est question dans la pièce.

Got n'a pas voulu déroger à la dignité de son esprit, il a voulu en avoir trop ; mais Perlay, Potier et Brunet, ces grands acteurs dont le souvenir est encore sur nous, savaient être des niais, des naïfs et des *convaincus* ridicules, quand il le fallait, et c'était même là leur génie !...

Les autres acteurs et actrices de la pièce de M. Pailleron ont joué comme ils pouvaient jouer ; mais lui, non ! lui qui est le plus intelligent de tous ! Les autres ont joué comme les comédiens ordinaires de la Comédie-Française, dans la tradition de leur théâtre, à l'exception d'une seule femme qui en est sortie, et qui, du milieu de ces affreuses têtes de pédantes groupées autour du professeur Bellac, s'est dressée comme une fleur de sentiment charmante poussée tout à coup dans un soir. Ç'a été Mme Samary, dont je n'attendais pas, certes ! ce jaillissement de grâce, de sensibilité et d'intelligence. Jusque-là elle n'avait guères été pour moi qu'un rayon de belles dents dans l'entr'ouvrement d'un sourire; mais, pour la première fois, dans un rôle de fillette qui commence par le mauvais ton et les folles obstinations de la gamine pour finir dans les adorables pudeurs de l'amour, j'ai vu sortir de ses lèvres un rayon plus beau, — le rayon immatériel et idéal du talent.

LE DRAME DE LA GARE DE L'OUEST

LA PETITE SŒUR

---

9 Mai 1881.

I

Que je suis donc fâché pour le Vaudeville, mon théâtre favori, d'y avoir vu ce que j'y ai vu mercredi dernier ! Que j'en suis fâché pour M. Raymond Deslandes, le plus charmant des directeurs, qui a fait un tel accueil de mise en scène à une pareille pièce, et auquel je ne puis reprocher pourtant de l'avoir montée avec tant de soin, cette pièce bête... car il ne peut pas, malheureusement pour lui et pour nous, faire sortir des gens d'esprit des planches de son théâtre, en le frappant du pied, comme ce menteur et ce rhétoricien de Pompée disait qu'il faisait sortir de terre des soldats! On est injuste bien souvent pour ces pauvres diables de directeurs de théâtre, qui sont les quêteurs de chaque soir *pour les besoins de leur Église, s'il vous plaît!* et qui demandent à tout l'univers qu'on mette un homme d'esprit dans leur chapeau... Il n'en tombe plus maintenant, dans ce chapeau-là !... Que j'en suis fâché pour les acteurs eux-mêmes, obligés de nous débiter des platitudes à tuer le talent qui les dit, et encore plus pour tant de jolies bouches d'actrices, évidemment faites pour mieux que cela !

Ce *Drame de la Gare de l'Ouest*, qui devait s'appeler dans l'origine : *l'Avocat des Belles-Petites*, — un titre de la *Vie parisienne*, lequel, du moins, n'eût pas trompé le public sur le sens de la pièce ; — ce *Drame de la Gare de l'Ouest*, qui semblait faire présager une pièce sombre, terrible peut-être, quelque *vitriolade* par ce benoît temps, quelque brave coup de pistolet dans le dos, puisque c'est là la manière de faire l'amour aujourd'hui ; ce drame, au fond, n'est pas un drame du tout. Ç'eût bien voulu être une comédie, et même c'était parti pour cela, mais l'auteur a manqué le train, et cela n'a été qu'une assez inepte et basse pantalonnade de M. Durantin, qui faisait mieux autrefois quand M. Dumas, le sauveteur des mauvaises pièces, lui tenait le menton et lui apprenait à nager. Il a fait là, M. Dumas, un mauvais élève. Dès qu'on ne le soutient plus, il s'enfonce... J'avais même peur que, de mercredi à lundi (quatre jours !), on ne fît rentrer en gare cette honteuse locomotive et qu'on ne l'y remisât définitivement, ce qui m'eût désarmé de mon feuilleton ;

car on ne bat pas un ennemi à terre, quand on a pour deux sous de générosité, et toute pièce ennuyeuse est pour moi une ennemie ! Seulement, celle-ci n'avait pas eu besoin qu'on la jetât par terre pour s'y étaler tout à plat et tout de son long ; elle y avait coulé d'elle-même facilement, et par le propre poids de sa sottise...

Elle est tombée, en effet, sans grand bruit, sur ce tapis mou de l'humeur facile d'un public hébété par tout ce qu'on lui joue depuis si longtemps, et qui, dans son affaissement stupide, prend, sans se révolter, toutes les drogues qu'on lui présente. Deux coups de sifflet seuls, vers la fin de la pièce, ont fait une légère arabesque sur ce tapis engourdissant ; mais ils avaient comme peur d'eux-mêmes, ces timides sifflets, et ils se sont tus, et le tout a versé doucement, comme un ivrogne dans un bourbier, et sans se faire le moindre mal, puisque, cette pauvreté de pièce, la voilà encore jouée aujourd'hui !

II

Ce tohu-bohu d'une gare au moment où les trains vont partir, qui commence la pièce, continue pendant toute la pièce, quoiqu'on ne soit plus en cette ingénieuse gare, et les critiques du lendemain, tout fraîchement sortis des embrouillaminis de ce tohubohu, ont eu beaucoup de peine à se démêler de ces insupportables confusions. Un d'eux, plus spirituel que les autres, se l'est même épargnée dans une pirouette de cinq lignes, — et je lui volerai cet esprit-là. Plus à distance que lui des confusions de ce soi-disant drame, je n'essaierai pas de l'écheniller, de le clarifier des petits évènements qui le troublent, et tournent et tourbillonnent autour de l'enfant très peu dramatique, au maillot, qui devrait être l'*affixe* de la pièce, et qui, à un certain moment, disparaît sans que personne le réclame, pas même sa maman!... Et, en effet, c'est cette poupée d'un poupard en carton qui est le personnage important de la pièce, et qui m'a rappelé, dans les bras de Delannoy, qui lui fait risette, l'autre poupée en carton de M. Dumas dans les bras de Dupuis (dans *la Visite de noces*), souvenir de reconnaissance que M. Durantin devait bien à son maître nageur!

Delannoy a joué avec une conscience incompréhensible s'il s'entendait dire ce que M. Durantin mettait dans sa bouche, le rôle affreusement imbécille de ce gardeur d'enfant que la mère a flanqué dans ses bras, avant de faire ses petites affaires dans les gares, au moment de partir, et qui, tout à coup, s'y attache, et qui le rapporte à la mère à travers les polices qui s'en mêlent, laquelle excellente mère n'y fait pas la moindre attention quand il le lui rapporte et qui bientôt n'en parle plus ! Delannoy a porté — et même sans fléchir — le poids accablant des niaiseries de ce rôle, immense de niaiserie. J'avoue que je l'ai admiré ! Je l'ai admiré pour son courage et pour sa force de mulet à porter le fardeau d'un rôle bon à jeter par terre vingt-cinq fois ! Dans ce rôle de vieux roquentin, de vieux danseur, de vieux professeur de maintien et de grâces, de vieux amoureux de cocottes qu'il prend pour des baronnes maternellement infortunées, il a été aussi vieux crétin que M. Durantin avait pu le rêver. Seulement, il a eu cette supériorité sur M. Durantin qu'il a voulu être et qu'il se savait être le crétin de son rôle, en le jouant, tandis qu'en l'écrivant, ce rôle, M. Durantin ne savait pas, lui, à quel point il l'était !

Car il ne faut pas *barguigner*, comme dit Molière. Il faut en *finir* avec ces pièces déshonorantes pour l'esprit français qu'on met présentement à la scène, et qui pourraient s'intituler, comme dans les correspondances épistolaires : « de la même au même, « de gâteuse à gâteux ! » Ah ! quand on est au bout de tout, il faut bien sauter le fossé des mots. Dans la littérature dramatique, nous en sommes actuellement au gâtisme. La langue, les plaisanteries, les situations, l'abjection des types, tout mérite ce nom immonde dans la pièce de M. Durantin, pour laquelle le sifflet même est de trop ; il suffit des *pouah!* du dégoût... Sans les acteurs (tout le théâtre maintenant, pour moi!), sans les acteurs, — les acteurs seuls, — on n'écouterait plus les pièces et on les interromprait à moitié, en sortant avec éruption et en se bouchant le nez de la putréfaction de pareilles œuvres !

III

Avant ce *Drame de la Gare de l'Ouest*, dont je n'ai voulu dire qu'un mot pour éviter d'être aussi ennuyeux dans mon analyse que l'auteur lui-même dans sa pièce, ils ont joué, mercredi aussi, au Vaudeville, dans l'indigence de pièces qui est le mal dont meurent présentement tous les théâtres, sans exception, une pièce de moindre longueur, de moindre complication et de moindre tapage, et qu'ils n'y auraient peut-être pas donnée dans un autre temps. C'est un acte intitulé : *la Petite Sœur*.

C'est aussi une petite pièce. C'est de la littérature dramatique minuscule, comme les femmes en font et peuvent en faire sans inconvénient et sans encouragement non plus ; car elles sont, en grand nombre, très proprettes à faire de ces petits ouvrages lilliputiens de sentiment et de moralité mêlés, qui, dans l'atmosphère où ils devraient rester, pourraient avoir un certain charme pour les âmes facilement attendries, — par exemple dans un pensionnat de jeunes personnes, le jour d'une distribution de prix, devant un public de mères de famille ! Mais, transportées dans le cadre d'un théâtre comme le Vaudeville, ces petits parfilages de sentiments azurés, pour lesquels les femmes ont l'aptitude qu'elles ont pour tous les genres de parfilages, trahissent l'ambition d'un bas-bleu moins modeste que les choses modestes dont il est capable. Cette ambition, l'auteur de *la Petite Sœur*, Mme Marie Barbier, en aurait peut-être été punie sans Mlle Réjane, à laquelle elle doit certainement son succès.

Les femmes, même celles qui font des comédies, aiment tant le petit en toutes choses, qu'en voici une qui fait une pièce intitulée : *la Petite Sœur*, quand il y en a deux qui se valent dans cette pièce, qu'on pourrait appeler : *les Deux Sœurs*. Elles sont, en effet, ces deux sœurs, aussi bonnes l'une que l'autre ; elles luttent de tendresse et de dévouement réciproques. Elles veulent également se marier : l'une se cache d'être belle et spirituelle pour mieux marier sa sœur cadette ; et sa sœur cadette a l'indiscrétion généreuse de tous les mérites et de tous les dévouements de son aînée, et c'est elle qui l'emporte : c'est elle qui marie sa sœur à l'homme qu'elle aime ! Voilà cette facette de bague, dans laquelle Mlle Réjane a miré, ce soir-là, une jeune et charmante comédienne, et je l'y ai vue de plain-pied ! C'est elle qui joue la sœur cadette, « la petite sœur », et qui a donné à cette babiole enfantine et vulgaire au fond, malgré les honnêtes et naturels sentiments qu'elle exprime, la grâce d'un talent qui fait immédiatement distinguées les choses vulgaires. Une baguette de fée !

Mlle Réjane, qu'on ne fait pas jouer assez souvent au Vaudeville, et à qui je voudrais voir des rôles en proportion du talent que je lui soupçonne, s'est montrée très fine comédienne dans la chosette de Mme Barbier. Elle y a été *légère dans l'attendrissement sans diminuer l'attendrissement*, cette nuance difficile, et elle a touché avec cette nuance autant les esprits que les cœurs. C'est le chef-d'œuvre de la comédienne au théâtre ! Faire verser des larmes n'est pas, au théâtre, de cette extrême difficulté. Il y a dans un public tant de cœurs badauds et patauds qui pleurent même quand l'acteur est faux, s'il dit des phrases sentimentales et communes. Il y a des Prudhommes de larmes, comme il y a des Prudhommes de solennité ! Mais toucher et rester spirituellement légère, en touchant, — mais ne pas trop appuyer de son ongle rose sur le cœur à qui l'on a affaire, et pourtant lui faire sentir l'ongle rose dont il faut qu'il ait la délicieuse chiquenaude, voilà l'art qui ne s'apprend pas, qu'a ou que n'a pas la comédienne, mais qui, quand elle l'a, est une chose divine ! Mlle Réjane l'a eu ce soir-là.

Elle a mis de l'esprit dans le sentiment, de la taquinerie dans la tendresse. Elle a désentortillé, au physique et au moral, de ses voiles noblement hypocrites, la beauté du corps et de l'âme de sa sœur, avec des mouvements et des inflexions qui m'ont fait passer devant les yeux la femme de l'avenir qui pourra jouer Marivaux peut-être ! — ce que je regardais comme impossible en pensant à Mlle Mars et en regardant Mlle Tholer l'autre jour.

Eh bien, nous verrons ! Mais j'ai vu, mercredi ! Seulement, j'aurais voulu la voir en dernier lieu. J'aurais voulu que *la Petite Sœur* eût été jouée après *le Drame de la Gare de l'Ouest*, qui a passé si grossièrement sur la suavité de mon souvenir.

A ce prix, j'aurais oublié avec délices la pièce de M. Durantin.

L'ACTEUR OUTRAGÉ

15 Mai 1881.

I

Aujourd'hui, aucune pièce, à aucun théâtre ! Toujours même richesse de l'esprit dramatique français !...

Je me trompe pourtant. Il y en a une qui a été jouée au Théâtre-Français, et même elle a été plus amusante que la plupart des pièces modernes qu'on y joue. Pour mon compte, à moi, je la préfère à la pièce de M. Pailleron. Malheureusement pour le public de la galerie, elle n'a pas trois actes. Elle est trop courte. Ce n'est qu'un lever de rideau, — baissé trop vite sur une pièce qui pouvait avoir plusieurs actes divertissants. L'auteur de cette amusante comédie est un acteur de ce digne et rengorgé Théâtre-Français, qui a si souvent la majesté de l'Ennui et qui s'appelle orgueilleusement la *Comédie-Française*, comme s'il avait le monopole de la comédie ! Le *Théâtre-Français* est une serre chaude où les amours-propres des acteurs fleurissent, comme les orangers en Italie, mais en fleurissant, comme je l'ai entendu dire de certains cactus, ils produisent d'étonnantes détonations! M. Prudhon, qui a fleuri dans cette serre, nous a donné, cette semaine, le spectacle d'une de ces explosions d'amour-propre qui font le bonheur de ceux-là qui, comme le *Triboulet*, aiment encore à rire. C'est à lui, M. Prudhon, que nous devons ce petit chef-d'œuvre naïf de *l'Acteur outragé*.

Et l'acteur outragé, c'est lui! Il a fait de la littérature personnelle. L'amour-propre de M. Prudhon (un amour-propre d'acteur, c'est plus fort qu'un amour-propre de femme!) s'est insurgé, terrible, contre M. Sarcey, qui est le roi, pourtant, des théâtres, un bon roi, comme le roi d'Yvetot, et qui n'a pas, dans un de ses feuilletons, parlé, dit-on, avec une considération assez respectueuse du visage de M. Prudhon, qu'il a osé trouver niais! Le niais s'est révolté. Il est devenu superbe. Il a voulu jouer le rôle du Cid, contre M. Sarcey, pour le punir de ne pas l'avoir trouvé beau. Il a voulu jouer le rôle du Cid, non pour un soufflet sur la joue de son père, mais sur sa propre joue à lui, cette joue enflée d'importance dans ce rôle de bellâtre amoureux qu'on lui donne parfois à jouer au Théâtre-Français, à ce truculent et bucculent acteur! Il a — le croirait-on? et pourquoi pas, dans ce siècle-ci, qui ressemble à la fin d'un repas d'ivrogne? — eu l'impertinence d'envoyer à son juge naturel, M. Sarcey, des témoins qui ont dû le sommer d'avoir à faire réparation à une figure que M. Sarcey n'avait pas prise pour un visage... quand il parlait du masque d'un comédien, qui n'est jamais la figure de personne puisqu'elle est celle de tous les personnages qu'il joue, et que son mérite de comédien, quand il en a une, c'est de l'oublier.

A cette prétention impertinente de faire le Cid avec M. Sarcey, qui aurait pu être cruel, M. Sarcey a eu la bonté de répondre avec la miséricordieuse pitié du sens commun, et cette comédie qui promettait tant a fini là, au grand regret de ceux qui, d'après un si joli commencement, avaient espéré davantage !

II

Mais, quoiqu'elle n'ait pas assez duré, cette petite comédie, très gaie, à l'envers de tant de comédies actuelles qui sont si tristes, a du moins prouvé qu'en France la Comédie n'est pas tout à fait morte et qu'elle a des manières charmantes de mourir et de palpiter en expirant, comme le dauphin, qui n'est jamais plus beau que quand il meurt. Elle, la Comédie, n'est jamais plus drôle !... Y a-t-il plus comique, en effet, qu'un comédien qui se fâche tout rouge parce qu'on dit qu'il a l'air bête, et qui, Don Quichotte, *chevalier de la triste figure* qui est la sienne, veut se battre pour lui-même comme l'autre se battait quand on trouvait laide sa Dulcinée du Toboso?... Et si vous ajoutez au comique de cette vanité de paon mâtiné de dindon, et qui en a la colère, que l'acteur fait de ces deux volatiles est un acteur du Théâtre-Français, de ce grand Théâtre du passé, qui a vu des acteurs comme Talma et Mlle Mars invulnérables à tout ce qu'on pouvait dire d'eux et si la Critique les faisait saigner gardant spirituellement en eux le secret de leurs blessures, le comique de la chose ne devient-il pas alors un comique énorme et compliqué à faire rire toute une époque qui saurait rire, — qui se connaîtrait en ridicule, — au lieu d'être une époque qui ne s'y connaît plus et qui peut bien même être capable de méconnaître celui-ci, malgré sa grosseur?

Car le plus ridicule des deux n'est pas celui qu'on pense : ce n'est pas ce pauvre acteur de M. Prudhon, qui n'a pas, pour se consoler de ce qu'on dit de sa figure, le talent qu'avaient Talma et Mlle Mars, et qui n'a pas, lui, plus de raison de s'en consoler que ne l'aurait, si l'on disait du mal de la sienne, le coiffeur du Théâtre-Français ; — non! le plus ridicule des deux, c'est notre temps, c'est l'époque même qui, avec ses idées d'égalité, a tourné plus de têtes parmi nous que n'en tourne, proportion gardée, le Théâtre-Français parmi ses acteurs ! C'est l'époque, l'époque folle d'un orgueil de domestiques en révolte, qui a brouillé les rangs et nié insolemment les hiérarchies ! C'est l'époque, l'époque révolutionnaire qui a posé en principe que, toujours et partout, un homme était l'égal d'un autre homme, et qui, du coup, — si ce coup-là pouvait porter, — tuerait certainement la Comédie ! Car la Comédie (si vous voulez bien y penser une seconde), c'est l'envahissement des amours-propres qui s'efforcent de grimper les uns sur les autres, c'est les prétentions universelles des sots, c'est le ridicule éternel de l'homme, qui n'a pas été emporté avec l'ancien régime, et qui, sous tous les régimes, est le même ridicule éternel !

Au XVIIe siècle, sous Louis XIV, la comédie nous donnait *le Bourgeois-Gentilhomme*. Sous la République d'aujourd'hui, nous avons l'acteur qui veut être gentilhomme à son tour, et qui est aussi comique que M. Jourdain, s'il ne l'est davantage ! Ah ! Stendhal, ce penseur trop pressé, dont l'esprit était une montre qui allait trop vite, disait déjà, en 1836, que la Comédie était impossible. Mais Stendhal, s'il revivait une heure, que dirait-il en voyant cet acteur qui, malgré l'air bête que lui trouve M. Sarcey, n'est ni plus bête, ni plus ridicule, que beaucoup d'autres qui se font, dans une société égalitaire et philanthropique, les spadassins de leur propre personnalité ?...

Il pourrait le trouver logique, ce pauvre acteur, à qui son époque a appris que l'égalité était maintenant le principe qui devait régir le monde, et qui, comme tant d'autres, a avalé cette bourde-là ; il pourrait le trouver logique, mais il en rirait, Stendhal, comme *Triboulet* lui-même ! Malgré le principe de l'égalité auquel il croyait aussi, Stendhal trouverait aussi comique que *Triboulet*, qui n'y croit pas, le cartel de M. Prudhon à M. Sarcey, ce prodigieux cartel d'un acteur jugé au critique dramatique qui le juge !

Logique ou non, car la logique n'empêche pas de rire de ce qui est gai, Stendhal et *Triboulet* ne pourraient s'empêcher de trouver d'un ridicule achevé et d'un impayable comique cette petite comédie de *l'Acteur outragé*, — la seule de la semaine dont nous ayons à vous parler, — et dont le principal personnage est un homme qui prend parti pour sa figure, comme il prendrait parti pour celle de sa maîtresse, contre un critique qui ne l'a pas regardé comme un Antinoüs, et qui lui a trouvé (à ses dépens, s'il se trompe,) la figure bête quand il faudrait qu'elle eût de l'esprit.

Ici, ce n'est pas seulement la figure qui en a manqué.

HISTRIONISME ET FÉTICHISME

23 Mai 1881.

I

Pendant que les feuilletonistes du lundi, tout à fait déconfits par le néant dramatique de ce temps spirituel, attendent, chaque semaine, une pauvre pièce qui ne vient pas pour en rendre compte et faire honnêtement leur métier, la Comédie, qui n'est plus sur le théâtre, descend et s'étale dans nos mœurs... La semaine dernière, c'est un comédien qui nous l'a donnée à ses dépens ; — cette semaine, c'est une comédienne encore, mais qui n'a pas été seule à la jouer ! La Comédie de cette semaine n'a été ni au Théâtre-Français, ni au Vaudeville, ni au Gymnase, ni à aucun autre théâtre de Paris ; elle a été au Hâvre, non pas sur le théâtre du Hâvre, où ç'eût été sa place, mais en plein Hâvre, en plein port du Hâvre, en pleines rues du Hâvre, où la rentrée de Mlle Sarah Bernhardt revenant d'Amérique a été saluée et fêtée comme celle d'une souveraine rentrant dans son royaume... Farce triomphale, de proportion immense, qui, malheureusement, n'est pas une farce, mais une naïve et colossale badauderie, dont le spectacle incomparablement ridicule, parmi les ridicules contemporains, a été donné à la France tout entière, assez bête peut-être aussi pour en donner un semblable dans chacune de ses villes s'il prenait fantaisie à Mlle Sarah Bernhardt de s'y montrer !

Certes ! en comique sérieux et en ridicule profond, ceci est d'une force nouvelle et jusqu'à ce beau jour inconnue ! Mais ce n'est pas à la comédienne, objet de cette idolâtrie folle de tout un peuple, que je reprocherai le ridicule démesuré de son triomphe. Je veux être très doux pour elle, au contraire. Ce n'est pas sa faute ! Elle ne peut pas plus prendre un bâton avec ceux qui l'adorent que Célimène... Elle s'est laissé faire, comme toute bonne fille... Elle s'est laissé rouler — délicieusement, j'imagine, — dans toute cette gloire préparée, arrangée pour elle, et dont elle n'a vu que l'éclat. Et que vouliez-vous donc qu'elle fît ?.. Que vouliez-vous qu'elle fît contre tous ceux — une ville en masse — qui l'ont acclamée et traitée, dans une grande ville de cette France si drôlement républicaine, comme, dans le même moment, on traitait à Vienne l'archiduchesse Stéphanie, la fiancée de l'héritier de la couronne impériale d'Autriche ! Quelle tête de femme y aurait résisté ? Et elle est deux fois femme, puisqu'elle est actrice. Les femmes, d'ailleurs, — actrices ou non, — ont été créées et mises au monde pour croire les hommes, et elle en a cru, ce jour-là, des milliers ! Pourquoi donc n'aurait-elle pas partagé l'illusion qu'elle donnait ?... Comment n'en aurait-elle pas été fière, enivrée, heureuse, affolée ?... Un imbécille à qui l'on dit quatre-vingts fois par jour qu'il a du génie, finit par le croire, et ils étaient plus de quatre-vingts, au Hâvre, l'autre jour, pour lui dire qu'elle est le génie même de la scène en personne, ce qui, par parenthèse, ne serait ni très grand, ni très gros !... Comment ne le croirait-elle pas ?

Il faut une tête à la Cromwell pour ne pas être dupe et enivré des applaudissements de la foule et pour dire le mot dégrisant et dégrisé : « Ils applaudiraient « bien davantage encore, si on me conduisait à « l'échafaud. » L'échafaud, pour une actrice, c'est la chûte et c'est le sifflet. Mais Mlle Sarah Bernhardt, qui n'a que la tête de son sexe, ne peut croire désormais ni au sifflet, ni à la chûte. Seulement, je veux être juste, elle est innocente de tout cela ; elle est innocente de sa gloire d'aujourd'hui. Elle n'est montée dans aucun ballon. Elle n'a fait ici aucune sculpture. Elle ne s'est couchée dans aucun cercueil. Elle ne s'est permis aucun charlatanisme. Elle a été pure pour la première fois. Pure de toute coquetterie avec le public, ce public amoureux d'elle, qui a été aussi pour la première fois l'auteur, et l'acteur, et le spectateur de la pièce jouée à son bénéfice si magnifiquement au Hâvre, l'autre jour, en ce temps d'histrionisme et de fétichisme qui n'est pas rare chez les vieux peuples, et dont elle, Sarah Bernhardt, faute d'autres, est présentement le Manitou.

II

Car nous en sommes arrivés là, et c'est de là qu'il faut regarder ce qui vient de se passer, au Hâvre, par dessus la tête de Mlle Sarah Bernhardt que ceci ne regarde plus, et ce qui est diablement plus haut que l'actrice... Les peuples finissent toujours comme ils ont commencé. Ils ont commencé par des fétiches et des histrions (l'éternel tombereau de Thespis), et ils finissent par des histrions et par des fétiches, et quelquefois leurs derniers fétiches sont leurs derniers histrions. Ces vieillards de peuple, qu'il faut amuser comme des enfants parce qu'ils retournent à l'enfance, finissent par n'avoir plus de passion que pour leurs amuseurs ! Décadents à force d'être civilisés, saignés à blanc, et d'émotion épuisés par le fait de toutes les révolutions qui ont passé sur eux, ils ont la reconnaissance de leurs vieux nerfs pour ceux-là qui leur ont donné leurs dernières sensations nerveuses...

Et, jusque-là, tout est très bien et très naturellement se conçoit ; mais ce qui se conçoit moins et ce qui, pourtant, n'en prouve que plus la vieillesse des peuples, c'est la médiocrité des fétiches de leur dernière heure, c'est le peu qu'il faut pour être adoré d'eux, quand ils sont imbécillisés par la vieillesse... Ce n'est pas l'admiration de Cicéron pour Roscius qui étonne. Non ! Pas plus que celle de Napoléon pour Talma. Mais c'est, le jour où tout s'en vient bas dans Rome dégradée, c'est l'amour des histrions quelconques. Ce n'est plus l'amour de l'artiste qui joue les chefs-d'œuvre de Plaute et de Térence, ce n'est plus même l'amour du joueur de flûte et du mime et du danseur, contre lesquels le hargneux puritain de Juvénal a tant déclamé ; car ils pouvaient, après tout, être de grands artistes. Mais ce qui affolait la vieille tête de Rome, ce n'était plus l'Art, ni le talent, mais la fonction, mais le métier ! Et quand Rome devint Constantinople, ce furent des cochers — les *verts* et les *bleus* — qui lui firent tourner sa vieille tête, comme la roue de leurs chars ! Elle devint la proie et la prostituée de ses cochers. Ils régnèrent sur elle !

De même, aujourd'hui, de cela seul qu'elle est une actrice, qu'une actrice devienne l'idole d'une époque vieillie, rien d'étonnant ; mais que cette idole devienne monstrueuse, et que, sans être par la beauté ou par le génie ni Mlle Contat, ni Mlle Mars, ni Mlle Georges, ni Mlle Rachel, ni une de celles-là qui dans leur temps enchantèrent les hommes, elle ait eu un de ces triomphes que ces femmes nettement supérieures, les reines de leur art, n'auraient pas osé seulement rêver ; qu'elle ait fait pavoiser des vaisseaux dans un port de mer et hisser des pavillons, comme s'il s'agissait d'une victoire de la France, parce qu'elle rapporte dans son sac huit cent mille francs d'argent américain qu'elle ne versera pas dans les mains de l'État, ceci est tellement prodigieux dans les prostitutions de la vieillesse d'un peuple, que cela restera dans l'Histoire dramatique et littéraire du xix° siècle comme un évènement historique ineffaçable, pour l'instruction du monde et pour son mépris !

III

C'est un évènement, en effet, l'évènement qui donne la juste notion de l'état intellectuel de la France. C'est une mesure de l'anarchie d'un temps où tout se trouve abominablement désorganisé et démantibulé, et où personnes ni choses ne sont à leur place. Vous vous rappelez Mme Louise Collet, ce grotesque et insolent Bas-bleu qui a fait son bruit plus que si elle eût été quelque chose, et qui maintenant est ensevelie à cent mille pieds sous terre et dans l'oubli. Eh bien, Mme Collet avait fait chauffer au gouvernement italien un vapeur de l'État pour la porter dans les bras de Garibaldi, et voici, pour pendant, Mlle Sarah Bernhardt, que j'aime mieux que Mme Collet ! qui fait pavoiser les vaisseaux français, nous ont appris les journaux, ces sonneurs de trompe à son service. Et, de fait, ce sont les journaux, aussi badauds que le public, et même plus badauds, puisque ce sont eux qui ont *allumé* le public, ce sont eux qui ont préparé et fait au Hâvre le triomphe de Mlle Trajan Bernhardt ! Ce sont eux qui ont chanté cet opéra, renouvelé de l'autre ! Ce sont eux qui, en se répétant, ces trompettes du rabâchage, ont poussé, par tout ce qu'ils ont dit d'elle depuis dix ans, à la démonstration insensée du Hâvre, à ce délire, à cette absurdité !

Que n'ont-ils pas dit de la Grande Actrice, de la Voix d'or, de la légendaire Voix d'or, de ce merle blanc des grandes actrices ?... Ah ! ce sont eux qui se sont montrés les Hâvrais avant les Hâvrais. Ce sont eux qui se sont montrés des Hâvrais avant d'aller au Hâvre ; car ils y sont allés, au Hâvre, pour assister au triomphe de la fille de leurs articles, croyant, ces dévoués, partager la gloire avec elle ! On les a vus partir en troupe, tous fiers, à l'avance, de lui composer, de toutes leurs importantes personnes, un État-Major ! Ils se sont dit qu'on écrirait leur nom à la lumière de son nom, et que ce serait toujours là une petite réverbération de ce nom sur le leur ! Et ceux-là mêmes qui n'ont pas pu partir et quitter Paris, et qui ne pouvaient par conséquent bénéficier des éclaboussures de cette gloire montrées orgueilleusement sur les habits des valets de pied qui marchaient derrière la voiture, ceux-là ont poussé aux roues, à distance, dans les descriptions qu'ils ont faites de la marche triomphale à laquelle ils auraient voulu assister ! Quelques-uns, il est vrai, plus spirituels peut-être que les autres, et qui sait ? peut-être jaloux, ont trouvé la chose si étonnamment forte que, pour ne pas paraître tout à fait les jocrisses à queue rouge du cortège, ils l'ont blaguée en la racontant.

La blague sauve tout en France. C'est la moquerie sans griffes d'un temps qui n'a pas celles du lion. C'est le fleuret boutonné de la lâcheté moderne qui peut toujours dire à l'amour-propre qu'elle a blessé : « Pourquoi vous fâchez-vous ?... je blaguais. » Les blagueurs de Mlle Sarah Bernhardt sont capables de se vanter à elle de lui avoir été utiles, et elle, qui se connaît en ces utilités de publicité, capable à son tour de les inviter aux dîners et aux fêtes qu'elle ne manquera pas de donner en arrivant à Paris. Ils auront eu l'air de se moquer d'elle; mais ce n'aura été qu'un air, un air de plus dans la tempête d'une renommée que tout le monde a soufflée, et dont nous sommes tous plus coupables que la femme heureuse qui en jouit.

LE PRÊTRE

30 Mai 1881.

C'est un début, et c'est un succès très brillant, que cette pièce du *Prêtre*, jouée hier soir au théâtre de la Porte-Saint-Martin et applaudie comme on applaudissait autrefois, aux plus beaux jours de ce théâtre. L'auteur, M. Charles Buet, a fait souligner par l'acteur qui l'a nommé que c'était là son premier ouvrage dramatique, et j'aime cette coquetterie modeste et orgueilleuse à la fois. C'est une affirmation et c'est une promesse. L'auteur, qui croit en lui avec juste raison, vous fait partager l'espérance de le voir prendre au théâtre une place que depuis longtemps personne n'y prend plus. Après ce que je viens de voir et d'entendre, je ne serais nullement étonné que le jeune homme qui a écrit *le Prêtre* fût une tête dramatique d'un ordre fécond et élevé, et que la pièce qui le tire aujourd'hui avec éclat de l'obscurité fût la première d'une série glorieuse. M. Charles Buet, s'il est nouveau au théâtre, n'est pas nouveau dans les lettres. C'est un journaliste de beaucoup de verve et d'ardeur, et c'est aussi un romancier. Mais ni sa verve de journaliste, ni son talent de romancier, ne lui ont valu ce que vient de lui donner, en quelques heures, son drame du *Prêtre*, c'est-à-dire une place désormais visible au soleil de la publicité !

Et l'on peut dire qu'il l'a conquise ! car il avait contre lui l'inexpérience d'un genre de littérature qu'il abordait pour la première fois, et de toutes les difficultés à vaincre la plus grande, — celle même du sujet qu'il avait choisi... En effet, le prêtre, — le prêtre catholique, s'il reste prêtre avec son caractère sacerdotal, est le personnage dramatique le moins sympathique à la foule... Le courant magnétique des sentiments communs manque entre eux... Le prêtre catholique a une moitié de lui-même dans le surnaturel, et le public, le public de ces derniers temps qui devient de plus en plus impie, ne sait plus entrer dans cette lumière. Pour faire accepter le prêtre, pour le rendre intéressant et pathétique sans fausser la grande notion qu'il exprime, il fallait une force et une dextérité exceptionnelles, et M. Charles Buet les a eues. Il a même eu l'audace de sa force. Il a bravement intitulé son drame : *Le Prêtre*. Dans l'état actuel de l'opinion, c'était presque provocateur ; mais il a su imposer à un public peu respectueux d'ordinaire pour les prêtres le respect du sien, et c'est avec ce prêtre, resté prêtre dans la pureté de son personnage, qu'il l'a passionné !...

II

Disons-le tout de suite, parce que c'est son mérite et sa gloire, l'auteur de ce drame, qui révèle une puissance d'autant plus grande qu'elle s'exerce à une immense hauteur dans l'ordre moral, a dédaigné de se servir du diabolisme humain des passions mauvaises insurgées dans le cœur de l'homme contre le sentiment du devoir. Il n'a point donné, lui, le cœur de son prêtre à dévorer aux passions qui dévorent celui du prêtre de *Notre-Dame de Paris,* dont le sang vierge bout pour une vile bohémienne, et qui font de la vie de ce prêtre impur une anticipation de l'Enfer... Dans *le Prêtre,* de M. Buet, le Diable n'est point. Il n'y a que Dieu ! Il n'y a ici qu'un fils, animé du plus beau sentiment qui soit parmi les hommes, luttant contre un autre fils encore, le fils de Dieu, qui est le Prêtre, et c'est le combat de ces deux fils, — le fils de la chair et le fils de la grâce, — luttant de sublimité dans un cœur qui les contient tous les deux, que l'auteur nous a montrés avec une vigueur qui l'a sauvé, d'une originalité si profonde et si belle ; car c'était si haut, cela, qu'on pouvait croire que le public, l'épais et vulgaire public, ne s'élèverait pas jusque-là, et cependant M. Buet l'a pris dans ses bras et l'y a porté. Il fallait qu'il eût les bras bons ! Chose rare au théâtre, et surtout à cette heure de Naturalisme, d'avoir pu élever son public jusqu'à la hauteur des sentiments héroïques et surnaturels !

La donnée de ce drame était si simple, mais si pleine, et l'auteur si fort, qu'il eût pu, selon moi, ne pas jeter l'Inde et ses tableaux à travers, et négliger tous ces détails de mise en scène *asiatique* qu'il a cru peut-être nécessaires au succès d'une pièce qui n'avait pas besoin de cela. Il aurait été plus digne de l'auteur du *Prêtre* de rejeter des tableaux faits pour prendre la foule et de serrer dans un autre cadre plus austère l'idée, les passions et les évènements de son drame, indiqués d'ailleurs avec tant de netteté et de pathétique dès le prologue. J'aurais voulu le voir rester sur le terrain de ce prologue et ne pas s'en aller si loin ! Je n'ai pas, il est vrai, à signaler les combinaisons qu'il fallait pour que le drame restât plus longtemps et plus approfondi sous nos yeux. L'auteur, ce me semble, avait assez de talent pour les trouver ; mais si nous n'eussions assisté qu'aux développements continus du drame *seul,* sans tous ces spectacles de la guerre des Anglais et des Indiens qui l'alanguissent et l'assoupissent, mais ne le font pas oublier, l'œuvre aurait pris alors le caractère du chef-d'œuvre. Or, ces détails, qui paraissaient peut-être indispensables dans l'anxiété du succès, l'étaient si peu qu'ils ont souvent impatienté le public, qui désirait l'étreinte du drame et qui a supporté sans murmurer, en l'attendant, tous ces détails, tant il se sentait empoigné.

III

Maintenant, le drame, qu'il ne fallait pas, selon moi, *lâcher* une minute, même pour courir, aux Indes, après le succès, le voici dans ce que j'appelle sa plénitude et sa simplicité.

Le marquis de Champlaurent a été assassiné par son ami Olivier Robert, un scélérat, qui a su faire guillotiner à sa place un vieux mendiant breton dont il avait pris les habits pour commettre son assassinat. Parti avec l'argent de l'ami qu'il a tué, Olivier Robert a fait aux Indes une fortune de commerçant et d'aventurier, comme on en fait dans ce pays où tout semble colossal et démesuré. C'est l'étalage de cette fortune, c'est la description des mœurs anglaises mêlées aux mœurs indiennes qui comblent, dans la pièce, l'intervalle des années qui ont suffi pour faire des hommes des enfants de l'assassiné, et pour les rejeter, grâce à ces circonstances mystérieuses qui sont la vie, dans la voie fastueuse et sombre de l'assassin... L'un est un officier de marine au service de la France, lequel devient amoureux de la fille du meurtrier de son père, et l'autre, prêtre, aussi aux Indes, et, toujours par le fait des circonstances dont l'homme ne sait jamais le premier mot, le confesseur de l'assassin, condamné à mort et qui va mourir. Le drame, qui n'est qu'entre ces trois personnes, se concentre plus profondément entre le prêtre et l'assassin. Jusqu'à ce moment, le prêtre avait prouvé, dans beaucoup d'actions épisodiques, qu'il avait toutes les vertus et tous les dévouements du prêtre ; mais le voici arrivé à la grande épreuve, et, au sixième tableau, le drame éclate, avec une beauté qui nous dédommage d'avoir si longtemps attendu.

Rien de plus pathétique et de plus tragique, en effet, que cette nuit entre deux hommes dont l'un vient confesser l'autre, qui est l'assassin de son père et qu'on va passer par les armes au premier rayon de l'aurore. Le prêtre ne sait pas que c'est l'assassin de son père ; mais à l'obstination, à l'impénitence, à la fureur de cet homme qu'il voudrait consoler et absoudre, le prêtre pénétrant a vu, de cet œil de prêtre qui est la sonde de nos cœurs, qu'il doit y avoir dans la conscience de cet homme de bronze, que rien ne peut briser, quelque chose d'énorme, qui bouche tout à l'aveu et qui le pousse à la colère, à la haine, à l'ironie, à l'insolence, à tous les crachats du mépris ; et c'est alors qu'il déploie, lui, toutes les éloquences du prêtre et tous les charmes d'une charité divine, pour lui faire dire ce mot qui apaise tout dans nos âmes, même avant que Dieu ait pardonné. La scène est longue. Le prêtre et l'athée assassin sont in fatigables.

Je ne crois pas qu'il y ait une scène plus longue au théâtre, et elle a semblé courte tout le temps qu'elle a duré, quoique dans la salle on ne respirât plus... Mais que n'est-elle pas devenue, cette scène terrible, quand l'assassin, pour mieux insulter et blesser ce confesseur qu'il ne peut fuir, puisque ceux qui l'ont condamné à mort l'ont enfermé avec lui, lui jette enfin le mot de la rage arrivée à son plus affreux paroxysme : « Tu parles de par- « don, prêtre menteur ; me pardonneras-tu, à moi, à « moi qui ai assassiné ton père !... » Il ne fallait rien moins que cet horrible aveu, que cette pointe du couteau qui a tué le père enfoncée dans le cœur du fils, pour réveiller « la bête endormie », comme il dit, cet admirable prêtre, dans son langage sacerdotal, du plus beau sentiment de la vie comme nous disons, nous qui n'avons pas l'honneur d'être prêtre ; car pour les prêtres, il y en a un plus beau !

A ce coup-là, à ce mot-là, il faut voir Taillade prendre sur la table le poignard de l'assassin de son père, le lever sur lui, et, tout à coup, le jeter... Ce qu'on en dirait ne le montrerait pas.

IV

Et il n'a pas été grand acteur que là. Le drame continue après la mort de l'assassin, que le prêtre n'a pas converti. Ceux qui l'ont fusillé ont empêché le prêtre de l'accompagner au supplice, et, au moment où il va se jeter par une fenêtre pour rejoindre le condamné sous les balles, on entend les suprêmes détonations. Maintenant, lui qui sait tout, parlera-t-il ? Dans le drame, c'est une phase nouvelle. Parlera-t-il ?... Empêchera-t-il son frère d'épouser la fille du meurtrier de son père ?... Et cette partie de la pièce de M. Charles Buet, Taillade la joue mieux, selon moi, que la première. Elle convient peut-être encore mieux au talent gouverné, réfléchi, concentré de cet acteur qu'on pourrait citer parmi les profonds. Il n'est pas possible d'être mieux prêtre dans cette pièce qui s'appelle *le Prêtre*. Il l'est de ton, de geste, de simplicité, de douceur, d'émotion, de tenue ; il fait peau avec sa soutane. On dirait qu'il est né avec... Puissance de la métamorphose chez les grands artistes ! Croirait-on que c'est ce visage qui nous épouvantait en nous froidissant, quand il jouait Saint-Just ?... Dans la dernière partie du drame de M. Charles Buet, où il y a, à plusieurs places, des choses shakespeariennes, mais où j'aurais voulu des mots shakespeariens qui malheureusement n'y sont pas, Taillade a joué véritablement comme il aurait joué dans Shakespeare. Quand, écrasé par le secret, — l'affreux secret qu'il sait seul et qui l'étouffe, et qui, s'il le dit, va étouffer le bonheur de son frère et de la femme qu'il aime, — il m'a rappelé Hamlet par l'incertitude, le déchirement, le remords anticipé, la vision du père qu'il voit dans sa pensée, — dans *l'œil de sa pensée*... Dans la chambre du crime, où il est revenu, où il est plus beau qu'il ne l'est pendant toute la pièce, dans cette chambre de souvenirs sanglants dans laquelle il erre, cherchant le spectre adoré qui n'y est pas, quand il frotte son front contre les colonnes de ce lit sombre et muet et qu'il en caresse les lourds rideaux baissés de ses mains tremblantes, il a eu plusieurs fois une façon de renverser sa tête devant la vision de son père qui me la faisait voir, à moi, et qui l'auréolisait d'amour interrogateur et d'épouvante...

Pour moi, c'était Hamlet devenu prêtre. C'était *l'abbé Hamlet !* Grand honneur pour lui, Taillade, de rappeler dans un rôle de M. Buet un rôle de Shakespeare, et grand honneur pour M. Buet aussi, — honneur pour tous deux !

TABLE

Michel Pauper	1
Père et mari	11
Théâtre-Français. — Quelques acteurs d'hier soir.	21
Mademoiselle Bozzachi	33
Une fête sous Néron	47
L'invalide. — Le cousin Jacques. — Le Grand-Hôtel.	59
La part du roi	69
Le tremblement de terre de Mendoce	75
Les Mirabeau	83
Le mariage de Figaro	99
Les lionnes pauvres	115
Anne de Kerviler	127
Le père prodigue	139
M. Mounet. — Début dans Andromaque	151
Les braves gens	161
Divorçons	171
Garibaldi	181
Le mariage d'Olympe	189
Pourquoi il n'y a pas de feuilleton de théâtre aujourd'hui	197
Jack	204
Janot	215
Nana	225
La princesse de Bagdad	235
Madame de Navaret	247
Phryné	259

TABLE

Lucrèce Borgia	267
Les fausses confidences. — Débuts de Mlle Tholer.	277
Le Parisien.	287
La princesse Georges. — La visite de noces.	295
Gymnase. — Miss Fanfare.	307
Pas de feuilleton !	314
La reine des Halles. — Thérésa.	321
Madame de Maintenon	331
Monte-Carlo	341
Le monde où l'on s'ennuie	349
Le drame de la gare de l'Ouest. — La petite sœur.	359
L'acteur outragé.	369
Histrionisme et Fétichisme.	375
Le Prêtre	385

IMPRIMERIE DE L'OUEST, A. NÉZAN. — MAYENNE

www.ingramcontent.com/pod-product-compliance
Lightning Source LLC
Chambersburg PA
CBHW052033230426
43671CB00011B/1632